Johann Peter Schnuk

Beiträge zur Mainzer Geschichte mit Urkunden

Johann Peter Schnuk

Beiträge zur Mainzer Geschichte mit Urkunden

ISBN/EAN: 9783743310414

Hergestellt in Europa, USA, Kanada, Australien, Japan

Cover: Foto ©ninafisch / pixelio.de

Manufactured and distributed by brebook publishing software
(www.brebook.com)

Johann Peter Schnuk

Beiträge zur Mainzer Geschichte mit Urkunden

Beyträge zur Mainzer Geschichte, mit Urkunden.

---

herausgegeben von

Joh. Peter Schunk.

Dritter Band, samt fünffachem Register.

Mainz, im Verlage des Verfassers.

Gedruckt mit Wailandtischen Schriften 1790.

Inhalt des IIIten Bandes.

I. Heft.

II. Heft.

III. Heft.

IVtes Heft.

LXX.

Beyträge zur Mainzer Geschichte.

III. Bandes I. Heft.

I.

Lebensgeschichte Christians Erzbischofs von Mainz, Kaisers Friderichs des ersten Legaten in Italien.

Verfasset von

Hippolitus Maria CAMICI,

Bibliothekar des Herrn Strozzi Fürsten von Forano.

Anmerkung. Diese Geschichte ist zuerst in den Ossequi letterarii oder supplementi d'istorie Toscani im Jahr 1772 zu Florenz in wälscher Sprache erschienen. Hr. Hofbibliothekar Jagemann übersetzte dieselbe ins Deutsche, und Hr. Oberkonsistorialrath Büsching gab sie im Magazin für die neue Historie und Geographie Th. XIII. S. 497. u. f. mit Anmerkungen heraus. Dieses Werkchen verbreitet vieles Licht über manche Thatsachen des Erzbischofs Christians I. besonders über das, was er während seinem langen und öftern Aufenthalt in Italien verrichtet hat, weßwegen ich es, jedoch mit Hinweglassung einiger die Mainzer Geschichte nicht interessirender Stellen, diesen Beyträgen um so mehr einverleibe, als man eine so alte Geschichte aus dem XIIten Jahrhundert in einem Magazin für die neue Historie nicht suchen mögte. Von den XXII. Urkunden, die diesem Werke angehängt sind, lasse ich nur die Num. V. XIV. und XIX zuletzt beidrucken. Denn der Num. XX. welcher das Schreiben des Pabstes Lucius III über den Todt Christians enthält, ist bey SCHANNAT *Vindem. Collect.* II. p. 178 und bey de GUDEN *Cod. dipl.* T. I pag 279. zu lesen. Die Num. VI. VII. VIII. IX. X und XV. kann man finden bey JOANNIS *rer. Mog.* T. II. Pag. 755. 752. 520. 647. 648 und 521. Der Num. XVIII. stehet bey SERARIUS *rer. Mogunt.* L. V. p. 823. und das Ende des Num. XIX. ist auch allda S. 825. zu lesen.

*　*
*

Unter denjenigen, welche die Gerechtsame des Reichs und der Kaiser in Italien vertheidigt haben, verdient Christian Erzbischof von Mainz die erste Stelle. Es waren nämlich die Städte in Italien so mächtig und kühn geworden, daß sie die kleinen umliegenden Herrschaften und kaiserlichen Lehen mit Gewalt an sich zogen, und sich von dem Gehorsam des Reichs los zu reissen trachteten. Den besten Theil dieser Städte, nämlich die von Toscana, brachte Christian wie-

der

der zum Gehorsam: seine Verdienste sind deßwegen so groß, und die Veränderungen, die unter ihm in Toscana vorgegangen, sind so wichtig, daß ich es dem Cavalliere *Cosimo* della *Rena* nicht verzeihen kann, daß er in seinem sonst vortreflichen Werk von den Markgrafen und Herzogen von Toscana, keine Meldung von ihm gethan hat. — —

Christian war aus dem Thüringeschen Geschlechte der Grafen von Buche. Das Jahr seiner Geburt ist unbekannt. Er muß die Jahre seiner Jugend wohl angewandt haben; denn es ist erweislich, daß er nicht nur die deutsche, lateinische, italianische, griechische und flamändische Sprachen mit einer grossen Fertigkeit besessen habe, sondern auch in der heil. Schrift sehr erfahren gewesen sey. a) Nach dem Werke, welches den Titul Gallia Christiana führet, hat er auch Briefe, öffentliche Reden und die Geschichte Friderichs des ersten geschrieben hinterlassen. b) Dieses dienet zur Probe, daß die Unwissenheit der mittlern Zeiten eben nicht so gros war, wie sie von einigen abgebildet wird. Wäre zu selbigen Zeiten die Buchdruckerkunst erfunden gewesen, so würden wir eine viel grös-

 sere

a) ALBERTUS *Stadensis* ad A. 1173. p. 292.

b) Sieh oben I. B. dieser Beyträge, S. 455.

sere Menge von gelehrten Schriften aus dem 12ten Jahrhundert haben. Die Zeit selber und das Feuer der vielfältigen Kriege haben den grösten Theil solcher Schriften aufgezehrt. Nichts desto weniger ist es fast unglaublich, wie gros die Menge der Handschriften von den mittlern Zeiten, welche noch in den vielen öffentlichen und privat Bibliothecken und Archiven in Italien (und anderstwo) gefunden werden. — —

Wegen seiner guten Eigenschaften hatte er die Ehre dem Reichskanzler Rinald in seiner Würde zu folgen. — In welchem Jahre diese Beförderung geschehen sey, erhellet aus zwey Urkunden, die der gelehrte Herr Johann Lami in der kaiserlichen Chronik Leons von *Orvieto* bekannt gemacht hat. In einer dieser Urkunden, welche vom 29ten Jun. 1159 ist, nennet sich Rinaldus noch Reichskanzler; in der andern aber, die vom 12ten Octob. ebendesselben Jahres ist, braucht er den Erzkanzlers Titul. Folglich ist Christiau Graf von Buche zwischen den Monaten Junius und October 1159. Reichskanzler geworden. In diesen Zeiten ereigneten sich schreckliche Veränderungen auf dem Erzbischöflichen Stule zu Mainz. Ein Theil derjenigen, die zu der Erzbischöflichen Wahle ihre Stimmen zu geben hatten, hieng dem

Pabst

Pabst Alexander III an, der andere Theil dem Kaiser Friderich und den Afterpäbsten. Da nun der gröste Theil der Bürgerschaft sich zu den ersten geschlagen hatte, so entstand 1163 ein solcher Aufruhr wider den Erzbischof Arnold, welcher von der Kaiserlichen Parthey erwählt war, daß der schwärmende Pöbel ihn gar ums leben brachte. c) —

Aus den Urkunden, die am Ende Num.

c) Sehr unrichtig, denn der Erzbischof Arnold ist nicht von der Kaiserlichen Parthey erwählt, sondern vom Pabst aufgedrungen worden: auch ward er nicht im Jahr 1163 sondern 1160 von den Mainzer Bürgern umgebracht. Die Grundursache der damaligen Revolution zu Mainz war nicht die Anhänglichkeit zur Kaiserlichen oder Päbstlichen Parthey, sondern das Bestreben zur Unabhängigkeit der Mainzer Bürger, welches durch den Haß, den sich Arnold durch die Verfolgung seines Vorfahrers Heinrichs hauptsächlich zugezogen hatte, begünstigt worden, und zuletzt eine allgemeine Gährung hervorgebracht hat. Aenliche Beispiele haben wir in Europa zu unsern Tagen, wo ebenfalls die Grundursache in herrschsüchtigen die Sprache der Freiheit führenden Gemüthern, der Ausbruch der Revolution aber in dem Haß gegen das Betragen der Vorgesetzten zu suchen ist. Eins ohne das andere ist nie wirksam.

I. II. III. angeführt werden, *d*) ist es offenbar, daß der Reichskanzler Christian sich zu Mainz nicht befand, als er zum Erzbischof erwählt war; denn nach derselben Unterschrift war er in den Jahren 1164 und 1165 in Italien. Er unterschreibt sich hier noch immer mit dem Reichskanzlerstitul, wodurch

d) Diese drey Urkunden betreffen Mainz weiter nicht, als daß der Kanzler Christian sie ausgefertigt hat. Die erste ist vom Kaiser Friderich, und endigt sich folgendermassen: Ego Christianus Curie Cancellarius vice Dni. . . Coloniensis Archiepiscopi & Italie Archicancellari recognovi. Actum . . . 1164 . . . Datum Papie III. Kal. Octob. Die zwote fangt an: Christianus Dei gratia imperialis aule Cancellarius atque Legatus, und endigt sich: Datum apud Aretium VIII. Kal. Martii in domo Ugonis Medici anno 1165 . . Die dritte fangt an, wie die zwote, und endigt sich: *Datum* Soci *in domo Blanci Medici VI Kal. Mart.* a. 1165 &c. Eine änliche Unterschrift einer Urkunde Friderichs liefert de Guden. in Sylloge pag 579, mit den Worten: *Ego* Christianus *Imperialis aule Cancellarius recognovi . . Acta sunt hec anno* , 1165. . . *Data* Wirceburg. *XVIII. Kal. Julii.* Woraus ersichtlich, daß Christian am 14ten Jun. 1165. noch nicht zum Erzbischofe von Mainz gewählt gewesen, und daß der erzbischöfliche Stuhl nicht sogleich nach der Entfernung Konrads besetzt worden ist.

durch der Fehler offenbar wird, den Hund begehet, wenn er sagt, daß Christian den Erzkanzlerstitul im Jahr 1163 angenommen habe.

Vom Jahr 1166 sind keine Urkunden vorhanden, die vom Erzbischofe in Italien ausgefertigt worden wären; denn in diesem Jahr befand er sich mit dem Kaiser in Deutschland. *e*) Es ist am wahrscheinlichsten, daß

e) Dieses beweisen Urkunden, die er am 8ten März und 11ten April 1166 zu Ulm und zu Regensburg unterzeichnet hat. (*Joannis Rer. Mog.* T. I. p. 570. Not. 6.) Dieselben Urkunden beweisen aber auch, daß er damals schon zum Erzbischofe gewählt gewesen und zugleich das Reichs- oder Hof- nicht das Erzkanzleramt noch versehen habe. Denn es heißt: *Ego Christianus sacri Palatii Cancellarius & Moguntine sedis Electus recognovi.* Datum apud *Ulmam* VIII. Id. Martii . . Datum apud *Ratisbonam* III. Id. Aprilis 1166 &c. Es scheinet also, daß er damals noch nicht Besitz vom Erzbisthum genommen, und in so lange des Erzkanzlerstitul sich enthalten habe, bis er zu diesem Besitze gelangt ist.

Uibrigens finde ich hier Gelegenheit, eine Bemerkung über den Ursprung des Erzkanzlertituls in Deutschland hinzuzusetzen. Es ist bekannt genug, daß die Erzbischöfe von Mainz

er damals bey dieser Gelegenheit Besitz vom Erzbisthum Mainz genommen habe; denn es wird aus der Urkunde Num. V. erwiesen, daß

Mainz schon lange vor dem Erzbischofe Christian I. den Titul Erzkanzler in Unterschriften der kaiserlichen Urkunden geführt haben, wo dann sehr oft vorkommt: Ego N. Imperialis Aulæ Cancellarius vice LUITBERTI, HILDEBERTI, WILLEGISI, ADELBERTI &c. *Archicancellarii* recognovi (Conf. GUDEN. *Cod. Dipl.* T. I. N. 13. 14. 276. *&c.* Item *Mallinkrot* de *Archicancellariis; Quinquert. Camer.* Q.V. n. 10. & alii); in welchem Jahre aber die Erzbischöfe von Mainz angefangen haben, sich den Titul Erzkanzler von Deutschland in dem Eingang der Urkunden beizulegen, ist eine andere Frage, die ich hier mit ein paar Worten erörtern will. Der berühmte von GUDENUS machet bey einer Urkunde des Erzbischofs Sifrids III. vom J. 1239. (*Cod. Dipl.* T. I p. 550.) die Bemerkung, daß allda der Titul Erzkanzler durch Deutschland zum erstenmal vorkomme. Hellwig in seiner vortreflichen Zeitrechnung zur Erörterung der Daten in Urkunden, Wien 1787. S. 147. setzt mit dem berühmten Werke *L'art de verifier les dates &c.* das Alter dieses Tituls auf das J. 1178. indeme er in einer Anmerkung sagt, daß in diesem Jahr, wo Kaiser Friederich zum König von Burgund gekrönet worden, der Erzbischof von Mainz den Titul als Erz=

daß er im Jänner 1167 schon im ruhigen Besitze des Erzbisthums war. *f*) Woraus erhellet, daß Johann von Salisbury eine schon veraltete Neuigkeit beim J. 1168. gegeben habe, wenn er geschrieben, der Kaiser habe seinen Antichrist Christian auf den Mainzischen Erzbischöflichen Stuhl aufgedrungen. g)

Erzkanzler in Deutschland angenommen habe. Allein in einer Urkunde des Erzbischofs Christians vom J. 1167. (bey GUDEN. *Cod. Dipl.* T. I. p. 254.) kommt dieser Titul schon vor, mit den Worten: CHRISTIANUS Dei gratia Moguntine sedis Archiepiscopus, & *totius Regni Theutonici Archicancellarius.* Die Urkunde endiget sich: Datum in Episcopatu *Faventino* apud sanctum *Proculum*, anno . . 1167. mense martio.

f) Diese Urkunde beweiset nicht mehr als die in voriger Note aus Joannis T. I. p. 570. angeführte Urkunden vom J. 1166. da sie aber einiges Licht über Christians Geschäfte in Italien verbreitet, so lasse ich sie unten Urkunde I. abdrucken.

g) JOANNIS *rer. Mog.* T. I. p. 550. n. 6. behauptet, daß Salisbury den gedachten Brief an den Erzbischof von Canterbury im J. 1165 geschrieben habe.

Er muß sich aber im J. 1166. nicht lange in Deutschland aufgehalten haben. In der kurzen Abwesenheit des Kaisers hatte sich die Parthey des Pabstes Alexanders III. so vermehrt und verstärkt; es waren so viele mächtige Städte besonders in der Anconitanischen Mark und in Toskana von des Kaisers Gehorsam abgefallen, daß wofern er saumselig gewesen wäre, alle Gerechtsame und gemachte Eroberungen verlorn gegangen wären. Der Kaiser befahl deswegen 1166 den Erzbischöfen von Kölln und von Mainz, mit einem starken Kriegsheer sich aufzumachen und die widerspänstigen Städte zu überfallen. h) Das Kriegsheer wurde noch vor Pfingsten nach Italien geführt; der Kaiser aber verweilte sich in Deutschland, und hielt an gedachtem Feste einen Reichstag in der Stadt Ulm.

Auf diesem Feldzuge that der kriegerische Erzbischof Christian dem Kaiser grosse Dienste. Der Erzbischof von Kölln hatte schon mit einem

h) *Statim* RAINALDUM *Coloniensem &* CHRISTIANUM *Moguntinum Antistites cum ingentibus copiis in Italiam maturare, atque studiosas Ecclesie Civitates in Marchia atque Etruria bello adgredi jussit.* Carolus Sigonius de rebus Italiæ l. 13.

einem Theile des deutschen Kriegsheeres der Stadt Civita vecchia und anderer Gemeinden, theils durch Belagerung, theils durch gütige Uibergabe sich bemeistert, als er die Belagerung von Tusculum (jezt Frascati) unternahm. Hier wurde er von dem päbstlichen Heer, welches aus 41000 Mann bestand, allenthalben eingeschlossen, und war in der grösten Gefahr, von denselben völlig aufgerieben zu werden, wenn es den Angrif beschleunigt hätte. Die Römer forderten ihn auf zum Treffen auf das Pfingstfest. Renald, der mit zu wenigem Volke versehen war, einem zahlreichen Feinde, der ihn überall umringt hatte, die Spitze zu bieten, hielt für besser, das Treffen unter dem Vorwande der Heiligkeit des Festtages aufzuschieben, weil er wuste, daß der Erzbischof Christian mit dem Uiberreste des deutschen Heeres in vollem Anmarsch wäre, und nicht weit mehr von ihm entfernt seyn konnte. Die Sachen waren auch wirklich so gut verabredet, und so pünktlich vollzogen, daß Christian zur rechten Zeite dem in die Enge getriebenen Renald zu Hilfe kam. Das Treffen war auf beiden Seiten hartnäckig und wurde einige Tage nacheinander widerholt. Allein die Römer wurden endlich von den Deutschen so aufs Haupt geschlagen, daß von 41 tausend Mann nur 2000 mit der Flucht sich retteten.

ten. Durch diesen Sieg wurden dem Kaiser die Thore von Rom geöfnet, wo der Afterpabst Pasqual mit öffentlichen Gepränge eingeführt wurde.

Nach diesem so entscheidenden Siege unterwarfen sich dem Kaiser diejenige Städte, welche ihm zuvor öffentlich den Gehorsam aufgeboten hatten. Allein wenn der Kaiser verlangte, daß dieser Gehorsam beständig und sein Afterpäbst sicher im Besitze der päbstlichen Würde wäre, so hätte er mit verstärkter Macht allen möglichen Vortheil aus dem erfochtenen Siege ziehen sollen. Es war damals die rechte Zeit, den Urheber der Unruhen in allen Winkeln Welschlands zu verfolgen, und den muthwilligen Städten so scharf zu begegnen, daß sie ihr Haupt so leicht nicht mehr empor heben könnten. Allein der Sieg war wie ein heftiges Feuer, welches ein einzelnes Gebäude aus dem Grunde verzehrt, ohne dem Uiberrest der Stadt einen wichtigen Schaden zuzufügen. Der Kaiser begnügte sich damit, daß er seinen Afterpabst wie ein ohnmächtiges Götzenbild zu Rom einführte, und begab sich wieder nach Teutschland. Die Teutschen Kriegsvölker wurden theils von Krankheiten und ungeübter Lebensart aufgezehrt, theils kehrten sie zurück in ihr Vaterland. Renald der Erzbischof

von

von Köln, ihr tapferer und weiser Anführer, starb den 14. August 1166 an einer Krankheit. Wenn die Fürsten es mit der Geistlichkeit zu thun gehabt haben, so hats von jeher nie an verrückten Andächtlern gefehlt, die alles das, was für dieselben unglücklich ausgeschlagen und ihnen widriges widerfahren ist, für eine besondere Strafe Gottes ausdeuteten. Der Abt von Ursperg meinet, das kaiserliche Kriegesheer und der vornehmste Adel Deutschlands wären mit ihrem Anführer durch eine tödliche Seuche, welche Gott zur Strafe wegen des beleidigten Oberhaupts der Kirche über sie verhängt hätte, zu Grunde gegangen. Als der Hochwürdige Abt dieses schrieb, überlegte er nicht, daß in den heissen Sommermonaten die Luft in der Gegend von Rom schon zu selbigen Zeiten nicht nur gesund, sondern auch tödlich für diejenigen war, die sich nicht davor zu schützen wusten. Wer weis denn nicht, daß schon zu Zeiten Appii Claudii die Paludes Pontinæ die ganze Gegend durch ihre schlimmen Ausdünstungen vergifteten? Auch der Erzbischof Christian starb in derselbigen Gegend wegen der übermäßigen Sonnenhitze, vermuthlich nicht aus Strafe Gottes, weil er dazumal die Waffen zum Besten des Pabstes Alexanders III führte. Auch sterben allda noch täglich Leute, absonderlich Fremdlinge, die zu gewissen

Jahrs=

Jahrszeiten und Stunden sich vor der freyen Luft nicht in Acht zu nehmen wissen.

Um wieder auf unsern Erzbischof zu kommen, so war auch dieser nach dem oben beschriebenen Treffen mit dem Kaiser nach Deutschland zurückgekehrt; folglich wurde Welschland nicht nur von den deutschen Völkern sondern auch von den kaiserlichen Statthaltern leer, der Pabst Alexander gewann Zeit seinen Anhang zu verstärken, und die Städte, welche ohnedem auf nichts anders dachten als das kaiserliche Joch abzuschütteln, hatten alle Bequemlichkeit ihre Kräfte zu erneuren, und zu vermehren. Daß wirklich auch der Erzbischof damals aus Italien gegangen sey, erhellet aus dem Bündniß, N. IV. welches die Luccheser mit den Genuesern wider die Pisaner im Monathe October schlossen, wo zwar der Kaiser als Oberherr genannt, und desselben Bewilligung als eine nothwendige Bedingung erkannt wird, aber nicht die geringste Meldung des kaiserl. Bevollmächtigten gethan wird, welcher sich gewißlich auch unterschrieben, und sie etwa des kaiserlichen Beyfalls versichert haben würde, wenn er zugegen gewesen wäre. *i*)

Was

i) Dieses Bündniß zwischen den Städten Luca und Genua ist gemacht worden *salva fide-*

Was half es aber, daß er sich im Anfang des Jahrs 1167 auf eine kurze Zeit mit dem Kaiser zu Placenz befand? Sein einziges Geschäft, welches er allda so viel man weiß ausgerichtet hat, war, gewisse erledigte Reichslehne auf das Haus Rinieri Berlinghieri, welches anjetzo den Namen Ricasoli führet, zu bringen, wie die Urkunde Num. V. bezeuget, wo er zum erstenmal kaiserlicher Erz-Kanzler genannt wird. *k*)

Den größten Theil des 1167 und die 3 folgenden Jahre brachte der Erzbischof in Deutschland zu, und der Kaiser ließ das Feuer in Italien unter der Asche lodern, welches nachgehends mit unüberwindlicher Gewalt zu seinem größten Schaden hervorbrach.

In diesen 3 Jahren beschäftigte sich der Erzbischof hauptsächlich mit Sachen die sein Erz-

---

fidelitate Domini Friderici Imperatoris, in loco Lerisce *Anno MCLXVI. Nonis Octobris*, und betrift weiter nicht die Mainzer Geschichte.

k) Die hier angeführte Urkuude Num. V. habe ich nnten unter Urkünde I, so weit sie hieher Bezug hat, abdrucken lassen. Uibrigens habe ich obeu bemerkt, daß Christian schon im J. 1066 *sacri Palatii Archicancellarius*, und im Jahr 1167. *totius regni theutonici Archicancellarius* genannt worden ist.

Erzbisthum angiengen, wie aus den von ihm unterschriebenen Urkunden erhellet.

Gegen das Jahr 1170 versammlete der Kaiser die Fürsten des Reichs, um seinen noch kleinen Sohn Heinrich VI zum römischen König zu machen. Es wurde dem Erzbischof vom Kaiser aufgetragen, den Vortrag seines Verlangens in der öffentlichen Versammlung zu thun; welches auch mit so grosser Beredsamkeit geschah, daß alle Fürsten ihre Stimmen einhellig dazu gaben. *l*)

Je gewisser nun die Thronfolge im deutschen Reiche bestimmt war, desto ungewisser und gefährlicher war damals der Zustand der kaiserlichen Rechte in Italien. Die im Jahr 1162 zerstörte Stadt Mayland hatte durch die Saumseligkeit des Kaisers absonderlich die 3 letzten Jahre hindurch, nicht nur sich wieder erholet, sondern auch ein Bündniß mit andern lombardischen Städten wider den Kaiser geschlossen. Die Florentiner hatten sich mit den Pisanern vereiniget contra quoscunque, besonders aber wider die Luccheser und Genueser die gut kaiserlich waren, zu welchem Bunde auch die Seneser, Pistojeser, und der reiche Graf Guido getreten

l) Dieses ist geschehen zu Bamberg, nicht im J. 1170; sondern im J. 1169. Conf. JOANN. *rer. Mog.* T. I. p. 571. n. 11.

treten waren. Den ersten Stof zu dieser Uneinigkeit gab die Herrschaft der Insul Sardinien, um welche die Pisaner und Genueser bey der kaiserlichen Kammer haderten. Die Sache ward aber nie entschieden, und das von einem oder dem andern Theil aufgewandte Geld gab immerfort Ursache, mit dem Kaiser und seinen Bevollmächtigten misvergnügt zu seyn, und wider einander die Waffen zu ergreifen. Es verdroß auch die Pisaner, daß der kaiserliche Hof und der Erzbischof von Mainz den Genuesern günstiger waren, als ihnen, ob sie gleich sich des Verdienstes rühmen konnten, ganz Toscana im Gehorsame des Reichs mehr als einmal erhalten zu haben. Doch erfoderten es damals die Umstände, daß der Kaiser die Sache wegen Sardinien unentschieden ließ; denn sonsten würde der verliehrende Theil sein offenbarer Feind geworden seyn, und sich gar zum lombardischen Bunde geschlagen haben: da aber dieses mehr von den Genuesern zu befürchten war als von den Pisanern, so war dieses die Ursach, warum der Kaiser und sein Bevollmächtigter mehr den Genuesern als Pisanern günstig zu seyn schien. Ob nun gleich von Seiten der Toscaner, welche einander beständig in den Haaren lagen, der Kaiser weniger zu befürchten hatte, als von Seiten der Lombarden, welche als Bundesgenossen im

 Frie-

Frieden lebten, und an Kräften täglich zunahmen, so war es doch anderseits auch höchst bedenklich, den Toscanern die Waffen, mit welchen eine Stadt der andern den Untergang drohete, noch länger in Händen zu lassen; denn auf diese Weise hatten sie Gelegenheit ihre eigne Macht wahrzunehmen, und sich in der Kriegskunst zu üben. Wenn nun solche geübte Völker sich auf einmal vereinigt hätten, um sich in völlige Freiheit zu setzen, was würde alsdenn der Kaiser wider sie ausgerichtet haben? deswegen, schreibt Sigonius de Regno Italiæ Lib. 14. schickte der Kaiser den Erzbischof von Mainz nach Italien und befahl ihm nach Toscana zu gehen, um nach wiederhergestellter Einigkeit zwischen den dasigen Städten, dieselben im Gehorsam zu erhalten, weil er sich fürchtete, es mögten die Toscaner sich angewöhnen Krieg zu führen und Bündnisse zu machen, und nach dem Beyspiel der Lombarden sich gar wider das Reich empören.

Im Monat August 1171 *) unternahm der Erzbischof die Reise nach Italien. Er zog

*) Gudenus hat in seinem Codice diplomatico p. 260. eine Urkunde von 1170, in welcher der Erzbischof Christian sagt, er habe anno illo quo pro magnis ecclesie Dei & imperii

zog eben so herzhaft als eilfertig durch die feindlich gesinnten Städte, und bey Alexandria setzte er über den Fluß Tanaro. Von da richtete er seinen Weg nach Genua, wo er mit den größten Ehrenbezeugungen aufgenommen ward, und einige Monate sich aufhielt. Den 3 Februar 1172 kam er nach Pisa, wo ihm nicht geringere Ehre bewiesen wurde, als zu Genua geschehen war. Die Stadt Pisa war zu diesen Zeiten in ihrem grösten Glanze. Sie hatte wenigstens 150000 Einwohner, sie war so mächtig, daß ihre Er-

rii negociis in Greciam profecti sumus sein cathedraticum dem Probst zu Aschaffenburg gegeben. Es scheinet daß diese Reise nach Griechenland in diesem 1170sten Jahr habe geschehen sollen, und daß unter Griechenland die sogenannte magna Græcia, oder der untere Theil von Italien, zu verstehen sey. m) Büsching.

m) In welchem Jahr diese Reise nach Griechenland geschehen sey, ist nicht bekannt. Der Ausdruck *anno illo, quo in greciam &c.* scheinet anzudeuten, daß es einige Jahre vor 1170 geschehen seye. Ich vermuthe daher auf das Jahr 1167, wo Christian viele Urkunden zu Faenza datirt und als Kaiserlicher Bevollmächtigter den grösten Theil von Italien durchreiset hat.

oberungen bis in die Levante sich erstreckten, woher sie die Beuten aller andern Christen, die sich dort bey den Kreutz-Zügen aufzehrten, nach Hause gebracht, und ihre Stadt damit verschönert und bereichert hatten. Unter einem so mächtigen und reichen Volke, welches wuste, daß der Erzbischof ihm nicht so geneigt als den Genuesern wäre, hielt sich der Erzbischof nicht lange auf, sondern verfügte sich nach Siena, wo er glaubte mit grösserer Sicherheit und Ruhe auf Mittel und Wege, die Toscanischen Städte zu vereinigen, denken zu können. Der Pabst Alexander III. ein geborner Seneser war aus dem Geschlecht der Herrn v Cerretto, die sich nachgehends in die 2 Zweige der Cerretani und Bandinelli getheilet haben, mag wohl selbigesmal eben so wenig Ansehen in seiner Geburtsstadt gehabt haben, als der Papst Rezzonico in seinem Vaterlande hatte. Der Erzbischof lud alle Städte und Herrschaften von Lucca an bis nach Rom auf eine Versammlung ein, welche ohne Verzug ihre Deputirten dahin absandten. Es befanden sich allda der Statthalter von Rom, die Markgrafen von Ancona und Monferrato, die Grafen Guido und Aldobrandino, und viele andre ansehnliche Herren, welche ihn freywillig zum Schiedsmann ihrer Zwistigkeiten machten.

Es wurden unter andern bittere Klagen wider die Florentiner und Pisaner geführt, daß sie viele Oerter und Schlösser besonderer Herrschaften mit Gewalt an sich gezogen hätten. Der Erzbischof urtheilte und befahl, daß sie dieselben ihren rechtmäßigen Herren zurück stellen müßten Durch dieses Urtheil gedachte der weise Erzbischof alle Streitigkeiten aus dem Grunde zu heben. Denn wo war denn in Toscana eine Herrschaft oder Stadt, die von den Pisanern und Florentinern nicht beschädiget, und mit dem Joche bedrohet wurde? Pisa und Florenz buhlten um die Oberherrschaft von Toscana und die Unabhängigkeit vom deutschen Reiche. Keine von beyden aber konnte zu diesem Endzweck gelangen, ohne diejenigen Städte und Herrschaften unter sich zu bringen, die eifersüchtig über ihre anwachsende Macht, und ihrer Sicherheit wegen dem Kaiser anhiengen, absonderlich die auf dem Lande wohnenden Herrschaften, welche eben deswegen mit vielen Freiheiten und Lehen von den Kaisern bereichert worden waren, damit sie in der Abwesenheit der Kaiser den mächtigern Städten entweder das Gleichgewicht halten, oder ihrer Macht einigen Widerstand thun könnten. Je nützlicher und wirksamer diese Vorsicht der deutschen Kaiser in den ersten Zeiten war, da der Städte Macht noch gering war, eben

 so

so unnütz war dieselbe, nachdem die Städte Welschlands zu einer fürchterlichen Macht angewachsen waren. Würden wohl die adlichen Geschlechter und kleine Städte, denen die Pisaner ihre Güter wieder gegeben hatten, damals im Stand gewesen seyn, ihrer Macht zu widerstehen, ihre Flotte zu vernichten, ihren Handel in der Levante zu verderben, woher sie ihren Reichthum schöpften? Es war also unnütz und zu spät, daß der Erzbischof von den Pisanern die Zurückgabe der Güter foderte.

Die Pisaner, welche diese Bedingung nicht eingehen wollten, wurden vom käiserlichen Bevollmächtigten aller kaiserlichen Privilegien, und ihrer Rechte auf die Insul Sardinien beraubt, und ihre Stadt, Vorstädte und öffentlichen Einkünfte in den Reichsbann gethan. In einem Briefe, in dem der Erzbischof den Genuesern von der gehaltenen Versammlung Nachricht giebt, Num. XI, *n*) wird keine Meldung gethan, daß auch die Florentiner, und Volterraner in den Reichsbann

n) Diese Urkunde fängt an: CHRISTIANUS *Dei gratia Moguntine sedis Archiepiscopus & Archicancellarius Germanie & totius Italie Legatus*, und ist vom J. 1173. obschon kein Datum dabei angeführt ist.

bann gethan worden seyn, ob es gleich gewiß ist, daß sie die hinweggenommenen Güter ihren Privatherren nicht zurückgestellet haben, und daß die Volterraner wirklich dazumal einen offenbaren Krieg führten mit ihrem Bischof Galgano, um ihm seine von dem Kaiser Friedrich verliehene Güter und weltliche Gerichtsbarkeit über die Stadt zu benehmen. Die Pisaner liessen sich durch den Reichsbann gar nicht abschrecken. Sie ergriffen sogar mit ihren Bundsgenossen die Waffen wider die Luccheser, und schütteten mit solchem Nachdruck den Zorn gegen dieselben aus, daß der Erzbischof sich gezwungen sah, den Reichsbann zurück zu nehmen, welches den 29 Junii 1173 geschah. Er war so kühn im Anfang des folgenden Monats, da der Zorn der Pisaner noch nicht vollkommen besänftigt war, sich in eigner Person nach Pisa zu begeben. Er muste selbigesmal noch nicht vollkommen überzeugt seyn, daß wer befehlen will, auch hinlängliche Macht in Händen haben müsse, den Gehorsam auszuwirken; denn zu Pisa gab er neue Befehle im Namen des Kaisers, daß man die Waffen niederlegen sollte, welche eben so unkräftig waren, als die vorige; weil er aber endlich anfing an seiner Sicherheit zu zweifeln, so verfügte er sich von Pisa nach S. Gennesio, wo er zum drittenmal seine unnützen Befehle wiederholte. Da er aber sah, daß weder die Pisaner noch ihre damalige Bundsgenossen die Florentiner seinen Friedensbedingungen Gehör gaben, so gerieth er in einen solchen Zorn, daß er wider das Völkerrecht die Abgesandten derselben in Ketten und Banden geschlossen in den Kerker setzen ließ. Er konnte nun keine friedliche Versöhnung mehr hoffen. Deswegen setzte er die Luccheser, Sieneser, Pistojeser und den Grafen Guido wider die Halsstarrigen an, mit ihren Völkern das pisanische Gebieth zu überziehen, und allen nur möglichen Schaden anzurichten, die schlauen Pisaner aber wusten in kurzer Zeit dem Uibel ein Ende zu machen, indem sie mit aller Macht in der Luccheser Gebieth fielen, und dieselben auf diese Weise zwangen, ihrer Stadt zu Hilfe zu kommen. Sie musten aber über eine gewisse Brücke, dal Fusso genannt, ihren Rückmarsch nehmen. Hier wurden sie von den Pisanern so geschlagen, daß es ihnen gereuen konnte, zum Werkzeuge des ohnmächtigen Zorns des kaiserlichen Bevollmächtigten gedient zu haben.

Um den Pisanern auch zu Wasser Einhalt zu thun, hatte der kaiserliche Bevollmächtigte, wie die Urkunde Num. XI. beweiset, den Genuesern befohlen 50 Galeeren bereit zu halten, nemlich 20 im Hafen zu Genua,

20 im Hafen von Porto Venere, und die übrigen 10 sollten gegen Rom geschicket werden, auch solten sie ihre Kriegs-Völker in marschfertigen Stand setzen; woraus erhellet, daß der Erzbischof den Angrif der Pisaner im genuesischen und romanischen Gebiete zu Wasser befürchtete. Es wird endlich im besagten Briefe den Genuesern angezeiget, daß sie die versprochene Summa Geldes dem Erzbischof zahlen sollten, und daß er nicht länger auf die Bezahlung warten könne, weil er ihnen zum Besten Schulden gemacht hätte, und den Soldaten den Sold bezahlen müßte. Er sagt ganz deutlich, daß er ihnen zu gefallen die Pisaner so mishandelt, und denselben noch mehr Uibel, als er ihnen versprochen, zugefügt habe. Allein der Ausgang zeiget es, was er mit seiner Schärfe ausgerichtet habe. Es muß auch selbigesmal den Genuesern wenig daran gelegen gewesen seyn, den Erzbischof zu unterstützen; denn sonst hätten sie die Pisaner zu Wasser angreifen können, zu einer Zeit, da dieselben zu Lande mit den oben gesagten Feinden es zu thun hatten. Ich zweifle auch sehr, ob er das versprochne Geld von den Genuesern bekommen habe, weil die Sachen nicht so ausfielen, wie sie hoften, und mit ihnen übereingekommen waren, und durch die gesuchte Verlängerung des Termins eine schlechte Be-

reitwilligkeit zeigten, absonderlich in einem Zeitpuncte, wo der Erzbischof ohne Geld nichts rechtschafnes ausrichten konnte, indem es auf die Bezahlung des Soldes ankam.

Im folgenden Jahre 1174 unternam der Erzbischof viele Dinge, die sich aber widersprechen, wenn man die Geschichtschreiber mit den Urkunden vergleichet. Die Urkunden bezeugen; daß er im Monat May in Toscana sich befunden habe. Aber die Schriftsteller so von Muratori citiret werden, wollen daß er im Monat April die Belagerung von Ancona vorgenommen, und dieselbe bis in die Mitte des Octobers fortgesetzt habe. Romoaldus von Salerno setzet noch hinzu, daß er vor der Belagerung das ganze Herzogthum Spoleti und die Anconitanische Mark mit Feuer und Schwerdt verheeret, sich der Städte Assisi und Spoleti und anderer Städte bemeistert, auch einige zu Grunde gerichtet habe, absonderlich die Stadt Terni. Ich will mich aber nach den geschriebnen Urkunden richten, und dasjenige, was diese enthalten, anführen.

Nach der Urkunde, die ich N. X. anführe, befand sich der Erzbischof den 2 May 1174 zu Castiglione Aretino, wo er den Camaldolenser Mönchen zum besten ein Privilegium

aus-

ausfertigte, in welchem einem gewissen Markgraf Rinieri unter Bedrohung des Bannes geboten wird, die Leute von Anghiari und Monte Loro, welche der benannten Mönche Unterthanen waren, mit Frieden zu lassen. Dieser Rinieri oder Ranieri war wahrscheinlicher Weise ein Sohn des Markgrafen Ugoccione oder Ugo II, welcher vom Rinieri I, Herzog und Markgraf von Toscana herstammete. Dieses Hauses Vermögen war dazumal bis zu wenigen Lehngütern vermindert, und die Markgrafen aus demselben hatten keine Stelle mehr unter den Fürsten und Stadthalter von ganz Toscana, wie Cosimo delle Rena scheint andeuten zu wollen. Und damit ich alles sage, was ich von diesem vortreflichen Geschlechte weiß, von welchem das Haus der Marschesi del Monte, die zu Florenz wohnen, herstammet, so schreibt Pompeo Pollino in der Geschichte des Perugia, daß im Jahr 1202, da zwischen den Städten und Dinasten, so auf dem Lande wohnten, Uneinigkeit und Krieg herrschten, und diese jenen unterlegen waren, Guiccione oder Ugoccione (der Sohn des oben genannten Ranieri) seine Güter der Gemeinde von Perugia unterwürfig gemacht habe.

Aus der Urkunde vom 8. May Num. XIII wo er den Canonicis von Arrezzo ein Privilegium

legium ertheilet, ist nicht offenbar, ob er wirklich damals sich allda, befunden habe. Es ist aber auch nicht wahrscheinlich, daß der Privilegium bey der Belagerung von Ancona ausgefertiget worden sey. o) Soll es aber wahr seyn, daß die besagte Belagerung im Jahr 1174 vorgenommen worden ist, so muß sie entweder noch den Monat May angefangen haben oder Christian muß anfänglich nicht dabey gewesen seyn, welches aber nicht wahrscheinlich ist. Es mag nun damit beschaffen seyn, wie es wolle, so wird es doch der Mühe werth seyn, die Belagerung von Ancona zu beschreiben, weil dadurch mehr und mehr die Gemüthsbeschaffenheit des Erzbischofs bekannt wird. Ich will sie so beschreiben, wie sie von Buoncompagno, einem gebornen Florentiner, der damals Professor der Universität zu Bononien war, beschrieben worden ist.

Ancona

o) Diese Urkunde fängt an: CHRISTIANUS *Maguntine sedis Archiepiscopus, Germanie Archicancellarius & sacri Imperii in Italia Legatus*, und endiget sich: *Datum in Comitatu Florentino in Episcopatu Fesulano apud villam de Quercio anno MCLXXIV. Indict VII. Octavo Idus Maji* Sie hat keinen weitern Bezug auf die Mainzer Geschichte.

Ancona war damals die einzige Stadt, welche die Kaiser von Constantinopel noch in Italien besassen. Sowol den Venetianern, als dem occidentalischen Kaiser war dieses ein Dorn im Auge. Beyde vereinigten sich, um sie aus den Händen der Griechen zu reissen. Die Venetianer belagerten sie mit 40 Galeeren zu Wasser, die kaiserlichen aber zu Lande. Die Anconitaner wurden durch Hunger so weit gebracht, daß sie zu capituliren begehrten. Allein Christian schrieb ihnen so harte Bedingungen vor, daß sie aus Furcht, es möchte ihnen noch ärger als den Milanesern ergehen, sich entschlossen vielmehr zu sterben, als sich den gesetzten Bedingungen zu unterwerfen. Da aber der Erzbischof vermeinte, die Stadt schon in Händen zu haben, so wurde sie ihm entrissen. Denn es erschienen unvermuthet mit einem starken Kriegsheer von Lombarden und Romagnolen, Willhelm von Adelardi, ein mächtiger Bürger von Ferrara, und Aldruda Gräfin von Bertinoro aus dem Hause Frangipani von Rom, die sich durch ihre Thaten einen ewigen Namen zuwege gebracht hat, um der belagerten Stadt zu Hilfe zu kommen. Wodurch Christian nicht ohne Schande sich mit einer gewissen Summe Geldes begnügen, und mit seinen Völkern abziehen muste.

Er

Er wurde aber durch diesen unglücklichen Zufall nicht abgeschreckt, neue Unternehmungen zu wagen. Denn im Jahr 1175 den 7 Febr. wie man in der Geschichte von Bononien lieset, belagerte er mit Hilfe des Grafen Guido Guerra, und mit den Kriegsleuten von Faenza, Forli, Rimini, Imola und Toscana das Castel v. S. Cassiano, welches mit grosser Tapferkeit von 300 Bononieser Edelleuten 3 Wochen lang vertheidiget wurde; da sie es aber hernach freywillig verliessen, und sich zurück zogen, so hatten sie das Unglück in die Hände des Erzbischofs zu fallen, dessen Kriegesleute sich in einem Hinterhalte versteckt hatten. Der Erzbischof bemeisterte sich damals noch eines andern Castels, so Castello de Medicina hieß.

Es wird den Lesern nicht unangenehm seyn, zu lesen, wie der Erzbischof sich als ein Kriegesmann zu bewafnen gewohnt war. Eine Chronik von Bononien, die der gelehrte Muratori ans Licht gestellet hat, Scriptor. Rer. Ital. T. VIII. saget: Er trug einen vergoldeten Helm auf dem Haupte, einen hyacinthblauen Panzer um die Brust, und eine dreyspitzige Lanze in der Hand. Wäre Neptun in ein Treffen gegangen, so konnte er nicht anders bewafnet seyn. Es war ihm ein sonderbares Vergnügen, wann er mit eigner

Hand

Hand einen Feind erlegen konnte. Er ließ aus der Acht, was der Apostel an den Timotheus Ep. 1. Kap. 3. v. 3. schreibet, daß ein Bischof μὴ πλήκτην seyn solle. Auf dem Michelsberge bey Bononien sang er im erzbischöflichen Gepränge eine Messe, zur Danksagung für die erhaltenen kleinen Vortheile den thebänischen Heiligen zu Ehren. Das Chor bestand aus 600 Personen beyderley Geschlechts, unter welchen viele Cisterzienser Mönche und Nonnen sich befanden, die theils aus ihren Klöstern vertrieben, theils freywillig herausgegangen waren. Der Gegenpabst Calixtus III, dem der Erzbischof den Unterhalt gab, schickte ihm Glückwünschungs-Briefe mit der Aufschrift — dem allerchristlichsten Gesandten des apostolischen Stuhls Christian kaiserlichen Kanzler, dem getreuesten Sohne der römischen Kirche, und Erzbischof von Mainz. Die genannte Chronik setzt hinzu, in seinem Aufwande wäre er so prächtig, und sein Gefolge von so verderbten Sitten gewesen, daß die Unterhaltung der Weiber und Pferde allein ihm mehr gekostet habe, als dem Kaiser der ganze Hof. In diesem Jahre ist noch der Brief N. XVI. zu bemerken, den er dem König von Frankreich Ludwig VIII. geschrieben, um Genugthuung zu begehren für das ungerechte Verfahren eines französischen Statthalters gegen

gen einige deutsche Kaufleute; *p*) es muß auch nicht verschwiegen werden der durch ihn gemachte Antrag, eine Tochter des Kaisers mit Wilhelm II. König von Sicilien zu verheyrathen, um denselben dadurch von der Partey des Pabstes abzureissen.

Wenn man die von den Schriftstellern angezeigte Zeiten seiner Unternehmungen betrachtet, so muß man über seinen unermüdeten Eifer, die Rechte des Kaisers zu vertheidigen, erstaunen. Nach derselben Erzehlung war er im Anfang des Monats März 1176 auf den Gränzen von Apulien mit der Belagerung von Celle beschäftiget, und im Monat May war er nicht nur in Deutschland, sondern zog auch von da wieder nach Italien mit einem frischen Kriegesheer, und hatte die Ehre, daß der Kaiser in Person ihm entgegen kam. Voller Freuden und Hofnung, er würde mit diesen Völkern den erlittenen Verlust in Italien wieder gut machen. Denn im vergangenen Jahre waren die kaiserlichen Waffen in der Lombardie sehr unglücklich gewesen. Das neue Kriegsheer war besonders bestimmt, an den Mayländern sich zu rächen. Diese aber waren durch ihre glückliche Unternehmungen und haupt-

sách-

p) Sieh unten Urkunde II.

sächlich durch das gemachte lombardische Bündniß kühner geworden, und warteten nicht, bis sie von dem kaiserl. Kriegsheer in ihrer Stadt belagert würden, sie giengen den 24 May beherzt auf den Feind los, und bothen ihm das Treffen an, den 30 May fielen sie einander die Haare, und anfänglich waren die Mayländer unglücklich. Dadurch wurden die Gemüther eines Volkes, so für seine Freiheit stritt, noch immer kühner und beherzter. Sie wehrten sich so tapfer, daß endlich die Feinde den Kürzern zogen, und sogar den kaiserl. Adler verloren. Hieraus entstand eine allgemeine Verwirrung unter den kaiserl. Völkern. Die Gegenwart und Tapferkeit des Kaisers waren nicht vermögend, die niedergeschlagnen Gemüther der Soldaten aufzurichten, und sie von der Flucht abzuhalten. Zur nemlichen Zeit als der Kaiser Friderich wider die italienische Nation schimpfte, und dieselbe dem römischen Reich ungetreu nannte, gerieth ein welscher Soldat in solche Wuth gegen ihn, daß er das Pferd unter ihm erstach, den Kaiser aber unter die halbtodten Körper der seinigen darnieder warf. Dieser Zufall verursachte den vollkommnen Sieg, und die Freiheit der Mayländer, die Ruhe aller italienischen Städte und des Pabstes Alexanders des dritten. Friedrich begab sich unbekannter weise,

 nach

nach Pavia, und zu seiner grössern Sicherheit ließ er einige Tage hindurch das Gerede aussprengen, er wäre todt. Seine kaiserliche Gemahlin, die zu Como sich indessen aufhielt, beweinte einige Tage seinen Todesfall, und die Mayländer begiengen sein Leichbegängniß, mehr seiner zu spotten, als sein Angedenken zu ehren.

Durch so unvermuthete und betrübte Unglücksfälle werden auch die stärksten Gemüther niedergeschlagen. Der Kaiser, welcher so viele Jahre hindurch mit dem römischen Pabste Alexander und mit seinen Anhängern die blutigsten Kriege geführt hatte, wurde endlich überzeugt, daß es nicht in seinen Kräften mehr stand, die italienischen Städte zum Gehorsam zu zwingen, und bequemte sich zum Frieden. Die damalige Verfassung von Welschland war so beschaffen, daß es unmöglich war, dasselbe unter dem Gehorsam des römischen Reichs zu erhalten. Die Städte hatten die dem Kaiser getreue Dynasten ihrer Güter beraubet, und hatten also sich für ihm nicht mehr zu fürchten. Weil sie Kräfte genug zu haben vermeinten, sich in Freiheit zu setzen, so war es ganz natürlich, daß sie dieselbe suchten, um destomehr, weil sich der Vorwand der Religion darein mischte. Die Feinde, so durch diese 2 Bewegungsgründe angetrieben sind, haben ohnedem eine unüberwindliche Stärke. Die Kaiserlichen Heere wurden so wohl durch die Feinde als durch natürliche Krankheiten aufgerieben, und musten von deutschen Truppen wieder ergänzt werden; dazu gehörte Zeit und Weile, wodurch die welschen Städte allemal Zeit gewannen sich wieder zu erholen. Eher würde Friderich ganz Deutschland an Mannschaft erschöpft haben, als er zu seinem Endzweck gelanget wäre. Er schickte deswegen Bottschafter zum Pabste, der sich zu Anagni aufhielt, und unter den Bottschafftern war der Erzbischof Christian der Vornehmste. Die Artikel des geschlossenen Friedens sind in der Urkunde begriffen, welche von Carl Sigonius de Regno Italiæ Lib. 14. und von vielen andern Schriftstellern angeführt worden. Die vornehmsten Artickel waren der ewige Friede, den sich das Priesterthum und das Reich einander versprachen, ein 6jähriger Waffenstillstand mit den verbundenen Städten der Lombardie, und ein 15 jähriger Friede mit Wilhelm König von Sicilien, der dem Pabst Alexander jederzeit beygestanden hatte, wie Vandolfo Collenuccio in der Geschichte von Neapel Lib. 3. erzählet. Dieser Friedens-Tractat wurde vom Pabst Alexander dem 3ten zu Anagni unterschrieben. Weil aber es nicht

 schien,

schien, daß der Friede zur Vollkommenheit gelangen, und auf festem Grunde beruhen könnte, wofern die allerhöchsten Häupter selbsten sich nicht einander persönlich versöhnten, so wurden anfänglich viele Städte vorgeschlagen, wo diese Zusammenkunft geschehen könnte, und aus allen andern wurde Venedig wegen grösserer Sicherheit dazu erwehlt. Auch schien die Majestät dieses alten und weisen Senats allein fähig zu seyn, zwey so ansehnliche Mächte mit einander zu vereinigen.

Nach der Hälfte des Maymonaths 1177 war Alexander schon zu Venedig angelangt. Der König Wilhelm von Sicilien hatte ihn persönlich, indem er durch sein Land zog, bewirthet, und mit 18 Galeeren begleiten lassen, welche auf das stärkste bewafnet, und auf das prächtigste ausgezieret waren. Der Kaiser aber kam erst den 24. Jul. an, nachdem er sich in der Abtey von S Nicolo von dem Kirchenbann hatte lossprechen lassen; wo ihm der Doge Sebastiano Ziani, der venetianische Adel und eine unzählige Menge Volks entgegen kamen, die ihn in die Kirche von S. Marco begleiteten. Bey der Kirchthüre wurde er vom Pabst Alexander erwartet, der auf einem prächtigen Throne saß, und von einer grossen Anzahl von Cardinälen,

len, Prälaten und anderen Geistlichen umgeben war.

So bald Friderich mit seinem prächtigen Gefolge sich dem Pabste nahete, so legte er seinen kaiserlichen Mantel ab, und da er sich vor den heil. Vater niederwerfen wollte, so wurde er von ihm aufgehoben. Dieser vergoß Freudenthränen und gab ihm den Friedenskuß. Alsdenn wurde von einem zahlreichen Chore der Ambrosianische Lobgesang gesungen, und endlich vom Pabste der Segen gegeben. Hernach verfügte sich der Pabst in den Pallast des Patriarchen, und der Kaiser in jenen des Doge; Beyde Wohnungen waren auf das prächtigste zubereitet. Die venezianischen Schriftsteller geben vor, der Doge hätte bey dieser Gelegenheit verschiedene Privilegien empfangen.

Am folgenden Tage, an welchem das Fest des heil. Apostels Jacob des ältern gefeiert wird, wurde auf Ansuchen des Kaisers zu St. Marco das hohe Amt vom Pabst gesungen. Als der Pabst zur Kirche sich verfügte, kam ihm der Kaiser entgegen, hielt den Steigbügel indem der Pabst aufs Pferd stieg, und machte ihm alle Ehrenbezeugungen, welche die Kaiser dem Pabste zu thun pflegten. Es gab auch einer dem anderen prächtige Gastmale.

male. Nach einigen Ta en kam auch der Gegenpabst Calixtus III. zu Venedig an, war sich zu den Füssen Alexanders III. und erhielt von demselben nicht nur Verzeihung, sondern empfand auch seine Gutthätigkeit. Der Erzbischof Christian verbrannte das Pallium welches er vom Gegenpabste empfangen hatte, wie Fleury in seiner Kirchengeschichte erzählet, und wurde von Alexander im Erzbißthum bestätigt. Den 1 August wurde der Friede aufs neue mit öffentlichen Eidschwüren bekräftigt. Friderich blieb bis in die Mitte des Septemb. zu Venedig, und einige Tage hernach reisete auch der Pabst Alexander III von da ab, und verfügte sich wieder nach Anagni, wo die Römer, die bisher sich hartnäckig wider Alexander erzeiget hatten, ihm huldigten. Der Pabst machte sich den gemachten Frieden zu nutze, und hielt um diese Zeit die dritte allgemeine Lateranische Kirchenversammlung, deren Geschichte und Akten Natalis Alexander umständlich erzählet.

Die in Italien gemachten Friedensartikel wurden den deutschen Reichsfürsten zugeschickt, welche dieselben mit ihrer Unterschrift bestätigten. Es waren aber die alten Streitigkeiten zwischen dem Pabst und Kaiser wegen der hinterlassenen Güter der Gräfin sin Mathilde, unausgemacht geblieben. Von beiden Seiten wurden vernünftige und ansehnliche Männer gewehlt, um die Sache zu untersuchen, und zu entscheiden. Es war auch die Zeit bestimmt, den entscheidenden Spruch zu vollbringen. Aber zwischen dem Pabste und dem Kaiser konnte hierin keine Einigkeit zu Stande gebracht werden. Alexander und sein Nachfolger Lucius III. sahen den Besitz der gedachten Güter in den Händen des Kaisers mit scheelen Augen an; getrauten sich aber nicht den öffentlichen Frieden mit dem Kaiser zu brechen. Aber Urban der III ließ 1185 durch ein öffentliches Schreiben sein Misvergnügen sehen, und hätte den Kaiser aufs neue in den Bann gethan, wenn ihn der Tod nicht überrascht hätte.

Indessen war der Kaiser Friderich I zweymal zu Pisa, das erstemal im Jahr 1176, wie Tronci in seiner Chronic erzählt, wo die Pisaner ihn mit grossen Ehrenbezeugungen als ihren Herrn empfingen, und das zweytemal im Jahr 1178, da er sich im Erzbischöflichen Pallast aufhielt, und unter verschiednen andern Dingen die Privilegien der Cathedral Kirche bestätigte. Man glaubt auch daß er im Märzmonath 1177 zu Florenz gewesen sey, ehe er sich nach Venedig

 be=

begab. So scheint es wahrscheinlich zu werden durch eine Urkunde, die er der Abtey von S. Flora von Arezzo verliehen, welche die 138. Constitution des Paßinischen Bullarii ausmacht Tom. I. wo man die Unterschrift apud Castrum Florentiæ findet. Tommasi in der Geschichte von Siena Lib. 3. meldet auch, daß der Kaiser um diese Zeit auch zu S. Miniato al Tedesco gewesen sey. Die italienischen Schriftsteller sind der Meinung, daß durch diese Reisen und Unterhaltungen des Kaisers die Guelfische und Gibellinische Partheilichkeit in Italien festen Fuß gefaßt haben.

Um wieder auf den Erzbischof von Mainz zu kommen, so hatte er indessen Gelegenheit genug, sich nach seiner natürlichen Neigung und Gewohnheit in den Waffen zu üben. *) Allein im Jahr 1179 veränderte sich das Glück der Waffen bey ihm. Er hatte es mit Conrad von Monferrato, Bruder des Margrafen Wilhelm zu thun, welcher in der Anconi-

*) Wenn es nicht sonst schon gewiß wäre, daß Christian 1178 nicht in seinem Erzbisthum gewesen sey, so könnte es aus der Urkunde in Gudeni cod. diplom T. I. p. 267. in welcher Sigfrid Bischof zu Brandenburg sich fungentem legatione domini Christiani nennet, erkannt werden. Büsching.

conitanischen Mark die Rechte des griechischen Kaisers Emanuel Comnenus mit den Waffen vertheidigte. Dieser bekam ihn mit seinen Truppen gefangen, weil er von allen Seiten her von Felsen umgeben war, und führte ihn in Ketten und Banden geschlossen nach Acquapendente, wo nach Belieben des griechischen Kaisers mit ihm sollte verfahren werden. Da aber eben damals der besagte Kaiser starb, so blieb der Erzbischof fast 2 Jahr in einer harten Gefangenschaft, weil gar zu viel Lösegeld für ihn verlanget wurde, und weder die Vorbitte des Pabstes, noch jene des Kaisers etwas vermogte, ihn auf freien Fuß zu stellen. Der Kaiser muste damals völlig an Gelde erschöpft seyn, gar kein Ansehn mehr in Italien haben, und des Kriegs müde seyn. Wie würde er sonsten den Erzbischof, seinen Gesandten, der so vieles für ihn gethan hatte, so lange Zeit in der Gefangenschaft haben lassen können? Auch der Erzbischof selbst muste wenig Einkünfte von seinem Erzbißthum zu ziehen haben. Vielleicht hatte er durch seinen prächtigen und verschwenderischen Aufwand alle Quellen seiner Einkünfte erschöpft. Wenn man auch die Umstände in welchen Welschland sich damals befand, betrachtet, so ist leicht zu begreifen, warum Christian ganz hilflos so lange in seiner Gefangenschaft ver-

 blei-

bleiben muſte. Die Städte der Lombardie, und von Toſcana ſuchten unabhängig zu ſeyn, und das übrige Italien war eben ſo dem occidentaliſchen Kaiſer abgeneigt. Die Kriege hatten ſo lange Jahre innerhalb Welſchland gedauret, und ganze Länder verheeret; die Städte muſten alſo froh ſeyn, daß derjenige, der noch die einzige Stütze des Kaiſers in Italien war, auſſer Stande wäre, die Waffen zu führen.

Von der einzigen Stadt Siena weis man aus der XVII Urkunde, daß ſie 400 Lire zu ſeiner Erlöſung hergegeben habe. *q)* Aber dieſes geſchahe keinesweges aus Neigung gegen den Kaiſer oder ſeinen Geſandten, ſondern vielmehr aus dem nemlichen Triebe zur Unabhängigkeit, der alle andere Städte belebte: denn er verkaufte ihnen das Recht, welches der Kaiſer über ihre Stadtthore, und über die Caſtelli di S. Quirico und Montieri hatte, welche Oerter noch jetzt wohl bewohnt ſind, und in der Maremma lie-

q) Dieſe Urkunde, worin Chriſtian den Sineſern gewiſſe Gerechtſame um 400 *libras denariorum pro ſua liberatione dandorum* verkauft, fängt mit ſeinem gewöhnlichen Titul an, und endiget ſich: *Acta ſunt hec in caſtro montis Fiaſconis.* A. MCLXXX.

liegen. Das letzte gehört nun unter dem Titel eines Marchesats dem Herzog von Salviati von Florenz. Im Jahr 896 hatte es Adalbert Herzog von Toscana dem Bischof von Volterra mit einigen andern Castelen geschenkt. Die Stadt Massa, und die Geneser machten einen Anspruch darauf, und damit diese einen grossen Schein der Gerechtigkeit ihrem Anspruch verschaften, so kauften sie den Ort vom kaiserl. Gesandten, der ihnen den kaiserl. Beyfall versprach. Es war ihnen um destomehr am Besitze von Montieri gelegen, weil nicht lange vorher in dem Gebiete dieses Ortes eine Silbergrube entdeckt worden war; die nachgehends lange Zeit von den Bischöfen zu Volterra genutzt worden ist. Es ist wahrscheinlich, daß der gefangene Erzbischof noch viele andere kaiserl. Rechte um des Lösegeldes willen verkauft habe.

Im nemlichen Jahr 1180 starb eine heilige Benediktiner-Nonne Ildegarde, Aebtißin des Klosters von S. Robert zu Bingen in der Mainzer Diöces. *) Diese wurde für eine Prophetin gehalten, und viele empfahlen sich ihrem Gebet. In der bibliotheca Patrum T. 23. finden sich 2 Briefe, welche Ildegarde

*) Hildegard auf dem St. Rupertsberg bey Bingen.

degarde an den Erzbischof Christian geschrieben, und unten führe ich auch 2 Briefe an, die der Erzbischof derselben geschrieben hat. r)

Nachdem der Erzbischof durch vieles Bitten und Geld wieder in seine Freiheit gesetzt war, wurde er vom Pabst Lucius III gebraucht, die Waffen zu führen, und zwar wider die Romaner, welche mit aller Gewalt das alte Tusculum zerstöret sehen wollten. Da er mit allem Ernst beschäftiget war, die Romaner zum Gehorsam gegen den Pabst zu zwingen, so zog er sich eine gefährliche Krankheit über den Hals, durch die gar zu grosse Hitze, der er sich ausgesetzt hatte, nicht aber durch Gift, welches ihm die Romaner in vergifteten Brunnenwasser beygebracht hätten, wie unter andern Schriftstellern der Abt Fleury zu glauben scheinet. Er hatte die Ehre vom Pabste in seiner Krankheit besucht zu werden, und nachdem er Busse gethan hatte, starb er mit einem sehr gelassenen Gemüthe den 25. August *) am Festtage des heil.

r) Den zweyten Brief sieh unten Urk. III. den ersten aber bey SERARIUS *Rer. Mog.* L. V. p 823.

*) Des Jahrs 1183, wie aus des Pabstes Lucius des dritten Schreiben erhellet. Einige be-

heil. Apostels Bartolomäus, wie man aus dem Circularschreiben ersiehet, welches der Pabst Lucius III an die Geistlichkeit der deutschen Nation ergehen ließ, Num. 20. Das Sterbebuch der Abtey von Salva Maggiore setzet seinen Tod 3 Tage später; und jenes von Fonte avellana, wie die Jahrbücherschreiber von Camaldoli anmerken, setzen denselben am 26 August mit diesen Worten: Die 26 August obiit Christianus Archiepiscopus Commissus noster. Einige alte Schriftsteller, weil sie nach seiner Gefangenschaft keine Meldung mehr von seinem Namen gefunden, haben seinen Todesfall einige Zeit früher angesetzet. Friderich Schannat entdeckte den wahren Sterbetag des Erzbischofs aus dem benannten Circularbrief, den er in seinen Vindemiis litterariis ans Licht gestellet hat.

Obgleich der Erzbischof Christian gewisse Tugenden nicht hatte, welche der Apostel Paulus von einem Bischofe fodert, so war er dennoch mit vielen andern guten Eigenschaften begabt, die sein Andenken in der Geschichte ansehnlich machen, und seine Schwachhei-

besondre Umstände von seinem Tode hat Gudenus l. c. p. 281. aus einem alten chron. rer. mogunt. Büsching.

heiten vollkommen bedecken. Daß er die Waffen liebte, und in eigner Person zu Felde gieng, war eine Gewohnheit des Zeitalters, in welchem er lebte. Konnten zu unsern Zeiten die Mönche zu Genua mit Ruhm die Waffen ergreifen, um den Marchese Botta aus der Stadt jagen zu helfen, konnten es die Corsicanischen Geistlichen aus der nemlichen Ursach thun, die Rechte ihres Vaterlands zu vertheidigen, warum verwundert man sich, wenn vor Alters die Bischöfe mit den Waffen in der Hand die Rechte ihrer Fürsten beschützten? Der Schriftsteller von Stade führet aus einer alten Handschrift an, daß er freygebig und groß in seinen Handlungen war, daß er neben der deutschen Sprache auch mit einer sonderbaren Fertigkeit Griechisch, Lateinisch, Italienisch und Flamendisch sprach. In dem Werke, welches den Titul Gallia Christiana führet, lieset man, daß er Briefe, öffentliche Reden, und die Geschichte des Kaisers Friderich geschrieben habe. Ein Erzbischof von Mainz, der den nemlichen Namen Christian führet, schreibt von ihm, daß er eine grosse Scharfsinnigkeit in zweifelhaften und gefährlichen Dingen, eine ausserordentliche Fertigkeit und Gründlichkeit in Rathschlägen, Geduld in Widerwärtigkeiten, und Mäßigung im Glück besessen habe. Von einem sol-

solchen tugendhaften Prälaten mag wohl Buon compagno, der zu seiner Zeit die Belagerung von Ancóna beschrieben hat; aus Haß geschrieben haben, wann er von seiner bußfertigen Vorbereitung zum Tode also sagt, & tunc illum pœnituit de commissis, quum non potuit amplius lascivire.

II.

Urkunden zur Geschichte des Erzbischofs Christians.

Urkunde I.

Kaiser Friderich verleihet dem Rainer von Ricasolis gewisse Güter, auf Vorbitte Christians 1167.

Federigus Dei gratia Romanorum Imperator semper Augustus. Imperialis benignitas bene de se merentibus, bene semper facere consuevit, & devotos quoslibet, quorum fides est sincera & devotio pura, congruis honoribus promovere omni tempore studuit. Quapropter notum facimus omnibus Imperii nostri fidelibus presentibus & futuris, quod nos interventu & petitione reverendissimi Principis nostri *Christiani* Maguntine sedis Electi, & nostri Palatii . . . Archi-

Archicancellarii, concedimus donamus & corroboramus fideli nostro *Rainerio* quondam filio *Berlingerii* de *Ricasolis*, quidquid juris & rationis nos & Imperium habet in his duobus castellis campi videlicet & Tormeni pro his uti qua servitiis, que nobis & Imperio in Romana expeditione in Campania & Tuscia fideliter exhibuit.

Quia vero Warnellottus pro gravibus maleficiis, que contra nostram coronam commisit, videlicet qui cursorem Dni . . proprium & nostrum cepit, & Imperii litteras nostre majestatis, quas . . cursor . . deferebat, conculcavit, & qui vocatus ad justitiam venire contemsit, proscriptus & damnatus tam a nobis quam ab illustribus Principibus Colon. & Maguntino Archiepiscopis in banno nostro missus, nos predicto Rainerio quidquid juris & rationis habemus in hereditate & bonis ipsius Warnelotti concedimus, donamus &c.

Datum in Episcopatu *Placentino* X. Kal. Febr. anno Dni MCLXVII. Indict. XV. regnante Dno Federigo Romanorum Imperatore serenissimo, anno regni ejus XIII, Imperii vero XII.

Urkunde II.

Schreiben Christians an den König Ludwig VII. von Frankreich 1175. a)

Glorioso & magnifico Ludovico Regi Francorum, Christianus Dei gratia Imperialis curie Cancellarius & Legatus Italie, salutem & servitium suum.

Ratio suggerit & Principum consuetudo deposcit, ut quemadmodum regni vestri negotiatores per Romanum Imperium pace & securitate funguntur, ita vice versa nostri nullatenus sub vestra jurisdictione ledantur. Quia igitur Masconensis Vicecomes quosdam nostros mercatores injuste expoliavit, & unum ex eis in captivitate retinet compeditum, petimus, & ex parte Augusti Serenissimi

---

a) Kein Jahr und Tag ist in dieser Urkunde angegeben, und ich weiß nicht, aus welchem Grunde Camici sie ins Jahr 1175 gesetzt habe. Aus dem Titul Christians sollte man vielmehr schliessen, daß er dieses Schreiben noch vor erlangter Erzbischöflicher Würde erlassen habe, weil er darin die Worte Archiepiscopus Mogunt. & per Germaniam Archicancellarius wider seine Gewohnheit ausgelassen, und blos curie Cancellarius hinzugesetzt hat. Ich glaube also, daß dieses Schreiben zwischen dem Jahr 1159 und 1165 abgefaßt worden.

ſimi veſtram Excellentiam commonemus, ut hominem & res detentas reddi faciatis. Alioquin ſi damna illiusmodi per veſtros negotiatores fuerint reſarcita, aut ſi novum teloneum ad damnum reſarciendum ſuper veſtros mercatores fuerit conſtitutum, veſtra diſcretio non gravetur.

Urkunde III.

Schreiben des Erzbischofs Christian des ersten an die heil. Hildegard Abtissin auf dem Rupertsberge bey Bingen.

Christianus Dei gratia Maguntinæ ſedis Archiepiſcopus, reverendæ & in Chriſto dilectæ Dominæ Hildegardi & univerſis ſponſis Chriſti cum ipſa Deo famulantibus, de virtute in virtutem aſcendere, ac Deum Deorum in Sion videre.

Etſi in admiranda & laudanda potentia Dei & Salvatoris noſtri clementia minime ſufficientes, imo prorſus indigni ſimus, tuo tamen, ut digni efficiamur, chariſſima in Chriſto Domina, ſedulo confiſi ſuffragio illam gratiarum actione proſequimur, a qua omne datum optimum, & omne donum perfectum deſcendens, utpote a patre luminum, cui in anima tua digna complacuit, & eam vero

vero & inæstimabili lumine suo illustravit, cujus gratia præveniente & subsequente collatum est sanctæ devotioni tuæ cum Maria ad pedes Domini sedere & supernæ Hierusalem visionibus vacare.

Hoc manifesta sanctæ conversationis tuæ indicia & stupendæ veritatis testimonia, ita animam nostram, charissima in Christo Domina, tuis jussionibus, ne dicam precibus, obligatam tenent, ut quidquid unquam sanctis votis tuis accedere noverimus, ad hoc cordis nostri intentionem merito inclinare debeamus, sperantes & firmam post Deum in tua sanctitate fiduciam habentes, nos sanctissimo odoramento orationum tuarum gratiam Dei prævenientem & subsequentem percipere, & hanc peccatricem animam nostram tuæ sanctitatis interventu clementiam creatoris sui sibi tandem placitam invenire.

Inde est, quod super tribulatione & afflictione, quam ex suspensione divinorum una tecum sacer conventus sustinet, tanto arctius vobis condolemus, quanto evidentius innocentiam vestram in hac parte perpendere valemus. Verum quia constabat ecclesiæ, sepultum apud ecclesiam vestram defunctum in vita sua excommunicationis sententiam incurrisse, dum adhuc eidem ecclesiæ de absoluſolutione ipſius incertum extitit, vobis interim propter ſtatuta ſanctorum Patrum non evitanda, clamorem Cleri declinare & ſcandalum eccleſiæ diſſimulare periculoſum nimis fuit, donec idoneo teſtimonio bonorum virorum in facie eccleſiæ illum abſolutum fuiſſe comprobatur.

Proinde veſtræ, ut dignum eſt afflictioni ex intimo corde compatientes, eccleſiæ Maguntinæ reſcripſimus in hunc modum, ut ſi bonorum virorum veraci teſtimonio & aſſertione de abſolutione præfati defuncti ei oſtenſum fuerit, divina vobis officia celebrari præcipimus, rogantes & obnixe charitati veſtræ ſupplicantes, quatenus ſi ex culpa noſtra vel ignorantia vos in hac parte moleſtavimus, petenti veniam non ſubtrahatis miſericordiam, & Patrem miſericordiarum exorare dignemini, ut ſanos & incolumes nos reddat veſtro ſancto conſpectui & eccleſiæ Maguntinæ ad honorem Dei & Eccleſiæ veſtræ, & ſalutem animæ noſtræ. Conſervet vobis Dominus ſanitatem & ſanctitatem.

III.

Fortgesetzte Nachrichten vom Bauern Kriege 1525.

(S. I. B. S. 169. bis 275. und S. 372. 424. bis 436. Item II. B. S. 1. bis 56. und S. 268 bis 288.)

§. 1.

Schreiben der Bürger von Ballenberg und Krautheim a) an die Bürger zu Bischofsheim, daß sie sich mit ihnen im Kloster Schönthal versammeln sollen. (4. April. 1525.)

(Aus einer gleichzeitigen Archivalhandschrift.)

Den ersamen und wiesen Burgermeister sampt einer gantzen Gemeinde zu Bischofsheim, unsern allerliepsten und fruntlichesten Brüdern auch Frunden, zu eigenen Handen.

Unsern Gruß und alles Guts zuvor allerliebsten Brüder in Christo. Nachdem ewer brü-

a) Krautheim ein Oberamtsstädtchen nebst einem alten Bergschloß am rechten Ufer des Jaxtflusses. Ballenberg ein kurmainzisches Städtchen im Oberamt Krautheim, zwo Stunden davon entlegen.

brůderliche lieb gut wissen tregt unsere frundliche brůderliche und christliche Versamblung in dem Closter Schönthal aus Ballenbergk, Krautheim und einer gantzen Zente, darzu auch viel mancher christliche Brůder, versamelt dem wort Gottes und der lere Pauli Beistandt und Volg thun, der sele heile damit zu betrachten, das übel zu straffen und auszurewten unter geistlichen und weltlichen, edel oder unedel, ist hie uff unsere gantz fruntliche auch brůderliche Bitt und beger an Burgermeister Rath und gantz Gemeine der Statt Bischofsheim dem heiligen Evangelio und dem Wort Pauli volg zu thun, und in brůderliche lieb in obgenantem Closter zu erscheinen. Wollen wir in solchem und anderm gegen euch alzeit auch geneigt und brůderlicher lieb geflissen sein, das euer brůderliche und gantz christliche fruntliche Antwort, bey unserm lieben Bruder Zeiger diß Briefs uns darnach haben zu richten. Datum Dornstag nach Ambroß Anno &c. XXVto.

Ballenberg und Krautheim sampt der gantzen Zente und andere viel christliche Brůder.

§. 2.

Der Kurmainzische Statthalter Wilhelm befielt dem Friderich von Greiffenklau sogleich wohlgerüstet zu Miltenberg zu erscheinen. Den 10ten April 1525.

(Aus dem Originale.)

Wilhelm von Gottes Gnaden Bischof zu Straßburg, Landgrave in Elsaß und Statthalter im Erzstift Mentz.

Lieber besunder. Nach dem wir anstatt unsers Herrn und Freundes des Cardinals und Ertzbischoffen zu Mentz ꝛc. dir jüngst haben thun schreiben und begehren, dich in Rüstung zu schicken und anheim zu halten, wo wir dich weiter beschreiben würden, uns alsdan auffs starkest sampt deinen Knechten und Pferden, mit gleissendem Hauptharnasch zum besten gerüst zuzuziehen hets, dieweil sich dan itzo ein merglicher Hauf Bauern oben im Ottenwalte mutwillig auffgeworffen und etlichen Meintzischen Steten und andere Oberkeiten, umbliegenden Steten und Flecken laut inligender Copy geschrieben und zu ihnen erfordert, der auch ein teils Inen zugezogen und sich dan ir fürnehmen entlich laut ires schreibens dahin erstreckt, geistlich und weltlich, edel und unedel zu straffen, und nie-

niemants zu verschonen, will die hohe nodturfft erfordern, dem in Zeit Widerstand zu thun. Demnach so stehet von wegen obgemelts unsers Herrn und freunts zu Mentz unser Beger, dich bey deinen lehenspflichten ermanend, du wollest dich von Stundte und ungesaumpt mit deinen Knechten auffs sterkst obangezeigter massen gerüst erheben, und den nehsten gen Miltenberg zu uns fügen, des Orts sollest du weitern bescheidt finden, des auch in Betrachtung, daß solicher Widerstant nit alleine dem Stift Mentz, sundern auch dir und aller Oberkeit zuguthem reichet, nit lassen noch seumen, des wollen wir uns, deinem Verwandtniß nach, zu dir versehen, onzweifel, es wird mit Genaden unbedacht nit bleiben, begeren des deine Antwort. Geben zu Aschaffenburg Montags nach dem heiligen Palmtage Anno &c. XXVto.

Aufschrift. Unserm lieben besundern Friederichen Greiffenclae von Volratz.

Nachschrift. Wir haben auch in Kellereyen Hoest, Steinheim und Aschaffenburgk bevehl gethan, dir und deinen Knechten und Pferden Kost und Futer zu geben, darnach magstu dich richten.

§. 3.

Widerholter Befehl des kurmainzischen Statthalters an Friderich von Greiffenklau, sogleich wohlgerüstet nach Miltenberg zu ziehen. Den 18ten April 1525.

(Aus dem Originale.)

Wilhelm von Gottes Gnaden Bischof zu Straßburg und Landtgraff in Elsaß, Statthalter im Ertzstifft Meintz.

Lieber besonder. Wir haben dir jüngst thun schreiben, was entbörung itzo am Ottenwalt der auffrürigen Bauern entstanden, die in dreyen gewaltigen Hauffen liegen rc. mit zuschickung Copey, wie sie etlich des Stiffts Flecken gefordert, darab zu vernehmen, daß ir entliche Meinung steet, geistlich und weltlich, edel und unedel zu straffen, wie sie dan des in teglicher übung sein, etlich vom Adel gefangen, die sie noch gefänglich halten, mit Inen füren und etwas unvernünfftiglich handeln; auch den von Hohenloe Ir Grafschaft ingenommen rc. dergleichen sie täglich mit der That In fürnemen gegen dem Ertzstifft Meintz auch steen, also daß wir von Inen nichts gewissers dan überzugk zugewarten haben. Was dir und allen von Adel, wo dem nit Widerstandt beschicht, davon erwachsen mag, hastu leichtlich abzunehmen.

 Dem-

Demnach und dieweil sonderlich in diesem Fall ein jeder des Stifts Lehenmann zu Rettung des Stieffts schuldig ist zuzuziehen, und itzo die hohe nott und notdurfft solches erfordert, so heischen und erfordern wir dich nochmals dich bey verlierung deiner Lehen ermanende, du wollest uns von Stund auffs sterkest mit deinen Knechten und Pferden in diesen der Stiiffts schweren nötten auffs fürderlichst zuziehen, und alher gen Miltenberg fügen. Wo du aber je Schwacheit, Alters oder Unvermöglichkeit halber deines Leibs in eigener Person nit kommen möchtest, alsdan aufs sterkest schicken. Des wollen wir uns zu dir obbemelte Straf zu vermeiden, entlich versehen und verlassen, dan dich in diesem Fall kein Ursach entschuldigen mag. Geben *a*) in grosser Eyll auf Dienstang nach dem heiligen Ostertag, Anno &c. XXVto. *b*)

---

a) Zu Miltenberg, wie aus obigen Worten alher gen Miltenberg erhellet.

b) Den 18ten April 1525.

Auffschrift. Unserm lieben besondern Friderichen Greiffenclae von Volratz.

Nachschrift. Wir haben auch in Kellereien Hoest, Steinheim und Aschaffenburgk bevehl gethan, dir und deinen Knechten und Pferden, Kost und

und Futer zu geben, darnach magstu dich richten. Datum ut in litteris. *)

*) Ob Friderich von Greiffenklau damals nach Miltenberg gezogen, ist mir nicht bekannt. So viel sieht man aus andern Schreiben, die ich im Iten B. S. 423. u. folg. geliefert habe, daß er am 2ten, 10ten und 16ten May noch im Rheingau gewesen ist, und es scheinet, daß er nach der Hand dieses Zugs nach Miltenberg überhoben worden ist, um seinem Bruder dem Kurfürsten Richard von Trier, den der Kurmainzische Statthalter Wilhelm um Hilfe angesprochen hatte, besser mit Rath und That an die Hand gehen zu können. Denn der Kurfürst Richard von Trier hatte mit Rath seines Bruders Friderichs nicht allein 65 geharnischte Reuter unter den Befehlen des Georgs von der Leyen an den Kurfürsten von Pfalz geschickt, sondern er selbst führte demselben noch 800 andere Reuter und 1200 zu Fuß nach Heidelberg, mit denen er der Schlacht bey Königshofen, dem Entsatz von Würzburg und dem ganzen Feldzuge beygewohnt und nicht wenig zur glücklichen Endigung desselben beygetragen hat. Conf. BROWERI Ann. Trevir. L XX. pag. 352.

§. 4.

§. 4.

Entschliessung des Domkapituls zu Mainz, auf die von den Rheingauern vorgelegten Artikul *a*) (12. May 1525.)

(Aus einer Archival-Handschrift.)

Als kurz verschiener Tagen gemeine Landschaft des Rheingaues einem hochwürdigen Thumb-Capitel zu Maintz etliche Artickel, darinnen sie sich beschwert zu seyn vermeint, in Schrifft fürbracht, darauf ihre Gnaden des Thomb-Capitels berürter Landtschafft schriftlich Antwort und Unterricht zugesandt, auch nachfolgende durch etlich aus ihnen, neben den Maintzischen Räthen mit derselben Landschaft zu Eltvill gütliche Wiederhandlung gehabt. Als haben gedachte gemeine Landschaft uff gestern Donnerstag dem hochwürdigen Fürsten und Herrn meinem gnädigen Herrn von Straspurg, Statthaltern des Erzstifts Maintz samt den verordneten berürtes Thomb-Capitels ihre vor übergebene Artickel mit etlicher meher Zusätzen schriftlich wiederumb übergeben, und sich darauf gedach-

a) Diese Artikel habe ich im Iten Bande dieser Beyträge S. 175. u. f. gegeben. Was auf diese Antwort erfolgt ist, und in wie weit die Artickel hernach auf dem Wachholder sind abgeändert worden, kann man daselbst S. 188. und 191 lesen.

gedachter mein gnädiger Herr Statthalter mit samt meinen Herrn bemeltes Thomb-Capitels entschlossen, wie hernach folgt.

Und nemblich also, daß meine gedachte Herrn des Thomb-Capitels sich gänzlich versehen, sie die gemeine Landschaft hätten sich der gnädigen, freundlichen, gebührlichen und billigen Antwort, Bericht und Erbietens sättigen lassen, und der genügigh gewest seyn, so aber die Landtschaft ye uff iren übergebenen Artikeln beharren, darvon nicht weichen, auch kein Milterung darzu byden, so wöllen gedachte meine gnädige Herrn Statthalter und Thomb-Capitel, so viel sie des berürt und zu thun haben, ihnen die übergebene Artikel zulassen. Actum uff Freytag nach Jubilate, anno 1525. (12. May.)

Nachdem sich jetzo allenthalben Empörungen und Aufrur ereugen, sehen meine gnedige Herrn der Statthalter und des Thomb-Capitels neben obgeschriebene Antwort für gut an, ist auch Ihro Gnaden Gesinnen und Begehren, daß die Landschaft des Rheingaues sich anheim in ihre Häuser thun wöllen, und etlich Personen, vier oder fünf ungeferlich, mit vollkommenem Gewalt von der Landschaft zu ihrer Gnaden verordnen, von allen übergebenen Artikeln und Klagen ins-

son-

sonderheit zu handeln, zu reden, und sich derselben zu vergleichen. Wo aber in einem oder meher Artikel kein Vergleichung geschehen oder erfunden werden mögt, daß mit denselben bis uff zukünftige Reformation in Ruhe und Still standen würde; was dann in derselben gemeinen Reformation bey andern Unterthanen gemeinlich geordnet und angenommen würde, dabey solle die Landschaft des Rheingaues durch meinen gnädigen Herrn und Thomb-Capitel auch bleiben und gelassen werden, wie bey andern Unterthanen des Stifts gleichermassen auch gehandelt und angenommen ist.

Caspar von Westhausen
Maintzischer Canzler.

§. 5.

Abgenötigter Vertrag des hochwürdigen Domkapituls mit der gemeinen Bürgerschaft der Stadt Mainz, vom 25ten April 1525.

(Aus einer alten Handschrift.)

Wir Laurenz Truchses Dechant und Kapitul des Domstiffts bekennen und thun kund offentlich mit diesem Brief, daß die unsere liebe getreue Rathseß und gemeine Bürgerschaft der Stadt Mainz uns etliche Artikul,

kul, darin sie beschwert, anbracht und als ihre Erbherrn unterthänig mit Fleiß gebetten haben, gnädig darin zu sehen, daß sie deren entladen, solche Beschwerung gemildert und abgethan werden, die wir auch von des hochwürdigsten hochgebohrnen Fürsten und Herrn, Herrn Albrecht Kardinal Ertzbischof zu Mainz Churfürsten 2c. als ihres rechten Herrn, auch unsertwegen als dero Erbherrn angenommen haben, mildern, bewilligen und nehmen die auch an hiermit wissentlichen in Kraft dieses Briefs, wie sie die in Schriften haben übergeben, von Worten zu Worten also lautend:

Zum ersten, daß die Kirchengeschworne oder Baumeister in den vier Hauptkirchen zu Mainz a) eine gelehrte und taugliche Person zu einem Pfarrherrn, das Wort Gottes dem gemeinen Volk zu verkündigen, zu setzen und zu versetzen Macht haben.

Zum

a) Nämlich zu St. Quintin, Ignaz, Emmeran und Christof, welche in mehrern Urkunden als die vier Haupt-Pfarrkirchen genannt werden. Diese vier sind auch die größten und die eigentlichen Pfarrkirchen in der Stadt Mainz, indeme die acht übrigen mit Stifts- Kloster oder Hospitals-Kirchen verbunden sind.

Zum andern, bitten wir diejenigen Pfarrherren, so zu dieser Zeit hier zu Mainz und zu Eltfeld gefangen liegen, zu erledigen und los zu lassen.

Zum dritten, daß keine geistliche Person hinführo weltliche Güter oder Häuser kaufen möge, sondern unseres gnädigsten Herrn ausgegangenen Mandaten nachgelebt werden soll. Da aber derselbigen vorhero schon etliche bürgerliche Häuser erkauft hätten, sollen sie auch alle bürgerliche Beschwerniß tragen, nämlich wachen, Pforten hüten, durch einen Bürger bestellen, darzu Reise, Geld und Herdschilling, wie einem Burger gebürt, geben, und daß dergleichen alle Wittfrauen, so allhier Begüth seind, mit kaufen und verkaufen Handel treiben, auch thun sollen.

Zum vierten, das Ungeld von allen Früchten auch Wein und Salz, was einer einkauft und zur Mühlen thut, halb abstellen und nachzulassen; wo aber ein Bürger dem andern Frucht verkauffen würde, daß der Verkäuffer frey seye, und das Ungeld halb gebe. Und so einer solch Frucht einem Fremden verkauft, daß er das Ungeld halb und der Fremde halb, wie sich es von Alters gebürt, entrichte: und an Wein, so ein Bürger dem andern in der Stadt verkauft, daß jeder sein Theil, wie sichs gehört, von der Ohm halb gebe; was aber einer einem Fremden an Wein verkauft, daß er alsdann von seinem eigen Gewächs von jeder Ohm die 11 Heller halb, und von eingekauftem Wein von jedem Fuder 13½ Alb. zu Ungeld gebe: und ferner, was einer an Wein, es sey eigen Gewächs oder eingekaufter Wein, im Zapfen verschenkt, daß er das Ungeld, wie sichs von Alters gebührt, von jedem Zapfen halb gebe und nicht weiter gedrungen werde: und daß die Gasthalter in der Stadt Maintz von jedem Fuder Weins, so sie einkauffen, und mit ihren Gästen vertreiben, ein Gulden zu Ungeld und nicht mehr zu geben schuldig seyn.

Zum Fünften, daß der Zoll von Eyern, Käsen, Cappus, Zwibeln, Strohe, Heu, Rüben und Rettig, wie bisher am Rhein und auf dem Mark von Fremden uffgehoben worden, gar abgestellt bleibe; darzu was die Vorkauffer in der Stadt Maintz einem Camerer von Haber und Ohli jährlich geben, nachgelassen werde. Deßgleichen so ein Bürger einen Dreyling Obst oder einen Korb Kirschen kauft, daß er davon den Heller oder Pfenning, wie bishero, nicht mehr schuldig seyn zu geben. Doch sollen die Hocken und Vorkauffer in der Stadt Maintz

hierin

hierin ausgeschieden seyn, und ihren Zoll wie vor Alters geben; was aber die fremde Hocken und Vorkauffer allhier zu Maintz an Obst und Kirschen kauffen werden, daß sie von jedem Korb voll drey Heller zu Zoll geben und ihnen daran nichts nachgelassen werde. Und weiters, daß die 2 Denar so allen Freytag von altem Gerümpel und Gewandt uff dem Leichthoff uffgehoben seind worden, abgestellt werden, doch soll der Markmeister von wegen unsers gnädigsten Herrn mit seinem Markrecht zu heben und Mark zeichnen ohnverhindert bleiben.

Zum Sechsten, daß den gemeinen Bürgern auch den Metzgern in der Stadt Maintz der Unterkauf oder Zoll vom Viehe, das ist von einem Ochsen 4 Heller, von einer Sau 3 Heller, soviel ein jeder zu seiner Haushaltung bedürftig, nachgelassen werde.

Zum Siebenten, daß euer Ehrwürden und Gnaden des Dhomstifts und andere Stiftsbedienten, als nämlich Stebler, Werkleuth, Weinrüffer, derselben Zapfer, Müeder, darzu alle weltliche Richter, Schreiber und Vorsprecher, alle bürgerliche Beschwerung thun und tragen sollen.

Zum achten, daß die weltliche Richter in bürgerlichen Sachen in vier Wochen zum für-

fürderlichsten soviel möglich, den Partheyen zu endlichen Rechten zu verhelffen, und vorzukommen, daß kein Bürger in Sachen Schuld betreffend, mit geistlichen Rechten vorgenommen werde.

Zum neunten, daß alle ewige Zinsen, Grundzinß, oder erkaufte Gülten, die bereits dreyfaltig gegeben sind, abseyn und nicht mehr gegeben werden sollen. Deßgleichen was von Zinsen oder Gülten mit brieflicher Urkund nicht belegt werden mögen, auch abseyn und nicht mehr gegeben werden. Doch sollen alle Zinsen, so unser gnädigster Herr in oder ausser der Stadt Maintz gefallen hat, nit begriffen seyn, sondern seiner Churfürstl. Gnaden vorbehalten bleiben, und soll seine Churfürstl. Gnaden, was derselben ewige Zins wären, vergünstigen abzulösen.

Zum zehnten, daß nur hinführo ein jeder Bürger arm und reich, gemein Burgerwacht thun soll, und daß dergleichen alle Priester von allen Stiftern und Kirchen zu Maintz (Ewer Ehrwürden und Gnaden vom Domstift, desgleichen die Klöster ausgescheiden) auch thun, und wo einer in eigener Person nicht wachen könnte oder wollte, daß derselbe einen andern Bürger an seine Statt bestellen möge, wo aber einer krank wäre, alsdann ihm solche Wacht nachzulassen.

Zum eilften, daß mit dem Pforten hüten, in Harnisch zu stehen ein Ordnung gemacht, und solches wie die gemeine Bürgerwacht umb zu gehen, und mit dem Raisen und Feldziehen, wo solches die Noth erfordern würde, alsdan ein solches uff ein gewisses Geld zu setzen, und uff die Person geistlich und weltlich wie geordnet zu terminiren, damit die kleine Bruderschaften den grössern nicht gleiche Beschwerung tragen, und wann sichs begebe, daß man also raisen und ein Feldzug thun sollt, daß alsdan unser gnädigster Herr von Maintz uns den Burgern aus Maintz die Kost, wie von Alters her, oder einem jeden die Woche VI. Alb. darvor geben soll, darzu einen Wagen zu den Gezelten stellen; wann man aber in einem Läger still stehen würde, daß alsdan euwer Gnaden Haubtleuthe denselben Wagen zur beybringender Nothurfft und nicht im Zug, gebrauchen mögen.

Zum zwölften, von allen Gütern an Früchten und Wein den dreissigsten anstatt des Zehnden zu geben, und nicht weiters.

Zum dreyzehnten, daß den Bendern die acht Faß, welche sie bishero einem Cämmerer und einem Schultheisen von ihrem Platz am Rhein geben haben, desgleichen die Badebordt,

debordt, so sie alle Jahr dem Ertzpriester gegeben haben, abzustellen und nachzulassen; dargegen soll der Platz wie andere Plätze am Rhein gehalten werden.

Zum vierzehnten, daß euwer Ehrwürden und Gnaden den Juden allhier zu Maintz den Handel mit Kauffen und Verkauffen, es sey Gewandt, Silbergeschirr, Zinnwerk altes oder neues, gar nichts ausgenommen, darzu Gold oder Silbermüntzen zu verwechseln nicht mehr vergünstigen, sondern abstellen wollen, und daß sie sich aller Gewerbe hierzwischen der nächsten Messe entäussern, doch ausgescheiden, was bey ihnen verstandten würde, dasselbige zu verkauffen Macht haben, dabey zu Verordnen, daß sie die Juden von einem Bürger in Mainz, je die Woche von einem Gulden nicht mehr dann einen Binger Heller zu Gewinn nehmen.

Zum fünfzehenten, daß nun hinführo zu den Geboten, so in den Bruderschaften gehalten werden, keine Vierer sondern nur einer von den Zwölffen des Rathseß, bis uff Zukunft unsers gnädigsten Herrn zu seyn verordnet werden.

Zum sechszehnten, daß der Herrn zu St. Alban, zu St. Jacob und der Carthäuser

Steinkauthen forderhin frey seyn, einem jeden Burger Stein darin zu brechen, und die zu seiner Nothurft haben zu verbauen.

Zum siebenzehnten, keinen Bürger, der Bürgen hätte, gefänglich zu legen, doch hierin ausgescheiden, so einer mißhandelt, Leibstraff verwürkt, oder sonst wider die Obrigkeit gehandelt hätte.

Zum achtzehnten, daß die Becker bey ihren drey Platzen Schwein zu ziehen, wie vor Alters ohngehindert bleiben mögen.

Zum neunzehnten, daß wir, welche nicht Zunfthäuser hätten, und also Vermöglich würden, auch eigene Zunfthäuser zu bauen oder zu kauffen, wie andere gehalten werden mögen.

Zum zwanzigsten, daß alle diejenige, seyen geistlich oder weltlich, die sich unserer Handthierung unterziehen und treiben, mit denselben bürgerliche Beschwerung thun sollen, und nicht also frey wie bishero gehalten werden, wie dan solches allen den Zünften gegebene Ordnung ausweiset.

Zum ein und zwanzigsten, daß eine Ordnung mit dem Verkauffen des Bauholz und

Bord

Bord ꝛc. vorgenommen, damit geist-und weltliche nicht höher dan wie vor Alters beschwert werden.

Zum zwey und zwanzigsten, daß gemeiner Bürgerschaft in der Stadt Maintz Bier, gleichwie den Bierbrauern zu verschenken vergünd werde.

Zum drey und zwanzigsten, damit ehrbare und fromme Frauen von den leichtfertigen erkennt werden, zu Verordnen, daß Huren an ihren Kleidungen, es sey an Barchen, Socknehen oder Schauben, Brauwen oder Leisten tragen sollen, daß dieselben von gelbem Wollentuch gemacht werden, bey Straff eines halben Guldens.

Zum vier und zwanzigsten, daß die Zwantziger jetzund und hinführo aus jeglicher Zunft einer, und zween aus den Zwölffern der Rathseß gewählt werde.

Zum fünf und zwanzigsten, daß kein Burger in der Stadt Mainz in Unehr mit Huren hauszuhalten gelitten werde.

Zum sechs und zwanzigsten, daß alle Geistliche in der Stadt Mainz ihre Wein nicht anderst, dan mit der Maaß zu verkauffen zugelassen werde, und nicht zu Wagen oder Schiff, doch daß sie solches den Bürgern mit Fuder und halben Fudern verkauflen mögen, und daß euwer Ehrwürden und Gnaden hierin ausgescheiden seind, und euwer Gnaden Wein zu verzapfen den Bürgern oder Fremden Macht haben.

Zum sieben und zwanzigsten, daß mit den Jungfrauen zum Altenmünster, Thalheim und St. Claren gehandelt werde, daß wir in ihren Wäldern bey Finten und daherum gelegen, durch unser Gesinde, Frauen oder uns selbsten, Aecker lesen und dörres Holz ungepfändet sammlen und hohlen mögen, welcher aber grüne Bäume, groß oder klein beschädigen oder abhauen würde, daß derselbe darum gepfändet und wie vor Alters gestraft werde.

Zum acht und zwanzigsten, daß die Metzger die 22 Schillinge Heller, so sie bishero einem Cämmerer und seinem Thorknecht an der Fischporten geben haben, darzu die zwey Schinken einem Erzpriester zu geben, nicht mehr zu thun schuldig seyn, sondern abgestellt werden.

Zum neun und zwanzigsten, daß hinführo ein jeder Bürger, so er Schulden halber in Thurn gelegt würde, die drey Gulden,

den, so einem Cämmerer bishero zugefallen, nicht mehr zu geben schuldig seyn, sondern nachgelassen werden.

Zum dreißigsten, daß diese Uffruhre zu ewigen Tagen durch unsern gnädigsten Herrn, auch euwer Ehrwürden und Gnaden oder jemands von derselben euwer Gnaden wegen über kurz oder lang, an einigen Bürgern nicht geandet oder gerochen werde, ohnabbrüchlich dieser gegebenen Freiheiten.

Zum Letzten, daß gemeine Burgerschaft obgemeldte Begehre wider unsers gnädigsten Herrn von Maintz, auch euwer Ehrwürden und Gnaden und derselben Oberkeit in keinen Weeg gethan, sondern obberührter Beschwerung Milderung zu erlangen, aus Notthurft angezeigt haben wollen.

Hierauf so gereden und versprechen wir Dechand und Capitul obgemeldt bey unsern Glauben und Treuwen solches alles wie obgeschrieben ist, steet und fest zu halten, alles treulich und ohngefährlich. Des zu wahrer Urkundt haben wir obgemeldte Dechand und Capitul des Domstifts zu Maintz unser Kapituls Insigel, so wir zu den Sachen gebrauchen, an diesen Brief henken lassen. Und hierauf so bekennen wir Wilhelm von Gottes

tes Gnaden Bischoff zu Straßburg, Landtgraf in Elsas und Statthalter des Erzstiffts Maintz hiermit wissentlich in Kraft dieses Briefs, daß wir solchen vorgeschriebenen Vertrag und Milderung, so die würdig und wohlgebohrne unsere liebe andächtige Dechand und Capitul des Domstifts zu Maintz mit den ehrsamen unsern lieben besondern, Rathseß, Zwantzigern und ganzer Gemein der Stadt Maintz von wegen und anstatt des hochwürdigsten Hochgebohrnen Fürsten und Herrn, unseres lieben Herrn und Freund, Herrn Albrechts Kardinals, Erzbischofs zu Maintz und Churfürsten auch angenommen haben, nehmen den auch von seiner Liebe und des Erzstifts Maintz wegen als Statthalter obgemeldt an hiermit wissentlich in Kraft dieses Briefs, und haben des zu Bekenntnuß unser Statthalters Insigel zuförderist an diesen Brief thun henken, der geben ist uff Dienstag nach dem Sonntag quasi modo geniti 1525. *a*) (25. April. 1525.)

§. 6.

---

a) Am ersten Juli 1525. hat der Rath und die gesammte Bürgerschaft zu Mainz diesen Vertrag schriftlich wiederum aufgehoben und sich auf Gnade und Ungnade an den schwäbischen Bund ergeben; wobey einige Rädelsführer enthauptet und einige des Landes verwiesen worden sind.

§. 6.

Verschreibung und Vertrag zwischen dem Bischof Wilhelm von Straßburg als Statthalter des Erzstiftes Mainz, und den Hauptleuren auch gemeiner Bauerschaft der Versammlung auf dem Odenwalde, der Höllenhauffen genannt, vom 7ten May 1525.

(Aus einer alten Handschrift.)

Wir Hauptleute Götz von Berlingen, Georg Metzler von Ballenberg, und andere geordnete Räthe und ganze gemeine Versammlung der Vereinigten uff dem Odenwaldt und am Neckar thun Kundt offentlichen mit diesem Brieff gegen allermännlich, daß wir in unsern Vertrag und Vereinigung gütlich uffgenommen haben den hochwürdigsten Fürsten und Herrn Herrn Wilhelm Bischoff zu Straßburg, Statthalter des Erzstifts Maintz, anstatt und im Nahmen und von wegen des hochwürdigsten Durchleuchtisten Fürsten und Herrn Albrechts des päbstlichen Stuhls Kardinal und Erzbischoffen zu Maintz, Markgraf zu Brandenburg, Churfürsten rc. samt gemeinem Capitul des Domstifts, und alle desselben Stifts, Schloß, Städte, Dörfer, und Verwandten, in was Standes sie seind, mit allen ihren und jedes Gütern, in Kraft einer Verschreibung

und

und Verpflicht, die von Worten zu Worten hernach geschrieben, also lautend:

Wir Wilhelm von Gottes Gnaden Bischoff zu Straßburg, Statthalter des Erzstiffts Maintz, anstatt und in Nahmen des hochwürdigsten durchlauchtisten hobgebohrnen Fürsten und Herrn, Herrn Albrechts des päbstlichen Stuhls Kardinal, Erzbischofe zu Maintz, Markgraf zu Brandenburg und Churfürst ꝛc. unseres Herrn und Freundes, und Herr Lorentz Druchses, Dechant und das ganze Capitul des Domstifts zu Maintz thun kunt und bekennen gegen allermännniglichen, daß wir vor uns und den ganzen Stift, alle Unterthanen und Verwandten, Bürger, Bauern, Schloß, Städte, Dörffer, Weiler und Flecken die Vereinigung der Versammlung gemeiner Bauerschaft am Neckerthal und Odenwald angenommen haben, in Kraft dieses Brieffs uns verpflicht und verhafft gemacht, bey Ehren, Treuen, Eiden und höchstem Glauben, zu halten alles, das hernach geschrieben steht, nämlich:

Zum Ersten, die zwölf Artikul a) ihres Be-

a) Nämlich die Artikel gemeiner Bauerschaft, die ich schon im IIten Bande dieser Beyträge S. 275. habe abdrucken lassen.

Begriffs, die in angenomenen Druck geschrieben, von gedachter Versammlung angenommen und unter ihnen ausgebreit sein, samt der Erklärung, die nicht begriffen, mit etlichen anhangenden Artikuln zu Amorbach verfaßt, uns alles gnugsam vorgetragen, verlesen und eröffnet, und sonderlich alles, was durch diesen und andere gemeine Hauffen, hernach von frommen, geschickten, gelehrten und verständigen Leuthen darzu verordnet, in diesen und allen andern christlichen Sachen und gemeines Landes anliegenden Dingen und Beschwerungen erkennt, gesetzt, ordiniret und gemacht wird, nichts ausgenommen, was Standes, Oberkeit oder Wesens das betreffen mag.

Zum zweyten, alle unsere des Stifts Unterthanen und Verwandten der Städte und Flecken uff dem Odenwald, die gelobt und geschworen haben, samt den Kellereyen und dem Schloß Gamberg, sollen bis ermeldte Erkänntniß den Personen bleiben, und von uns in Ungnaden oder Ohngutem nimmermehr gedacht werden. Item die Ambtleuth und Keller in den zweyen Städten Bischofsheim und Külsheim, sollen bis zur Reformation durch dieselbe Städte gesetzt werden, darzu alle Proven (Einkünfte) in den zwey Städten Bischofsheim und Külsheim

soll

soll ungemindert und unverändert bleiben, bis zur Vollstreckung der Reformation.

Zum dritten, so sollen alle unsere und des Stifts andere Städte und Flecken allenthalben durchaus, wie genannt ist, diese Vereinigung und Vertrag gleichermassen, wie die obgenannte neun Städte uff dem Odenwald gethan haben, annehmen und zu halten geloben und schwören, und derhalben den verordneten Befelchhabern gemeines Hauffens gehorsam erzeigen, welche Befelchhaber auch ehrlich nach dem Höchsten und Besten der Gelegenheit nach versehen und eines jeden Orts mit Verlegung des Proviants ungefährlich und gütlich gehalten werden sollen, und wer sich dessen widersetzen würde, soll des Uiberzugs ohnverhinderlich gewärtiget seyn.

Zum vierten, wo es vonnöthen ist, mit Hilf, Beistand und Zuzug, diese Vereinigung und Versammlung ferner zu beschirmen, das sollen und mögen unserthalb unverhinderlich die unsern von Städten, Dörffern und Flecken mit ihren Leiben getreulich und mit Geschütz und andern Vermögen helffen und Beystand thun, und alle die Städte öffnen und vorsetzen, darzu Proviand nothurfftiglich und ungefährlich mittheilen.

Zum

Zum fünften, so sollen von Stund an alle Klöster und Clausen von Mann und Weibspersonen, besetzt, geöffnet und dieselbe Secten abgethan werden ihres Habits, wo das nicht geschehe, so haben Hauptleuthe und gemeine Bauerschaft Macht, solches ihres Gefallens abzustraffen.

Zum sechsten, welcher Priester oder Ordensperson sich seines sonderlichen Habits gebrauchen würde, der soll in dieser Befriedigung und Vereinigung nicht begriffen noch fähig sein.

Zum siebenten, so sollen und wollen wir, in 14 Tagen die nächste, den gemeinen Hauptleuthen und Versammlung dieser Vereinigung vor die Priesterschaft des hohen Domstifts zu Maintz, und gemeinen Pfaffheit des gantzen Stiffts, und aller Klöster und Klausen vor den Abzug dieser Enthörung geben, Zahlen und zu ihren Handen stellen lassen in das Lager, allwo sie zu finden seind, 15000 Gulden an guter Silbermüntz, je 15 Batzen vor einen Gulden, oder so es gut Gold wäre, soll uff jeden Gulden rechtes Gewichtes ein Batzen abgehen; wo das nicht geschehe, so sollen und wollen wir nicht dawider seyn, daß die Erstattung gesucht und erobert werde, von demselben aber die Pfaffheit uff dem

Oden-

Odenwald, so hiefür in dieser Entbörung angegriffen worden ist, soll dieser Darlegung nicht eingeflecht werden.

Zum achten, alle von Adel im Stifft sollen förderlich und in einem Monat erscheinen bey den Hauptleuthen des Hauffen und Vereinigung annehmen, wie andere von Adel; welcher das nicht thäte, soll des Uiberzugs, unsernthalben ungehindert, gewärtig seyn.

Zu wahrer Urkund haben wir des Stiffts auch gemeines Kapituls Ingesigel an diesen Brief gehangen, der geben ist zu Miltenburg uff Sonntag Jubilate, nach Christi Geburt 1525.

Demnach gereden und versprechen wir Krafft dieses Briefs, uff solche angenommene Verpflicht den obgemelten Fürsten und Herrn und den ganzen Stifft, samt Schlösser, Städte, Dörfer und allen Unterthanen mit ihren Gütern getreulich zu schützen und zu schirmen, nach unserm besten Vermögen, unsere Leib und Vermögen zu Hilf, gegen allen denen, die hierwider streben wollten, darzustrecken; und wer dawider thäte, den an Leib und Leben zu straffen; alles getreulich und ohne Gefährde.

Des zu wahren Urkund haben wir unser gemeine Signet an diesen Brieff gehangen, der geben ist, uff Tag und Zeit, wie oben stehet.

§. 7.

§. 7.

Artikul, wie die von Aschaffenburgk sich darüber haben verpflichten müssen. Anno 1525.

Zum ersten, daß alle und jegliche Verschreibung und Verbindung mit allen iren Punkten, Artikeln, Inhaltungen und Meinungen, die der Stift Meintz und desselben Unterthanen geistlich und weltlich mit dem Höllenhauffen ingangen und gethan haben, craftlos todt und abe sein und niemants merer wes Staats und Wesen der ist, pflichten oder binden sollen.

Zum andern, daß alle versprochene, verschriebene und verheissene Gelt dem Hellenhauffen und der Bauerschaft bescheene, wie das Namen haben mögt, nichts ausgenommen, das noch nit geben oder bezalt were, hinfüro nit gefodert oder gegeben worden sind, die oder der sich deßhalbe eines Verpflicht haben, das zu geben nit schuldig sein, auch by Vermeidung swerer Straffe nicht geben oder bezallen sollen.

Zum dritten, sollen sie geloben und sweren zu Gott und den Heiligen, daß sie zu ewigen Tagen widder den Erzbischoffen und Stift zu Mentz und seiner Gnaden Nachkomkommen als iren rechten Herrn, wie vorgeschriben, sich nit mehr ufwerfen, empören und seine Gnaden Unterthanen geistlichen und weltlichen also mit der That überfallen und beschedigen, und kein sonder Conventikel und Versamelung, Rathe, Auflege, verbüntungen oder Vereinigung under sich oder andern heimlich noch offentlich machen oder halten.

Zum vierten, sollen sie alle Were, alle Buchschen groß und klein, Pulver, harnisch, alle lang Were, es seien Messer, Tegen, Helbart, Speer und was zur Were dienet oder gebraucht werden mag, ins Schlöß überantworten, und keiner nichts hinderhalten und ferner mer keins Kauffen, halten oder tragen by verlierung Libs und Gutts, es werde Innen dann durch meinen gnädigsten Herrn von Mentz zugelassen.

Zum fünften, sollen sie aller Privilegien und freiheiten, wie und welcher maaßen und warumb sie die von wilant den Erzbischoven zu Meintz biß uf disse Stundt erlangt und gehapt haben, gentzlich entsetzt sein, die brievelichen Urkunden darüber herausgeben und sich deren in keinen Wegg mer gebrauchen.

Zum sechsten, sollen sie hinfürter kein Bundschaft, Zunft dieweil oder ander Ver-

samm-

sammlung und Unterredung one sondern Wissen und Verhengkung unsers gnädigsten Herrn von Meintz oder seiner Churf. Gn. Bevelhaber oder Amtlute halten oder fürnemen, sondern sich an der Regierung wie obgemelt ire Herrl. die bestellen wird, begnügen lassen.

Zum siebenten, sollen sie alle Schlüssel zu den Thoren und Thürnen der Stadt Aschaffenburg von Stund an der Oberkeit überantworten, will mein gnädigster Herr von Meintz oder seiner Churf. Gn. bevelhalter oder Amptlüte dieselbigen Slüssel hinfürter haben und Thormann und Wacht der Stat versehen lassen uf gemeiner Stat Kosten.

Zum achten, wo einer oder mer der Sachen teilhaftig und schuldig, der itzo nit allhie oder angezeigt were, der soll nachmals angezeigt werden, varzu der flüchtigen und ausgetrettenen Burger Habe und Gutt liegents und farendts angeverlich aufgeschrieben und inventirt auch nit verendert, sonder meins gnädigsten Herrn oder seiner Churf. Gnad. Statthalters weitern Bescheid deßhalben erwarth werden, und dieselbige ausgetrettene one Erlaubniß oder Zugeben seiner Churf. Gn. nimmermer zurückkommen, und wo einig derselben Hauptpersonen bey Innen betretten oder offenbart würde, den zur Haft an-

annemen und seiner Churf. Gn. oder derselben Bevelhabern zur Straf überantworten.

Zum neunten, sollen sie alle gegen meinen gnädigsten Herrn von Maintz oder seiner Churf. Gn. Statthalter umb solche ire Verhandlung in Abtrage steen.

Zum zehnten, sollen sie hinführo alle Zehne, Zins, Renthe, Gült, Gefälle sampt anderer Dienstbarkeit wie die von altem herkommen und sie schuldig und pflichtig sein, wehren geben und bezalen, wie frommen leuten gebürt und zusteht.

Zum eilften, ob die von Aschaffenburg Im Stifft Meinz jemants wes stants der were, einig Gült ingenommen und noch innern helt, die sollen sie denselbigen denen es zusteht, widerumb inantworten und zustellen.

Zum zwölften, sollen sie des Stifts Mannen, unterthanen, geistlichen und weltlichen, denen sie schaden gethan, denselbigen keren, und was sie an Wein, Frucht und andern genommen oder verwüst, das sollen sie erstatten nach Erkennung meines gnädigsten Herrn oder seiner Churf. Gn. Statthalter. a)

§. 8.

a) Aus einer Archival-Abschrift, worin aber kein Datum angemerkt ist.

§. 8.

Wie sich die Gemeine Landesschaft des Ringaues Ihrer Entböhrung halber verschrieben hat. Den 27ten Jun. 1525.

(Aus einer Archival-Abschrift.)

Wir Schultheiß, Burgermeister, Räthe, und alle Innwohner des lands des Rhingaues, nemblich Amts Eltvil, Oesterich, Algesheim, Geisenheim, Rüdesheim und Lorch. Bekennen und thun kundt öffentlich mit diesem Brief für uns, unsere Erben, und alle unsere Nachkommen: als wir kurz verschienener Zeit uns alle samentlich aigens Willens unverursacht, und unbetrangt, aufgeworfen, und entböhret, uff den Wacholder bey Erbach mit unsern Harnisch, Wehren und Geschütz zum stärksten zusammengethan, daselbst hingelägert, und also unbedächtlicher Weiß, einmüthiglich etlich Ordtnung, Constitution und Artikul unsers Willens und Gefallens, zu vorderist unserem Gnädigsten Herrn und dem Erzstifft Meintz, an derselben Oberkeit, Herlichkeit, Freyheit, Nutzungen und Gerechtigkeiten, gantz abbrüchlich und nachtheilig, darzu wieder öffentliche, gemein und Göttliche Recht. aller Erbarkeit Pilligkeit, guter Sietden und Vernunft, auch Kayserliche Reformation, güldten Bull und gemeinen landtfrieden uff-

 gericht

gericht und gemacht, und also mit gesambter wehrhafftiger Handt, und gewaltiger That, dem Hochwürdigen Fürsten und Herrn Wilhelmen, Bischoffen zu Straßburg und Landtgraffen zu Elsas, Statthalter im Ertzstifft Meintz, anstatt und von wegen des Hochwürdigsten Durchleuchtigsten Hochgebohrnen Fürsten und Herrn Herrn Albrechts Cardinals und Ertzbischoffen zu Meintz Churfürsten, unsers nathürlichen rechten Herrn, auch der Ehrwürdig hoch- und wohlgeboren Herrn Dechandt und Capitull deß Dhombstiefft zu Meintz, als unserer Erbherrn getrungen und gemüßigt, dieselbige unsere Constitution und Artikul, wie wir ihnen die führgehalten, gestrackt, one einige Inredte, also ahnzunehmen zuverbrieffen und zu versiegeln; item daß wir alle unsers gnädigsten Herrn deß Cardinals und Ertzbischoffen zu Meintz Clöster im Ringau, und insonder Erbach mit frevendtlichen Thaten angegriffen, etwan viel stück Weins ausgetrunken, und verkost, auch eine gute Zahl Früchte verzehrt, Brieff, Bücher, und Register verwüst, und sonst in und außerhalb deß Closters, als mit Baumabhauen, und andere Wegh merklichen Schadten gethan, und über solches alles, das Closter Erbach frevels Gemüths geöffnet, den gaistlichen Brüdern heraußer in weltlichen Standt erlaubt, ein jeder herausgetrettener,

ner, mit deß Closters Gelder begabet; auch viel lutherische uffrührige Prediger im Ringau gehegt, und gehandthabt, und also die und andere viel unzühmliche, ungepührlicher und muthwilliger Handtlung alles unserm Rechten nathürlichen und Erbherrn zuwider geübt und gehandelt. Derhalb unß dan der edel Herr Truchses von Waldepurg Freyherr, deß Bundts zu Schwaben Oberster Veldthaubtman, uff die gnädige Handtlung so gedachter unser gnädiger Herr von Straßburg Statthalter uns zu Gnaden und Gutem zu Abwendung deß gemeinen Bundischen gewaldtigen Herzugs, so sambt über uns obbemelter unser Verhandtlung halben, zu verderbung unser leib und guts, auch Verherrung deß gantzen landts deß Ringaues het gehen sollen, mit Churfürsten, Fürsten und gemeltem Hauptman gehabt ein Schrift gethan, und uns zuvor umb solch Verhandtlung ersucht, uns in Gnadte und Ungnade des Bundts zubegeben, oder aber desselbigen gewaltigen Oberzugs zu gewardten; welcher gnädigen Handtlung wir unserem gnädigen Herrn dem Statthalter obgemelt unterthänigen und hoch Dank sagen, und uns förther unser selbst, auch unserer Erb und Kinder, leib, Habe und Güter um auch ein Gemein entlich Verderben deß Ringaues zuverhüthen, haben wir uns umb solche unsere ver-

vergeßliche Uiberfahrung in Gnadt und Ungnade deß Bundts begeben, uns auch fürther, uff daß Begehren und Ahnhalten deß Strengen Herrn Frowin vonn Huttens Ritters Gewaldthabers obgemelts Obristen. Bundtischen Veüldthaubtmans gegen obgedachten unseren gnädigsten Herrn und Dhomb Capitull zu Meintz für uns und alle unsere Erben und Nachkommen, folgendte Punct und Artikul gelobt, geschwohren, verplicht und verschrieben, und thun das hirmit wissentlich in Krafft dieß Brieffes, wie von Wort hernach geschrieben steht.

Erstlich, daß wir obgedachtem unserem gnädigstem Herrn dem Cardinal und Ertzbischoff zu Meintz, und an seiner Churfürstlichen Gnaden statt unserem gnädigem Herrn von Straßburg als Statthalter, getreu, holdt und gehorsam sein, seiner Churfürstlichen Gnaden und Stiffts Schadten waren, Frommen und Bestes werben, und alles das thun und leisten sollen und wollen, wie von Alter herkommen, und wir zu thun schuldig sein. Darzu unsern gnädigen Herrn dem Dhomb Capitull als unsern Erbherrn die drey gewöhnlich Artikull vestiglich halten, auch hinfurther zu ewigen Tagen wieder unsern gnädigsten Herrn von Meintz, ein Hochwürdig Dhomb Capitull, und ihre Nachkommen nit mehr uffwerffen oder entböhrenn, aus keinerley Ursachen und Bewegnuß, wie sich die Begeben, oder Zutragen mögt, alles getreulich und ungefehrlich.

Item, was wir von neuen Constitution, Satzung und Ordnung unseres aigenen freyen Willens fürgenohmen, und vff gericht, auch alle Verpflichtung und Bündnuß, so wir führ uns selbst, oder mit anderen in dieser Entböhrung gethann oder gemacht haben, die alle sollen stracks, todt, vff gehaben und ab sein; Wir auch derselbigen zu ewigen Zeiten nimmer mehr behelffen, herführziehen, oder gebrauchen, sondern wo deßhalben einig Verschreibung vorhandten, die sollen alsbaldt übergeben werdten.

Item, haben wir aus unterthäniger billiger Gehorsambt, und vff obgemelts deß Bundts Hauptmans Befelch alle unsere Harnisch, Wher und Geschütz groß und klein, sambt Ihren Zugehörungen, von uns geben und gehn Eltviel geliefert, und sollen und wollen hinfürter keines mehr kauffen, haben oder tragen ohne Verwilligung unsers gnädigsten Herrn deß Erzbischoffs zu Meintz, oder Seiner Churfürstlichen Gnaden Statthalters oder Befelchhabers.

Item, sollen und wollen wir alle die Gelder weß wir der inngemein, oder sonder, den geistlichen oder weltlichen Persohnen entfrembt oder genohmen, oder sonst einigen Schadten zugefügt haben, wiederumb herausgeben, bezahlen und erstatten nach Erkanndtnuß unsers gnädigsten Herrn von Meintz.

Item, sollen und wollen wir Churfürsten Fürsten und Ständten deß Bundts, umb solch freventlich Handlung, zu Erstattung des Kriegskostens, Fünfzehen dausent Gulden geben ahn Gold, nemblich den halben theil derselben in viehr Wochen, darin Morgen. Mittwochs der erste Tag ahngeehen, und die Bezahlung zu Maintz in den Kronen beschehen soll, und die andere Helfft, über sechs Wochen den nechsten darnach volgendt noch zur Kronen lieffern und bezahlen. Darfuhr und zu mehrer Versicherung dieser unser Verschreibung Geysell und Bürgenn gehn höst Verordnet, die Wir Ihrer Geyselln und Bürgschafft wie Geyselln und Burgschafft Recht und Gewohnheit ist, und darumb sie verhofft sein, schadloß zu halten hiemit gereden und versprechen.

Item, daß Wir in sonderer Straff und Abtrag unseres gnädigsten Herrn von Meintz oder desselbigen Statthalters, solcher unser Uiber=

Uiberfahrung sein sollen und wollen, wie ihme dan Seine Churfürstliche Gnaden die vorbehalten hat.

Item, nachdem Wir solcher unser Uiberfahrung halben alle unsere Privilegien und Freyheiten, wie Wir die von dem Ertzstifft Meintz erlangt, herbracht, und vff diesen Tag haben entsetzt sein, geredten und versprechen wir hiermit, uns derselbigen nit mehr zu freuen oder zu gebrauchen, sondern sollen und wollen die Brieflich Uhrkundt darüber vffgericht herausgeben.

Item, dieweil solcher Verhandlung halben alle Gericht und Räthe im Ringau Suspendirt sein, sollen und wollen Wir, welchermasen hinfürther derhalben Ordnung von unserem gnädigsten Herrn von Meintz, oder seiner Churfürstlichen Gnaden Statthalter gegeben würde, dieselbigen also annehmen, nachgehen, und vestiglich geleben.

Item, nachdem alle Dienstmans Freyheit cassirt und absein, sollen und wollen wir uns der auch nit mehr gebrauchen, sondern die Verschreibung darüber herausgeben.

Further haben wir wie obgemelt gelobt und geschwohren, und thun, daß hiemit hinfürfurther mehr kein Versamblung thun zusammentragen, von Ampten zu Ampten schicken, oder auch nichts beschliesen, es sey zu St. Bartholomeo, St. Niclaß oder ahn andern Ordten ohne Vorwissen und Beysein eines Vicedombs zu Zeiten im Ringau.

Item, wer Ungehorsam ausgetretten und flüchtig wordten, derselben Gelder soll und mag unser gnädigster Herr von Meintz, oder seiner Churfürstlichen Gnaden Statthalter ahnzunehmen, eigentlich zu ihme nehmen, further darmit der Gebühr zu handlen, befelch thun. So vill wir auch derselbigen flüchtigen, über kurtz oder lang betretten, oder wieder inkommen werdten, dieselbigen sollen wir gefänglich ahnnehmen, und den Amptleuthen überandtwordten, und Sie in keine wege zu Neuwheußlichen Wohnungen im Ringauw kommen lassen.

Item, sollen hinführo die Jährliche Beethe im Ringau einem Ertzstifft Meintz zustehen, Seiner Churfürstlichen Gnaden überandtwordten und mit uns der diensthalben gleich andern des Ertzstiffts Unterthanen gehalten werdten.

Item, sollen alle Wäldte im Ringau furthin unserm Gnädigsten Herrn von Meintz, Sei-

Seiner Churfürstlichen Gnaden Nachkommen und Stifft, als dem Landtsfürsten zu gebrauchen vorbehalten sein; und sollen Wir die Undthanen im Ringau uns alles Jagens, und Waydtwerks, auch Fischens in Bächen gäntzlich enthalten.

Item, soll und magh hinfüro ein Vizedomb im Ringau je zu Zeiten einen Mißhändler im Landt, es sey Innwohner, oder Außländler unverhindert Macht haben den oder dieselbe seiner Verwürkung nach gefänglich ahnzunehmen und zu straffen unserthalb unverhindert.

Item, sollen und wollen Wir nun hinfühBro alle Jährliche Zinß, Beeth, Güldt, Zehendt, groß und kleine, Zölle und Gefälle sie stehen zu wehm sie wollen, gutwilliglich, vollkommentlich und unwiedersätzlich, wie sich aigen und gepürt, ausrichten und bezahlen.

Item, sollen und wollen wir auch alle Dienstbarkeit wie sich gebürth gehorsamblich thun und leisten, alles getreulich und ohngefehrlich.

Dem allemnach gereden und versprechen wir vor uns alle, unsere Erben und Nachkomkommen bey obgedachten unsern öffentlichen gethanen Pflichten nnd Aydten, auch bey Verliehrung unser Sehln Sehligkeit, darzu aller Treu und Glauben, alle obgeschriebene Punct und Articul die von Wort zu Worten geschrieben stehen, stett, treulich, vestiglich, und unverbrüchlich zu halten, darwieder uicht zu sein, noch zu thun, in einige Weiß öffentlich oder heimlich, durch uns selbst, oder jemandts anderst, wie Menschen Sinn daß entdecken mag, darzu uns darwieder nicht helffen noch gebrauchen einigerley Begnädigung oder Freyheit, von woher oder welcher Gestalt, die erlangt wehre oder würdte, sondern verzeihen uns der allergäntzlich hiemit und in Krafft dieß Brieffs und wollen uns hinführo gegen unseren gnädigsten Herrn von Maintz als unsers nathürlichen regirendten Herrn und dem Dhom Capitull. als unsere gnädige Erbherrn derselben Nachkommen und Ertzstifft Meintz, underthäniglich gehorsamblich und treulich halten, wie frommen Leuthen gebührt, alle arglist und geverdt herin außgeschlossen, deß zu Uhrkundt, hat jedes obgemeldt Ampt, deß vor uns alle in gemein und sonder desselben Gerichts Insiegell und alle obgeschriebene Punct und Articul damit zu besagen, an diesen Briff wiessentlich gehangen, der Geben ist zu Eltviel vff Dienstag nach St. Johanns

Bap.

Baptistæ Tag. Anno Domini Millesimo quingentesimo vigesimo quinto.

§. 9.

Neue Artikel der Landschaft Rheingau, welche sie dem neuerwählten Kurfürsten Sebastian, nach Aufhebung der dem schwäbischen Bund geleisteten Artikel, beschworen haben, den 14. Nov. 1545.

(Aus einer Archival-Abschrift.)

Wir Schultheiß Bürgermeister, Räthe und alle Inwohner deß Ampt deß Ringaues. Nemblich, Eltviel, Oesterich, Algesheim, Geisenheim, Rüdesheim und Lorch. Bekennen und thun kundt öffentlich mit diesem Brieff führ uns, unsere Erben und alle unsere Nachkommen. Als der Ehrwürdigst Fürst und Herr, Herr Sebastian deß heiligen Stuhls zu Meintz Ertzbischoff, des heiligen Römischen Reichs durch Germanien Ertzkantzler und Churfürst unser gnädigster Herr, vff unser unterthänigst Bitt, ahn Seine Churfürstliche Gnaden gelangt, uns die beschwerlich Verschreibung, so wir nach jüngster bäurischen Empörung, vff ahnhalten damahls deß Schwäbischen Bundts geordtneten Bevelchhaber etwan unserem gnädigsten Herrn, dem Cardinal und Ertzbischoff zu Meintz Churfürsten hochlöblicher Gedächtnuß, und einem Hoch-

Hochwürdigen Dhom-Capitull auch deren Nachkommen und dem Ertzstifft Meintz gutwillig übergeben, aus lauteren Gnadten wiederumb zügestellt, dieselbe Caßirt, vffgehoben, und gnädiglich fallen lassen hat. Daß wir dargegen umb solcher erzaigten, und uns bewiesenen Gnadten und Wohlthaten willen, aus reyem unterthänigstem genaigten Willen, mit guter Vorbetrachtung und rechten Wissen, Sein Churfürstlich Gnaden dero Nachkommen und Stifft Maintz, deßgleichen Ihrem Dhomb-Capitull gegenwertigem und künftigen nachvolgendte Articul, für uns alle unsere Erben und Nachkommen ewiglich und vestiglich ohn alle Wiederredt und Wegerung zu halten, ahn eines rechten geschwohrenen Aidtsstatt, geredt, zugesagt, und versprochen haben, und thun das hiemit wissentlich und beständiglich in und mit Craft dieß Brieffs wie von Wort hernacher geschrieben.

Erstlich, daß wir obgedachtem unserem gnädigsten Herrn Ertzbischoff zu Meintz Seiner Churfürstlichen Gnaden Nachkommen des Ertzstiffts Meintz getreu, hold, und gehorsamb sein, Seiner Churfürstlichen Gnaden und Stiefft Schadten waren, Frommen und bestes werben, und alles das thun, und leisten sollen und wollen, wie von alter

Her-

Herkommen und wir zu thun schuldig sein, darzu unsern gnädigen Herrn dem Dhomb-Capitull, als unsern Erbherrn die drey Articul der gewöhnlichen Erbhuldigung vestiglich loben, huldten und schwehren: Nembslich ob ein Ertzbischoff gefangen würdt, oder so er den Stifft Maintz ohn Bewilligung eines Dhom-Capituls übergeben wollt, oder so er mit Todt abgehen würdte, alsdan unseren gnädigen Herrn des Dhomb-Capituls zugewardten, bis ein Ertzbischoff wiederumb erledigt, oder die Irrung zwischen einem Ertzbischoff und Capitul Uibergebung des Stifts halben vertragen, oder biß so lang uns ein zukünftiger Herr gewöhnlicher Weiß benennt und Präsentirt würde, inmassen wir dan itzo gelobt, und geschwohren haben, und andere des Stiffts Unterthanen zu gebührlichen Zeiten geloben und schwehren. Wir sollen und wollen uns auch hinfürther zu ewigen Tagen, wieder unsern gnädigsten Herrn von Maintz, ein Hochwürdig Dhomb-Capitul, und ihre Nachkommen nit vffwerffen oder entböhren, aus keinerley Ursachen, und Bewegnuß, wie sich die begeben oder zutragen mögt, alles getreulich und ungefehrlich. Wir sollen und wollen uns auch unserm alten Herkommen, unser Gewohnheit Gebräuchen und Freyheiten hinführo nit mehr gebrauchen, deren so viel uns durch Hochgemeldten unsern

sern gnädigsten Herrn Seiner Churfürstlichen Gnaden Nachkommen und Stifft Maintz jederzeit mit Gnaden bewilligt und zugelassen werdten, und sonderlich sollen alle und jede unser Dienstmanns Freyheiten gäntzlich uffgehoben und gefallen sein, der wir uns auch künftiglich nit behelffen sollen noch wollen. Wir unsere Erben und Nachkommen sollen und wollen auch der Ordnung so uns durch Hochgemelten unsern gnädigsten Herrn den Cardinal und Ertzbischoffen zu Maintz Churfürsten löblicher Gedächtnuß gegeben ist, auch der Ordnung so uns durch itzo unsern gnädigsten Herrn den Erwählten, und seiner Churfürstlichen Gnaden Nachkommen Künftiglich gegeben werdten mögten, in allen denen Puncten und Articul getreulich unb vestiglich nachkommen, der ohn alle Wiederred und Wegerung geleben, ohn allen Auszug treulich und ohngefehrlich. Darzu sollen und wollen wir ahn geschwohren Aydtstatt hinfürter kein Versamblung thun, zusammentragen, von Ampten zu Ampten schicken, oder auch nichts beschliesen, es sey zu St. Bartholomäs, zu St. Nicolaus a) oder [illegible] ahn

a) St. Bartelme liegt gleich unterhalb Winkel, und hat seinen Nahmen von einer kleinen Kirche, welche der Rheingauer Graf Ni-

cholf

ahn andern Ohrten, ohn Vorwissen, Bewilligung und Beysein eines Vizedombs im Ringau, der zu Zeiten ist, und sein würdte.

Item, soll nun hinfürter die jährlich Bethe im Ringau, einem Ertzstift Maintz zustehend, Seiner Churfürstlichen Gnaden überandtwordtet und mit uns der Dienst halben gleich andern des Ertzstiffts Unterthanen gehalten werdten.

Item, sollen alle Wäldte im Ringau fürterhin unserm gnädigsten Herrn von Maintz seiner Churfürstlichen Gnaden Nachkommen und Stiefft als dem Landtsfürsten zu gebrauchen vorbehalten sein, und sollen wir

cholf nebst einem Sieghauß allda erbauet und dem Kloster Bischofsberg im J. 1109 geschenkt hat. St. Niklas oder wie es nach der gemeinen Sprache heißt, die Klause liegt an Fuß des Johannsberges, bestehet aus einer Kapelle und Hof, der Vormals ein Frauenkloster war, aber im J. 1452. aufgehoben und dessen Güter dem Kloster Johannsberg übergeben worden. In diesen beiden Höfen pflegten die Rheingauer sich öfters zu versammeln, weil sie in den für damalige Bestimmung nicht genug bewohnten Gebäuden überflüssigen Raum fanden, und die beiden Orte in der Mitte des Landes gelegen sind.

die Unterthanen im Ringau uns alles Jagens, und Waidtwerks auch Fischens in Bächen gäntzlich enthalten, uns auch der Ordnung, so uns der Wäldt, und andershalben gegeben sein, und künftiglich gegeben werdten mögten, begnügen lassen, und denselben getreulich nachkommen.

Item, soll und mag hinfürter ein Vizedomb im Ringau je zu Zeiten einen Mißhändler im Land, es sey Inwohner oder Ausländter unverhindert Macht haben, den oder dieselben seiner Verwirkung nach, gefänglich anzunehmen und zu straffen unsernthalben unverhindert.

Item, sollen und wollen wir nun hinfürter alle jährliche Zinß, Rendt, Güldt, Zehendten, groß und klein, Zöll und Gefäll, sie stehen zu wem sie wöllen, geistlichen und weltlichen, gutwilliglich, vollkommentlich, und ohnwiederretzlich, wie sichs gebührt zu thun schuldig, ausrichten und bezählen.

Item, sollen und wollen wir auch alle Dienstbarkeit, wie sich gebührt, gehorsamlich thun und leisten, alles getreulich und ungefährlich.

Dem allem nach Geredten und Versprechen wir vor uns, alle unser Erben und Nachkomkommen bey rechten wahren Treuen und Glauben ahn Aidtsstatt alle obgeschriebene Punct und Articul wie von Wort zu Worten obgeschrieben stehet, steet, treulich, vestiglich, und unverbrüchlich zu halten, darwider nit zu sein noch zu thun, in einig Weiß offentlich oder haimblich durch uns selbst oder jemandt anders wie Menschen Sinn daß erdänken mag, darzu uns darwieder nit zu helffen, noch zu gebrauchen einigerley Begnadigung oder Freyheit von wem oder welcher Gestalt die erlangt wehre oder würdt, noch einiger alten Gewohnheiten, Herkommen, Uibungen und Gebräuchen wie die Nahmen haben, so dieser Verschreibung, auch obgemeltes unseres gnädigsten Herrn des Cardinals und Ertzbischoffen zu Maintz hochlöblicher Gedächtnuß uns gegebener Ordnung zu wieder sein oder verstandten werden mögten; Sondern verzeihen uns der allergäntzlich hiemit und in Krafft dieses Briefs, und wöllen uns hinfürter gegen unsern Gnädigsten Herrn von Meintz, als unseren nathürlichen regirendten Herrn, und dem Dhomb-Capitul als unsern gnädigen Erbherrn derselben Nachkommen und Ertzstifft Meintz unterthäniglich, gehorsamblich und treulich halten, wie frommen Leuthen gebührt, alle Arglist und Geferdt hierin ausgeschlossen.

 Daß

Deß zu Uhrkundt hat jedtes obgemeldt Ampt des Ringaues vor uns alle ingemein, und sonder, desselben Gerichten Insiegell, uns alle obgeschriebene Punct und Articul damit zubesagendt, ahn diesen Brieff wissentlich gehangen. Der geben ist zu ꝛc. *b*)

IV.

JOHANNES Episcopus *Albanensis* testatur, quod SIFRIDUS II. Aepus *Mogunt.* mutuum 150 marcarum argenti a mercatoribus Romanis & Bononiensibus acceperit. 1209.

(Ex autographo.)

JOHANNES Dei gratia *Alban.* Episcopus. Universis Christi fidelibus, quibus presen-

b) In meiner Handschrift ist zwar der Ort und das Datum ausgelassen, ich zweifele aber nicht, daß es am 14ten November 1545. geschehen sey, weil Kurfürst Sebastian sich an diesem Tage im Rheingau hat huldigen lassen, und weil derselbe in diesen Artikeln itzo unser gnädigste Herr der Erwählte genannt wird; woraus zu schliessen, daß er damals die Päbstliche Bestätigung und die am Weissensonntag den 2ten May 1546 erfolgte Bischöfliche Weihung noch nicht erhalten hatte.

ſentes fuerint littere demonſtrate, in Domino ſalutem eternam. Univerſitati veſtre preſentibus intimamus, quod conſtitutus in noſtra preſentia dilectus in Chriſto filius OTTO Clericus & nuntius venerabilis fratris noſtri S. *a*) Archiepiſcopi *Maguntini* confeſſus eſt ſe recepiſſe mutuo nomine ipſius Archiepiſcopi tantam pecunie quantitatem a *Gerardo Johannis* de *Nicolao* Mercatore Romano) & *Jacobo* de *Drudol* Mercatore Bon. quam quidem Aepus tenetur ipſis reddere vel eorum certo nuntio centum quinquaginta marcas boni & puri argenti bene penſit. ad pondus Colonien. in nundinis Baren. infra comitiſſe de Campania quindecim diebus ante reſurrectionem Domini primo venturam. Verum ſi in dicto termino eisdem mercatoribus dicta non eſſet pecunia perſoluta eidem tenebitur dictus Archiepiſcopus perſolvere ipſis de nundin. in nundin. de ſingulis centum marcis marcas decem & debet miniſtrare expenſas uni mercatori & uni equo & uni Garſioni. Hec dictus OTTO ſicut ſuperius dictum eſt, in animam ejusdem Archiepiſcopi adimplere

G 4 jura-

a) SIFRIDUS II. qui recuperata an. 1208. poſſeſſione Archiepiſcopatus Moguntini, anno ſequenti pecuniam pro confirmatione impoſitam mutuam ſumere & curiæ Romanæ perſolvere debuit.

juravit & dare bona fide pro posse operam, qualiter ipsi mercatores suam sicut pactum est, valeant pecuniam rehabere, pro qua eis tradidit ejusdem Archiepiscopi litteras suo sigillo munitas de mutuo dicte pecunie contrahendo. Nos vero ad preces sepedicti O. presentes testimoniales litteras dictis concessimus mercatoribus sigilli nostri munimine roboratas. Actum tempore INNOCEN. PP. III. in palatio nostro lat. Pontificatus ejusdem anno duodecimo.

V.

SIFRIDUS Aepus *Mogunt.* de debito 490. marcarum argenti 334. marcas mercatoribus Romanis persolvit 1220. die 29. Maji.

(Ex autographo.)

Ph. beati *Lupi* & P. beati *Martini* dicti Abbates, & ODO Prior beati Lupi *Trecen.* a Domino Papa dati exequtores, omnibus presentes litteras inspecturis salutem in Domino. Notum vobis facimus, quod cum JOHANNES *Girardi* Civis Romanus constitutus certus nuntius & procurator patris sui *Gerardi.* Andre. & Nichol. avunculorum suorum civium Romanorum nomine eorum a venerabili Patre Archiepiſcopo *Moguntino* peteret quadringentas & nonaginta marchas boni & fini argenti ad pondus *Colonie* ſicut in litteris Domini Pape plenius continetur. Idem JOHANNES *Girardi* nomine dictorum G. And. & Nichot. cum WILLELMO & FREDERICO Nuntiis & Procuratoribus dicti Archiepiſcopi *Moguntini* pro ſorte, dampnis, penis, laboribus & expenſis ad quingentas marchas decem marchis minus ad pondus Colon. boni & fini argenti compoſuit coram nobis, de quibus quingentis marchis decem marchis minus jam dicti *Willelmus* & *Fredericus* pro jam dicto Archiepiſcopo *Moguntino* trecentas & triginta quatuor marchas boni & fini argenti in Nundinis maji apud Peruvium eidem JOHANNI *Ger.* nomine dictorum civium Romanorum ſolverunt, ſicut idem *Johannes Ger.* confeſſus eſt coram nobis. Reſiduam vero partem videlicet centum marchas & quinquaginta & ſex marchas boni & fini argenti ad pondus Colonien. pro ſepedicto Archiepiſcopo a ſexta feria proxima poſt Trinitatis in quinque ſeptimanis ſolvere promiſerunt. Quod ſi non facerent, litteras & omnia inſtrumenta a dicto JOHANNE *Ger.* penes nos depoſita ex tunc eidem *Johanni G.* vel nuntio ſuo reſtituere tenemur, quibus uti poſſet de reſidua parte, ſcilicet de centum & quinquaginta ſex marchis ad

 pon-

pondus Colonien. contra Archiepiscopum memoratum. Datum die veneris proxima post sanctam Trinitatem, anno Domini M. CC. vicesimo, mense Majo. apud Trecas.

VI.

Nuntii SIFRIDI Archiep. *Mogunt.* solutionem mille marcarum mercatoribus Romanis debitarum transactione stipulantur. 1233.

(Ex autographo.)

Nos Magister JOHANNES Maguntinus Canonicus *c)* Prepositus *Pinguen.* & Magister JOHANNES Warmacien. Canonicus, Nuntii & procuratores venerabilis Patris Domini . . Dei gratia sancte Maguntine ecclesie Archiepiscopi, notum facimus omnibus presentes litteras inspecturis, quod cum SAXON *Johannis Alberici Anglers* & JOHANNES fratres cives & mercatores Romani traxissent in causam auctoritate Apostolica coram Decano *Trecensi d)* predictum Ar-

---

c) *Factus* anno 1236 *Scholasticus & demum Decanus Majoris*, obiit 1260.

d) Scilicet NICOLAO postmodum Episcopo Trecensi, prout patet ex sequenti diplomate de an. 1235.

Archiepiſcopum ſuper quadam ſumma pecunie, quam dicti mercatores petebant a predicto Domino Archiepiſcopo & ſuper dampnis & expenſis, intra nos ex una parte, habentes ſpeciale mandatum a predicto Archiepiſcopo ad componendum & tranſigendum cum ipſis mercatoribus nomine ipſius Arciepiſcopi, & dictos mercatores ex altera, amicabilis intervenit compoſitio ſuper premiſſis in hunc modum coram Decano predicto, promiſimus quidem & promittimus per ſtipulationem auctoritate procurationis noſtre predictis *Saxoni* & *Johanni* & non aliis, quod idem Archiepiſcopus reddet & ſolvet eisdem *Saxoni* & *Johanni* & non alii vel eorum certo nuntio, qui preſentes litteras & litteras dicti Decani ſuper iſta eadem compoſitione factas una cum litteris dicti Domini Archiepiſcopi procuratoriis ſecum attulerit, videlicet in proximis futuris nundinis *Latiniaci* apud Latiniacum quatuor diebus antequam clametur *Hare Hare*, mille marchas bonorum novorum & legalium *Sterlingorum*, tredecim ſolidis & quatuor Sterlingis pro marcha qualibet computandis. Tali quidem tenore adjuncto, quod ſi dicta pecunia dictis loco & termino eis ut dictum eſt, non fuerit integre perſoluta, tenetur dictus Archiepiſcopus dare & ſolvere eis a predicto termino in

antea

artea de singulis nundinis in nundinas pro singulis decem marchis unam marcham prefate monete, pro recompensatione dampnorum & expensas duorum mercatorum cum duobus equis & duobus servientibus, ubicunque fuerint mercatores usque ad solutionem integram totius pecunie memorate. Et omnia dampna & expensas, missiones & costamenta, que dicti mercatores fecerint & habuerint pro dicta pecunia recuperanda, tenetur dictus Archiepiscopus dictis mercatoribus integre restaurare; ita quod dampna & expense, missiones & costamenta non computentur in sortem, sed omnia cum effectu peti possint; ita & quod credatur eisdem mercatoribus aut uni eorum solo & simplici verbo super dampnis & expensis, missionibus & costamentis sine onere alterius probationis. Nec erit licitum eidem Archiepiscopo dictam pecuniam detinere ultra terminum supradictum sub pretextu recompensationis predicte contra voluntatem ipsorum mercatorum Pro quibus omnibus supradictis firmiter adimplendis obligavimus & obligamus eisdem mercatoribus predictum Dominum Archiepiscopum, ecclesiam suam & Archiepiscopatum suum & omnia bona ipsius Archiepiscopi, ecclesie sue & Archiepiscopatus sui, mobilia & immobilia, ecclesiastica & mundana, ubicunque fuerint inventa. Re-

Renuntiavimus & renuntiamus in hoc facto ne possit dicere dictus Archiepiscopus aliquo tempore, dictam compositionem non fuisse factam nomine & pro utilitate ipsius & ecclesie sue & Archiepiscopatus sui, neque cessionem bonorum suorum obicere nec aliquam super hoc exceptionem opponere, omnique juris auxilio canonici & civilis, & omni consuetudini & statuto, privilegio clericatus & fori beneficio & appellationis & nove constitutioni de duabus dietis edite in Concilio generali, & omni alii exceptioni reali & personali & omnibus que sibi & ecclesie sue & Archiepiscopatui suo possent in hoc facto prodesse & dictis mercatoribus nocere. Promisimus &, quod idem Archiepiscopus non impetrabit, quod inquisitio fiat, propter quam predicte conventiones non adimpleantur. Nec contra predictam utetur aliquibus litteris a sede apostolica impetrandis vel impetratis, nec aliqua indulgentia sibi concessa vel ecclesie sue a Domino Papa vel ab aliquo gerente vices ipsius.

Prorogavimus & in predictum Decanum jurisdictionem, quam prius habebat in Archiepiscopum supradictum a Domino Papa, ita quod si idem Archiepiscopus defecerit in aliquo de premissis, ipse Decanus possit ferre & ferat in predictum Archiepiscopum excomcommunicationis & in ecclesiam & familiam suam interdicti sententias, juris ordine in omnibus observato, & ipsas sententias aggravet & sine relaxatione teneat, quoad usque eisdem mercatoribus de premissis omnibus sit integre satisfactum, quod idem Decanus de consensu nostro eisdem mercatoribus facere promisit infra octo dies requisitionis dictorum mercatorum, vel unius eorum, si idem Archiepiscopus defecerit in aliquo premissorum. In cujus rei testimonium presentibus litteris sigilla nostra apposuimus Actum anno Domini M. CC. tricesimo tertio, mense Julii.

VII.

SIFRIDUS III. Archiepiscopus *Mogunt.* debitum mille & centum & quinquaginta marcarum Sterlingorum mercatoribus Senensibus ex parte solvit, & de residuo cavet. 1235.

(Ex autographo.)

Venerabili in Christo Patri Domino NICOLAO quondam Archidiacono *Fozannie*, nunc autem Dei gratia *Trecensi* Episcopo, a Domino Papa judici delegato, SIFRIDUS eadem gratia sancte *Maguntine* sedis Archiepiscopus salutem & orationes in Christo.

Pater-

Paternitati vestre tenore presentium duximus intimandum, quod cum nos *Renero Orlandi Bernardino Prospeini* mercatoribus Senen. & eorum sociis teneremur reddere & solvere in *Nundinis Latiniaci* proximo preteritis mille & centum & quinquaginta marchas bonorum novorum & legalium Sterlingorum, tredecim solidos & quatuor Sterlingos vel quinquaginta & octo solidos pervinien. fortium francie pro qualibet marcha per compositionem olim initam coram vobis per Magistrum JOHANNEM Canonicum *Moguntinum*, Prepositum Pinguensem & per Magistrum JOHANNEM Canonicum *Warmacien.* procuratores nostros secundum tenorem litterarum nostrarum super eadem compositione factarum.

Hujusmodi solutioni hactenus intendere commode non potuimus variis & arduis imperii negotiis impediti. Quare ad presentes Nundinas Maji de Pervino misimus prefatos Canonicos Maguntin. & Warmacien. latores presentium constituentes eos nuntios & procuratores nostros ad solvendum eisdem mercatoribus partem dicti debiti & ad recognoscendum & confitendum coram vobis nomine nostro residuum dicti debiti & ad statuendum & ordinandum cum ipsis mercatoribus terminum, quo eisdem residuum solvere teneamur & debeamus.

Dedi-

Dedimus etiam & damus eisdem procuratoribus nostris potestatem integram obligandi pro ipso residuo, & pro omnibus, que occasione ejusdem residui ipsi vel alter eorum promiserint vel promiserit omnia bona nostra & ecclesie nostre & Archiepiscopatus nostri & renuntiandi in hiis omnibus nomine nostro omni juris auxilio, canonici & civilis & omnibus exceptionibus nobis & ecclesie nostre & archiepiscopatui nostro competentibus.

Rogamus igitur benignitatem vestram attente, quatenus super ordinatione & promissione, quas dicti procuratores vel alter eorum fecerit, vel fecerint super residuo predicto coram vobis eisdem mercatoribus, nostras patentes litteras concedatis. Nos vero sub obligatione omnium bonorum predictorum & in verbo veritatis & sacerdotii promisimus & promittimus mercatoribus ipsis licet absentibus, ratum habituros & firmum, & plenarie observaturos, quidquid per dictos procuratores vel per alterum eorum super premissis ordinatum, promissum fuerit & statutum coram vobis secundum quod in litteris vestris & in litteris ipsorum procuratorum super predicto residuo conficiendis plenius apparebit.

Pro-

Prorogamus item & eiſdem procuratoribus ſimul & uni eorum ſoli conceſſimus & concedimus poteſtatem prorogandi in vobis jurisdictionem quam prius habuiſtis in nos auctoritate predicta. Itaque ſi defecerimus in aliquo premiſſorum quod abſit, vos vel ſubdelegatus veſter ſive ſucceſſor poſſitis & debeatis nos & ſucceſſores noſtros modis omnibus quibus poteſtis compellere per cenſuram eccleſiaſticam ad obſervationem predictorum omnium juris ordine obſervato.

Confitemur item & recognoſcimus, quod prenominata compoſitio de predictis mille centum & quinquaginta marchis facta fuit coram vobis ſuper quibusdam debitis, in quibus eis tenebamur, in utilitatem noſtram & eccleſie noſtre & archiepiſcopatus noſtri converſis. In quorum teſtimonium preſentes litteras noſtro ſigillo munitas eisdem mercatoribus tradi volumus & concedi.

Datum Anno Domini M. CC. triceſimo. V. menſe Maji.

VIII.

Procuratorium quorundam civium Romanorum, ad agendum causas suas, & specialiter ad exigendam pecuniam in partibus *Franciæ*, *Alemanniæ* & *Angliæ* ipsis debitam. 23 Jun. 1236.

(Ex autographo.)

Universis presentes litteras inspecturis H. . . Abbas *Sancte Genovefe* Parisien. in Domino salutem. Noverint universi, nos vidisse inspexisse & verbo ad verbum legisse litteras inferius annotatas, in hec verba:

JOHANNES miseracione divina Tit. sancte Prassedis presbyter *Cardinalis* omnibus presentes litteras inspecturis salutem in Domino. Noverit universitas vestra, quod nobiles viri cives Romani ALEXIUS & ANDREAS fratres filii PETRI *Cinchii* de *Labinia* in nostra presentia constituti, tam pro se quam procurationis nomine pro PETRO nepote eorum filio quondam JOHANNIS *Cinchii* de *Labinia* bone memorie fratris eorum, cui ad petitionem dicti *Petri* coram nobis a judice JOHANNE *Octabiani* ejus decreto & auctoritate ad hoc specialiter Curatores dati sunt, fecerunt & constituerunt procuratorem eorum, sindicum & actorem *Bartholomeum Simont* civem Romanum latorem presenſentium in cauſa vel in cauſis, quam vel quas habent & ſperant habere in ultramontanis partibus, tam in Francia & in toto regno francie, quam in Alemannia & in Anglia quam etiam in univerſis locis contra omnem perſonam, tam prelatos quam clericos vel laicos ad agendum, petendum, placitandum, cauſandum, defendendum, reſpondendum, excipiendum & tranſigendum, paciſcendum, componendum, ad appellandum, contradicendum, & ad faciendum juramentum calumpnie in animas eorum ſi neceſſe fuerit, & ad faciendum alium procuratorem ſi opus fuerit, & generaliter ad omnia alia ſingula faciendum, que verus & legitimus procurator facere debet & poteſt in omnibus eorum negotiis & cauſis & quod requirit in judicio & extra judicium, ſpecialiter autem ipſum conſtituerunt procuratorem, ſindicum & actorem ad petendam & recipiendam pecuniam ab omnibus debitoribus eorum, & ad refutationem ſeu cautionem de ſolutione facienda. Et promiſerunt quidquid inde dictus procurator ſuper premiſſis duxerit faciendum & fecerit, ratum & firmum perpetuo habere & obſervare & contra non venire. In cujus rei teſtimonium & certitudinem pleniorem ad inſtantiam dictorum nobilium civium preſentes litterae noſtro ſigillo fecimus communiri. Datum anno Domini M. CC.

 XXX.

XXX. sexto, Pontif. Domini GREGORII Pape *Noni* anno ejues X. Indiction. IX. mense Junii die XXIII.

In cujus rei testimonium presentibus litteris sigillum nostrum duximus apponendum. Datum anno Domini M. CC. XXX. septimo, mense Junio. *a*)

IX.

Laudum Arbitrorum, quo certa bona in *Bodenheim* sita & ad monasterium *S. Albani* spectantia ab omnibus precariis & servitiis *Philippi* de *Hohenfels* libera pronuntiantur. 25. Jul. 1276.

(Ex autographo.)

Nos EBERWINUS maioris & DANIEL sci Johannis ecclesiarum Magunt *Scolastici*, notum esse volumus universis, quod cum inter venerabilem Dominum . . Abbatem & Conventum monasterii *sci Albani* Magunt. ex parte una, & Dominum PHILIPPUM Senio-

a) *Hoc procuratorium exhibitum fuit, quando predicti cives Romani agebant contra* SIFRIDUM III. Aepum Mogunt. *ad obtinendam pecuniam eidem mutuo datam.*

Seniorem de *Hohinvels* ex altera, ſuper quibusdam bonis ſitis in *Badinheim*, attinentibus plebicito Monaſterii memorati, poſt tempus compoſitionis inite inter eccleſias *Magunt.* & predictum Dominum de *Hohinvels* publicatis, videlicet manſo uno, qui dicitur fuiſſe puerorum de *Muninheim*, & quartali unius manſi, quod dicitur fuiſſe CUNONIS quondam de *Badinheim*, que quidem bona CONRADUS de *Croninberg* Hoſpitalarius *ſancti Albani* nomine Monaſterii ſui hactenus coluit & locavit, quæſtio emerſiſſet ex eo, quod predictus Dominus de *Hohinvels* in bonis predictis ratione Aduocatie ſue, quam in feudo tenet a Monaſterio ſepedicto quatuor maldra & dimidium tritici, totidem amas vini & totidem ſolidos denariorum Magunt. reddituum ſe habere debere diceret ex conſuetudine iam preſcripta, Dominus vero . . Abbas ſe & Monaſterium ſuum ſuper hoc ſubiiſſe arbitrium proborum virorum diceret, quod parati ſemper fuiſſent recipere, ſecundum quod in litteris deſuper confectis plenius continetur, tandem in nos tamquam in arbitros ab eisdem partibus ſuper hujusmodi bonis preciſe & ſimpliciter extitit compromiſſum, fide hincinde tam a Domino . . . Abbate quam ab eodem Domino de *Hohinvels*, nec non a PHILIPPO & JOHANNE natis ipſius juniori-

 niori-

nioribus in manibus noſtris data, ut quidquid ſuper pretactis bonis ordinauerimus, ipſi inuiolabiliter & eorum ſucceſſores perpetuis temporibus obſeruabunt.

Nos igitur plena deliberatione penes nos habita, fretique conſilio diſcretorum ſtatuimus & arbitrando pronuntiamus, quod prefatus manſus & quarta pars alterius manſi, qui per publicationem ad jam dictum Dominum Abbatem & ſuum Monaſterium eſſe deuoluti noſcuntur, apud ipſum Monaſterium *ſancti Albani* perpetuo remaneant, ab omnibus precariis & ſeruitiis quibuscunque liberi & ſoluti, nec prenominatus Dominus PHILIPPUS Senior de *Hohinvels*, nec ipſius filii ſupradicti, nec eorum poſteritas de predictis bonis ratione feodi vel quacunque alia occaſione de cetero quidquam requirent, co quod predictus nobilis & filii feodo, quod quantum ad predicta bona ab eodem Domino . . Abbate & ſuo monaſterio tenuerunt, renuntiarunt ſimpliciter & de plano, ſaluis feodis, que ratione aliorum bonorum tenere noſcuntur a Monaſterio memorato.

In cujus rei memoriam & perpetuam firmitatem predictorum Dominorum . . *Abbatis* & *Philippi* ſigilla una cum noſtris Sigillis appendi fecimus huic carte. Nos *Philip-*

lip-

lippus & *Johannes* fratres filii prefati Domini PHILIPPI de *Hohinvels* ſigillo ejusdem patris noſtri, cum propria non habemus ſigilla, ſumus contenti. Datum & actum Anno Domini M. CC. LXXVI. VIII. Kal. Auguſti.

X.

Inſtrumentum publicum, quo firmatur, quomodo & ſub quibus conditionibus Advocatia villæ *Bodenheim a Philippo* de *Hohenfels* redieriit ad Abbatem & Conventum Monaſterii *S. Albani* Moguntiæ.
26. Sept. 1277.
(Ex autographo, appendentibus quatuor ſigillis.)

In nomine Domini amen. Quoniam ſecundum verbum Philoſophi obliviſcimur propter tempus, & ſecundum quod in Eccleſiaſte dicitur, ſpaciis ſuis ſub ſole tranſeunt univerſa. Ideo neceſſarium videtur, ut quod in actibus humanis labile & momentaneum invenitur, ad repreſentandum memorie poſterorum ſcripture teſtimonio fulciatur. Noverint igitur univerſi tam preſentes quam futuri, quod cum propter graves angarias & multiplices oppreſſiones pauperum in villa *Badinheim*, quas quidem Dominus PHILIPPUS

PUS de *Hoenvels* per ſe ipſum, ſuos filios & per ſuos Officiales ratione Advocatie, quam a Monaſterio *ſancti Albani* in feodo tenebat, ibidem frequentius exercebat, venerabili Domino RUDOLFO Abbati predicti Monaſterii & ſuo conventui, tum propter querelosum populi clamorem, tum etiam propter utilitatem ſui Monaſterii & honorem, dictam Advocatiam a PHILIPPO ejusdem Domini de *Hoenvels* & Domine LUGARDIS de *Iſenburg* nato, cui ex ſucceſſione paterna eadem villa cum Advocatia ceſſerat, nunc demum reemere & ad ſuum revocare dominium placuiſſet pro certa pecunie quantitate, univerſitas ville tam nobilium quamque & aliorum in *Badinheim* propter ſui liberationem & ad Dei ac ſanctorum honorem cum prefatis Domino Abbate & conventu contributionem fecerunt pro medietate ſolutionis Advocatie predicte, factis & receptis inter ſe pactis & conditionibus, que ſunt tales.

Dominus Abbas & conventus ipſius Advocatiam predicte ville in *Badinheim* perpetuis temporibus obſervabunt cum omnibus juribus, que Advocato cum banno & juramento ab antiquo adjudicari conſueverunt ibidem. Hoc tamen adjecto, quod Abbas, qui pro tempore fuerit, ab hominibus ville predicte ratione hujusmodi advocatie nunquam aliqua

ſer-

ſervitia recipiet vel requiret, nec ipſi homines dictis Abbati & monaſterio ad aliqua ſervitia tenebuntur, niſi ad ea duntaxat, que inferius ſunt ſubſcripta. Siquidem quicunque homo in villa predicta in cujuscunque domo ad preſens manſerit, vel in futurum fuerit commoratus, talis homo ſi minus quam quinque marcas colon. denar. de rebus immobilibus habuerit, Domino Abbati predicto in feſto beati Martini Malterum avene & unum pullum, & in carniſpicio unum pullum, ante ſolis occaſum perſolvet. Qui ſi forte negligens quantum ad horam predictam fuerit in ſolvendo, extunc preco ville eum pro ſolutione hujusmodi pignorabit, quod ſi pignus ſuum temere defendere voluerit, per Officialem Domini Abbatis & Hubarios ville ad illam artabitur emendam, que pro exceſſibus temerariis, qui *frevele* volgariter nuncupantur, de novo ſolvi eſt ab omnibus ejusdem ville hominibus conſtitutum; que quidem pena ſive emenda propter pacem & tranquillitatem in villa conſervandam, usque ad ſummam unius libre Moguntinenſis monete de cetero ſe extendet, prout nobiles & alii homines ville predicte in ſe ſpontanee receperunt. Ita tamen, quod antiquam penam videlicet quatuor unceas & dimidiam, que pro exceſſu hactenus ſolvebatur, Officialis Domini Ab-

 batis

batis si eam receperit, cum aliis duobus suis conjudicibus partiatur secundum morem antiquum in *Badenheim* hactenus observatum, & quod residuum fuerit, soli Domino Abbati manebit, cum portione sibi cum aliis duobus conjudicibus competente. Quicunque autem ultra quinque marcas de rebus immobilibus inventus fuerit possidere, is cum bonis suis ad nulla servitia Domino Abbati vel suo Monasterio erit astrictus.

Hoc etiam adjecto, quod si quis curiam predialem, que *Sedilhof* dicitur, habuerit, & bona illi curie attinentia excoli fecerit per colonum, talis colonus sive ultra sive infra quinque marcas in bonis immobilibus habeat, nihilominus Domini sui, cujus colonus existit, libertate gaudebit; ita tamen, quod si quis plures tales curias habuerit, una earum istud jus solummodo optinebit. Et si plures homines sive coloni in hujusmodi curia commorati fuerint, solus tantum colonus principalis hac libertate gaudebit. Sed & inter predictas curias, que *Sedilhove* vocantur, domos simplices, molendina, pistrina, tabernas aut alias domos computari aliquatenus non licebit.

Preterea quicunque homines advene ex nunc ad eandem villam declinaverint, & in ipsa

ipſa per unum annum continuum nullis Dominis vel Advocatis ipſos homines ſequentibus ceperint commorari, qui inquam Domini vel Advocati hujusmodi homines juxta conſuetudinem patrie vendicent infra annum, extunc Monaſterium ſe de talibus hominibus intromittet, nec aliquis nobilium de villa predicta ſibi quidquam juris ex quacunque cauſa in ipſis hominibus vendicabit, tales etiam homines ſi ultra ſive infra quinque marcas in rebus immobilibus habuerint, vel in ipſa villa ex quacunque cauſa acquiſiverint, eadem libertate cum aliis gaudebunt, que ſuperius eſt expreſſa. Electum eſt etiam & hinc inde receptum, quod omnia jura & ſervitia antedicta cum banno & juramento ex nunc in antea adjudicentur Monaſterio ſepedicto.

Ceterum quia procedente tempore ſtatu Monaſterii in deterius, quod abſit, vergente, poſſit contingere, quod ex venditione vel alienatione quacunque Advocatie predicte homines ville prefate in ſtatum deteriorem forſitan ponerentur, ideo ex parte Domini Abbatis & conventus Monaſterii antedicti taliter eſt proviſum & fide data firmatum, quod nullo unquam tempore Advocatiam ipſam, jurisdictionem & alia jura, que ratione Advocatie & judicii ipſum Monaſterium habe-

bet

bet ibidem , vel vendent vel obligabunt seu aliquo alienationis genere distrahent aut distrahi patientur.

Ut autem hec omnia plenam in perpetuum obtineant firmitatem , de consensu predictorum Domini RUDOLFI & sui Conventus, nec non hominum ville in *Badinheim* presens scriptum est confectum & ad eorum instantiam sigillis venerabilium Dominorum judicum sancte Moguntine sedis, PHILIPPI nati predicti Domini PHILIPPI de *Hoenvels* & Domine *Lugardis* de *Isenburg* una cum prefatorum Abbatis & Conuentus sigillis roboratum. Et nos judices Maguntine sedis ac PHILIPPUS bone memorie Domini PHILIPPI de *Hoenvels* & Domine *Lugardis* de *Isenburg* natus ad instantiam predictorum Abbatis & Conventus necnon hominum in *Badinheim* sigilla nostra presenti scripto duximus appendenda. Datum anno Domini MCC. Septuagesimo Septimo, sexto Kalend. Octobris.

XI.

GERHARDUS de *Virnenburg* circa sumtus fidejussorios pro HEINRICO AEpo Mog. Germano suo factos se declarat.
12. April. 1333.

(Ex autographo.)

Nos GERHARDUS de *Virnenburch* Archidyaconus ecclesie Treveren. Scolasticus Coloniensis, universis tam presentibus quam futuris, ad quos presentes pervenerint, cupimus fore notum, quod ex parte Reverendi in Christo Patris & Domini nostri Domini HEINRICI Archiepiscopi *Maguntini* congermani nostri predilecti nullas fecimus fidejussorias commessationes in hospitio HYLDEGERI de *Hyrco* ratione obligationis facte HERMANNO & JOHANNI fratribus dictis *Hirzelin de Schouwenburch* civibus Colonien. nec sumptus aliquos per nos seu per alium nostro nomine, exceptis unius equi sumptibus, quem ibidem dimisimus pro eisdem sumptibus & expensis, prout nos ad hec offerimus probaturos & faciemus si necesse fuerit, legitime declarari. In cujus rei testimonium sigillum nostrum presentibus duximus appendendum. Datum anno Domini M. CCC. XXXIII. II. Idus Aprilis.

XII.

RUPERTUS Comes de *Virnenburg* & alii fidejussores HEINRICI AEpi *Mogunt* ad curiam Romanam citantur, ad satisfaciendum mercatoribus Florentinis de 2000 fl. ex causa mutui debitis 17. Sept. 1330.

(Ex autographo.)

Nos STEPHANUS de *Pinu* Prepositus *Cavallicen.* Curie Camer. Domini Pape generalis Vicarius presentium tenore citamus & peremptorie requirimus Dominos RUPERTUM Comitem de *Virneburg* Treveren. Dioc. JOHANNEM de *Morsbach* militem Colon. Dioc. Fratrem HENRICUM de *Derbato* procuratorem Generalem Ord. *beate Marie Theotonicorum* in Romana Curia, WALTERUM de *Hoynboch* Can. Ecclesie *S. Johannis in Hau* Herbipolen. Dioc. HERMANNUM de *Borgeshem* Rectorem ecclesie in *Lucinhem* Treveren. Dioc. TILMANNUM de *Develich* Rectorem ecclesie in *Wadenheim* Coloniensis Dioc. THEODERICUM de *Essende* Can. Zeflicen. Colon. Dioc. OTTONEM de *Herleten* Rectorem ecclesie in *Sege* Maguntin. Dioc. & ROPERTUM de Munrial Scutiferum Treveren. Dioc. ut usque ad decem

cem dies proxime futuros peremptorie dicant, proponant & allegent quicquid voluerint coram nobis, quare non debeant excommunicati publice nuntiari excommunicationis sententia, qua ligati existunt occasione cujusdam debiti duorum milium florenorum bonorum & puri auri recti ponderis & conii florentin. in quibus sunt LAPO, ANDREE & PHILIPPO *Blanchi* fratribus civibus & mercatoribus florentinis ex causa mutui in solidum obligati, & ad quorum florenorum autem solutionem ad jam elapsum terminum faciendam confessus *Guccii Bentivenn.* de *florentia* procuratoris ipsorum debitorum factam in judicio coram Magistro GUILLELMO *Lavialata* Clerico Tutelensis Dioc. locumtenenti & Commissario nostro, fuerunt per ipsum locumten. & commissarium personaliter condempnati & ejusdem procuratoris accedente consensu summittendo eosdem debitores jurisdictioni curie Camer. Domini Pape ac nostro & prefati locumtenentis & Commissarii propterea totaliter, prout ex tenore sui procuratorii facere poterat, excommunicati in scripto si in dicta debiti solutione deficerent facienda integre in loco & termino constitutis. Alioquin ex tunc ob dictam causam faciemus ipsos debitores sic excommunicatos

pub-

publice nuntiari, nisi interim pro parte ipsorum fuerit proposita coram nobis aliqua rationabilis causa, quare ad predicta procedi non debeat, has autem citationem & requisitionem in audientia nostra tempore sessionis nostre legi & publicari & in foribus palatii apostolici, in quo causarum audientiam publice retinemus, ad instar edictorum que olim scribebantur in albo pretoris affigi mandavimus & fecimus, ut tam per vestram lecturam, quam per publicam inspectionem prorsus fiant cunctis citatio & requisitio hujus manifeste. Dat. *Avinion.* die decima septima mensis Septemb. Pontif. Domini JOHANNIS Pape XXII. anno XV.

Beyträge zur Mainzer Geschichte.

III. Bandes II. Heft.

XIII.

Das gelehrte Mainz.

(Vte Fortsetzung.)

82.) Wolfgang Trefler.

(Um das J. 1521.)

Ein zu Augsburg gebürtiger Benediktiner und Bibliothekar auf dem St. Jakobsberge zu Mainz. Er war ein Mitglied der rheinischen Gelehrten Gesellschaft, welche der Bischof Johann von Worms errichtet hatte. Folgende Werke hat er hinterlassen:

1) De scriptoribus ecclesiasticis libros duos, welche Tritheim in seinen Werken benutzt hat.

2) Apologia pro Joanne Trithemio.
3) Chronicon monasterii S. Jacobi Moguntiæ.
4) Orationes funebres quatuor, welche in MS. in der Jakobsberger Bibliothecke aufbewahrt werden.
5) Ein vollständiges Verzeichniß aller Schriften, welche in der Jakobsberger Bibliothecke sind, wird ebenfals allda aufbewahret.

Mehr von ihm kann man lesen bey Tritheim epist. 35. bey Serarius rer. Mog. L. I. c. 35. p. 149. und bey Oliverius Legipontius in vita Tresleri.

83.) Johann von Hagen oder ab Indagine.

(Um das Jahr 1524.)

Ein Pfarrer zu Steinheim und Dechant im St. Leonardsstifte zu Frankfurt, der ein Werk geschrieben hat unter dem Titul: die Kunst der Chiromantzey, Phisionomey, natürlichen Astrologey, Complexion eins yegklichen Menschens, natürlichen Gefluß der Planeten, die zwölf Zeichen angesichten, etliche Canones zu Erkanntniß der Menschen Krankheiten 2c. Getruckt zu Straßburg 1523. *fol. min.* Conf. LERSNERI *Chronicon* Tom. II. pag. 186.

84.) Konrad Wimpfen.

(Gest. 1531.)

Er hieß eigentlich Konrad Koch, war gebürtig zu Buchen im Odenwalde, und Kanonikus zu Wimpfen; weßwegen er sich den Namen CONRADUS WIMPINA *a fagis* gegeben hat. Zuerst ward er Professor und Doktor der Theologie zu Leipzig, wo er viele Jahre hindurch die Philosophie und schöne Wissenschaften mit vielem Ruhm gelehret hat. Von da ward er im Jahr 1506 bey Errichtung der neuen Universität zu Frankfurt an der Oder als Professor der Theologie dahin berufen und zum ersten Rektor dieser Universität gemacht. Er ist der erste gewesen, der im J. 1518 die Sätze des Doktors Martin Luther bestritten und Gegensätze herausgegeben hat. Zu dem Gespräche, welches im J. 1530 nach übergebener Konfession der Protestantischen Stände, zu Vereinigung beider Religionstheile zu Augsburg angestellt worden, ward WIMPINA auch gezogen, wobey er sich den Konfessionisten vorzüglich, jedoch mit Gelassenheit widersezt hat. Im Jahr 1531 ward er zu einem andern Religions Friedens Kongresse nach Augsburg abgeschicket, aber auf der Reise dahin überfiele ihn eine Krankheit, an der er am 17ten May 1531 im Kloster Amorsbach gestorben ist. Seine Verlassenschaft ver-

vermachte er zu einer Stiftung zum besten der aus Buchen gebürtigen Studenten, welche zu Frankfurt an der Oder den Wissenschaften obliegen.

Er hat sehr viele Bücher geschrieben, wovon der gröste Theil zum zweitenmal in zwei Foliobänden gedruckt worden ist. Der erste Band kam zu Frankfurt an der Oder im Jahr 1527 heraus, und bestehet aus drei Theilen. Der erste enthält folgende Werke: 1) Sectarum, judeorum & hæresum ecclesiæ primitivæ anacephaleosis, cum confutationibus. 2) Articulorum hæreticorum quadraginta quinque Wicleffi Anglici anacephaleosis & confutatio. 3) Hæreticorum Waldensium, Pauperum de Lugduno, Navariensis, Dulcini, Marsilii, Paduani, quorundam Minoritarum Albanensium, Beguinarum, Hussitarum &c. 4) Articulorum Pragæ versatorum, Rochezanæ & Thaboritarum, — nexis erroribus græcorum, Ruthenorum, Almarici &c. 5) Conclusionum Lutheranarum 95 primæ Schedæ disputatoriæ adpressarum anacephaleosis, cum conclusionibus confutatoriis & contradicentibus geminis. 6) Propositionum quatuor supra centum Lutheranarum anacephaleosis, cum confutationibus. 7) Lutheranorum Articulorum quadraginta unius a sede apostolica damnatorum

ana-

anacephaleosis, cum Lutheri assertionibus & earum confutationibus. 8) Cujus doctrinæ & concioni hoc hæresum tempore sit hærendum & auscultandum?

Der zweite Theil begreift folgende Bücher; 1) Lutheri de votis monasticis judicium — cum confutatione. 2) Lutheri de votis monasticis libri compendiaria confutatio, nexis quibusdam axiomatibus. 3) Quæstiones binæ contra Presbyteros, Monachos & Moniales connubia meditantes. Prima: an pluris peccet muliercula, si Presbytero confornicetur, quam si cum mille laicis fornicetur? Secunda: an Vasalli & homiligii teneantur vi juramenti non solum fortunas, sed suam vitam pro Dominis feudi pendere? 4) De potestate laicorum super corpus Christi verum & mysticum, contra Picardos & Thaboritas. 5) De sacrificio Missæ, ejusque ritu & ornatibus, contra eosdem. 6) Widerlegung des dritten Artikuls des Wiklefs im Betreff des Abendmals, der Beichte rc. 8) Von der Verehrung der Heiligen und von Beibehaltung der Bilder in den Kirchen, wider die Thaboriten. 9) Schismatum, quæ ab origine ecclesiæ ad nostra usque tempora inter Papas & Antipapas obtigerunt, anacephaleosis.

Der dritte Theil folgende: 1) De providentia divina libri tres. 2) De prædestinatione divina libri tres. 3) De bona fortuna libri duo.

Der andere Band ist im J. 1531. zu Kölln gedruckt worden, und enthält allerhand Abhandlungen: 1) De nobilitate Christi, lib. 3. 2) De laudibus Christi, Panegyrici V. 3) De nobilitate corporum cœlestium, lib 6. 4) De signis & insomniis eorumque interpretationibus. 5) De hypocrisi, superstitione & divinatione. 6) De sex Sophorum erramentis eorumque confutationibus. 7) De b. Annæ trinubio & trium filiarum ejus assertione. 8) De ortu, progressu & fructu S. Theologiæ. 9) De explanatione Initii Evangelii secundum Joannem. 10) Explanatio symboli Athanasiani. 11) De variis rebus sermones diversi.

Noch mehr andere Abhandlungen, Gedichte, Reden ꝛc. hat er zum Druck gegeben, die in diesen Sammlungen nicht enthalten sind; dahin gehöret dessen Apologeticum in sacræ Theologiæ defensionem, nebst dem Responso contra Laconismum cujusdam Medici. Auch desselben Schüler und Landsmann Johann Seitz von Buchen (*Joannes* SEI-

SEICIUS *Faginus*) hat hierüber eine Apologie für seinen Lehrer geschrieben. *a*)

Als Konrad Wimpfen noch Professor der Philosophie zu Leipzig war, hatte er einen starken Gegner an dem Litterator Hermann Busch, der ihn sowohl bey dem Erzbischof von Magdeburg als auch bey dem Universitätskanzler dem Bischofe von Merseburg verschwärzte, als ob er anstössige Sätze gelehrt hätte. Er muste derhalben im Jahr 1502 aus Leipzig entweichen; vertheidigte sich aber so gut, daß er mit Ehre zurückberufen und nachher zum Vizekanzler der Universität gemacht worden ist. Im folgenden Jahr 1503 ward er zum Doktor der Theologie promovirt: bey welcher Gelegenheit Hermann Buschius sein Unrecht öffentlich bekannte mit folgenden Versen:

Poenitet & meritas Doctor tibi pendeo poenas,
Ausa quod est in te scribere nostra manus.

 Hæc

a) Hierdurch wird auch dieser mainzische Gelehrte entdeckt, den ich aber in mein Verzeichniß nicht bringen kan, weil mir weiter nichts von ihm bekannt ist.

Hæc tamen est veniæ forsan mihi causa
petendæ:
Nondum Doctor eras, nec mihi notus
eras,
Noscere te postquam cœpi, me damno
manumque
Obvia quæ scriptis intulit arma tuis.
Sed nil te steriles isti læsere labores,
Plus nocuit nulli, quam mea charta
mihi.

Das Andenken dieses berühmten Mannes hat sowohl das Kloster Amorbach, allwo er gestorben, als auch die Stadt Buchen, wo er in der Pfarrkirche beerdigt worden, für die Nachwelt zu erhalten gesucht. Beide haben nicht allein Jahrgedächtnisse für ihn angeordnet, sondern auch in ihren Kirchen Grabmäler mit dessen Bildniß und Denkschriften errichten lassen. Mehr hiervon kann man lesen bey GROPP *Histor. Amorbac.* pag. 140 & 265. Conf. *Joann.* OLDENDORP *juris Prof. Hamburg.* in præfat. ad Conradi Wimpina librum *de nobilitate corporum coelestium*, & alibi.

85.) Sebastian von Rotenhan.
(Gest. 1532.)

Ein edeler Franke, des Kurfürsten Albrechts II. von Mainz Rath und der Rechte Doktor. Er hat die Jahrbücher des Regino von Prüm im Jahr 1521, (*Moguntiæ in ædibus Joannis Schœffer*) zum Drucke befördert, und eine geographische Karte vom Frankenlande samt einer kurzen Beschreibung dieser Landschaft herausgegeben. Conf. VOGT *in Catologo libr. rar.* p. 571. Ludov. Salom. EYRING *in vita Sebast. de Rotenhan*, Jenæ 1739. & WüRDTWEIN *in bibliotheca Mog.* p. 153.

86.) Otto Braunfels.

(Gest. 1534.)

Er war zu Mainz gebürtig und trat allda in den Karthäuser Orden, den er aber bald hernach samt den katholischen Glaubensbekänntniß verlassen hat. Er kam zuerst nach Straßburg, wo er neun Jahre lang Schulmeister gewesen, sodan nach Basel, wo er zum Doktor der Arzneikunde promovirt wurde. Am 23ten Nov. 1534 ist er gestorben, und hat folgende Schriften hinterlassen:

1) Catalogus Medicorum illustrium.

2) Onomasticon, sive Lexicon medicinæ simplicis.

3) Epitome Medicinæ.

4) Jatrion medicamentorum simplicium.

5) Annotationes in IV. Evangelia & Acta Apostolorum.

6) Pandectæ scripturarum V. & N. Testamenti.

7) Definitiones Astrologiæ.

8) Catechismus.

9) Responsio pro Ulrico de Hutten ad Erasmum Roterodamum.

10) Confutatio sophistices & quæstionum curiosarum ex Patribus ecclesiæ.

11) Pandectarum Lib. XIII. de tropis, figuris & modis loquendi scripturarum.

12) Catalogus virorum illustrium V. & N. Testamenti.

13) Precationes biblicæ sanctorum.

14) Catechesis puerorum in fide, in litteris & in moribus.

15) Herbarum icones ad naturæ imitationem effigiatarum.

87.) Michael Vehe.

(Um das Jahr 1535.)

Ein Dominikaner und Doktor der Theologie zu Mainz, auch des Kurfürsten und Kardinals Albrecht Rath und Theologe. Er hat geschrieben:

1)

1) Vom Gesatz der Niessung des Sakraments in einer Gestalt.

2) De sacrificio Missæ contra Lutherum.

3) Wie unterschiedlicher Weise Gott und seine Heiligen sollen geehrt werden.

4) Assertio sacrorum quorundam axiomatum: de ecclesia scilicet, de Conciliis, cœlibatu, communione sub utraque, confessione, sacrificio Missæ &c.

88.) Johann Dietenberg.

(Gest. 1537.)

Gebürtig zu Dietenberg, einem drei Stunden von Mainz und eine von Hofheim gelegenen Dorfe, ward in der Jugend ein Dominikaner Mönch, sodann zu Mainz Doktor der Theologie, und wohnte lange Zeit zu Frankfurt. Wegen seiner grossen Verdienste bekam er, ohne seinen Orden zu verlassen, zwei Kanonikate, die eine zu Frankfurt, und die andere im Liebfraustift zu Mainz. a) Er starb zu Mainz am 30ten Au-

a) Der berühmte Geschichtschreiber der Deutschen hat auch hier Recht, wenn er sagt, daß wir Deutschen durch Luthers Reformation in der Aufklärung zurückgesetzt worden sind. Einem Mönchen zwo Präbenden zu geben, ohne

August 1537. und ward allda in der Dominikaner Kirche im Chor beerdigt.

Unter seinen vielen gelehrten Arbeiten hat er sich vorzüglich durch die Herausgabe der deutschen Bibel, welche noch jetzt geschätzt wird, sehr berühmt gemacht. Unter seine übrige Schriften gehören:

1) Phimostomon, seu frænum Lutheranorum. 2) De divortio. 3) De votis monasticis contra Lutherum. 4) Defensio sacrificii Missæ. 5) De Apostasia. 6) De præceptorum & Consiliorum differentia. 7) Auslegung der sonntäglichen Evangelien und Episteln. 8) Ein deutscher Katechismus. 9) Viele Predigten und Auslegungen der biblischen Bücher. Conf. *Serarius & Jöcher.*

89.)

---

ohne den Orden zu verlassen, und einen arbeitsamen gelehrten Mann die Einkünfte von zwoen Präbenden ziehen zu lassen, ohne dieselbe, nach der seit ein paar hundert Jahren eingeführten Sprache, durch das Chorsingen verdient zu haben, gienge schon 20 Jahre nach Dietenbergs Zeiten nicht mehr an; und der Erzbischof und Kardinal Albrecht muste zulezt froh seyn, wenn er für Männer, die er in Reichs- und Staatsgeschäften verschicken wollte, die Befreiung der Residenz von den Kapituln erhalten konnte.

89.) Johann Arnold.

(Um das J. 1542.)

Ein zu Bürgel ohnweit Steinheim gebürtiger Korrektor der Buchdruckerei zu Mainz, der einer der besten Dichter selbiger Zeite gewesen ist, und unter andern ein Gedicht auf die Erfindung der Buchdruckerkunst im Jahr 1541 herausgegeben und dasselbe dem Kurfürsten und Kardinal Albrecht zugeeignet hat. *Conf.* WüRTWEIN *Bibliotheca Mogunt.* pag. 175. JOANN. R M. T. III. p. 421, wo dieses Werkchen von neuem abgedruckt worden ist. Item TENZELIUS von Erfindung der Buchdruckerkunst; MALLINKROT *de ortu & progressu artis typographicæ*, c. 15. p. 96. &c.

90.) Johann Huttig.

(Gest. 1544.)

Meister Hans Huttig, wie er damals genannt wurde, war zu Mainz gebürtig, wurde Geistlich und Examinator, hernach Vikarius im Domstifte, wo er sich den Wissenschaften und besonders dem Aufsuchen Mainzer Alterthümer widmete, und im J. 1520. die Collectanea antiquitatum in urbe atque agro Moguntino repertarum herausgabe. Nicht lange darnach verließ er Mainz, reisete eine Zeitlang herum, und wählte endlich die Stadt

Straß-

Straßburg zu seinem Wohnorte, wo er auch am 28ten Febr. 1525. in die Zahl der Bürger ist aufgenommen worden. Im Jahr 1527. bekam er als Kaiserlicher Prezißte eine Präbende in St. Thomasstift allda, und im J. 1530. ward er vom Domprobste zu Straßburg zum Rektor des Chores im dasigen Domstifte ernannt. Wegen seiner Wissenschaften und besonders wegen seines tugendhaften Lebenswandels stand er bey Hohen und Nidern in grosser Achtung, und genoß die Freundschaft der berühmtesten Gelehrten damaliger Zeit. Er starb am 4ten März 1544. und hinterließ ein ansehnliches Vermögen, welches er zur Heuratsgabe für jene Straßburger arme Bürgerstöchter vermochte, welche Handwerkspursche, die keine Soldaten sind, heuraten würden. Diese Stiftung soll, wie es heißt, noch jetzt bestehen und dazu verwendet werden. Unter seine Werke gehören:

1) Collectanea antiquitatum in urbe atque agro Moguntino repertarum. Mog. 1520. fol. cum figuris. JOANNIS hat eine neue Auflage seinem Tom. III. *script. Mog.* einverleibt.

2) De Romanorum Imperatoribus, una cum imaginibus illorum, quales in nummis reperiuntur. Argentorati 1526. in 8. Dieses

ses Werk ist sowohl zu Straßburg als auch zu Lyon und anderstwo nachgedruckt worden.

3) Elenchus Consulum Romanorum. Im Jahr 1552. ist es als ein Anhang zu dem vorigen Werke von den Röm. Kaisern, zu Straßburg gedruckt worden.

Conf. LATOMUS *in Catalogo.* WÜRDTWEIN *in bibliotheca Mogunt.* pag. 150. CREVENNA T. V. p. 237. Jacobus de STRADA *Mantuanus* in præfat. *epitomes Thesauri antiquitatum.*

91.) Wolfgang Sedel.

(Um das J. 1548.)

Ein Kanonikus zu St. Viktor bey Mainz, der um das Jahr 1548 ein Buch hat drucken lassen, unter dem Titul: de templo Salomonis mystico &c. Item Predigten, welche er an das Volk zu Mainz gehalten hat. Conf. WÜRDTWEIN *Bibl. Mogunt.*

92.) Friderich Nausea, *BLANCICAMPANUS.*

(Gest. 1552.)

Sonst Grau genannt, war gebürtig zu Weissenfeld im Bambergischen, davon er sich den Namen *Blancicampanus* gegeben hat. Zu Mainz würde er Doktor und Professor an an zweien Fakultäten, der Theologischen und Juristischen zu gleicher Zeit. Auf Empfehlung des Kardinals Campegius ward er Kanonikus und Pfarrer zu Frankfurt. Als aber ein Theil des Volkes, welches einen Pfarrer nach der Lehre Luthers anverlangte, in der ersten Predigt tumult erregte und ihn verspottete, verließ er Frankfurt, und ward hernach Domprediger wie auch Kanonikus im Liebfraustift zu Mainz. Von hier ward er nach Wien als Domprediger und Rath des römischen Königs Ferdinand berufen, wo er auch zum Bischof von Wien ernannt worden ist. Er starb an 6ten Febr. 1552 zu Trient, wo er der Kirchenversammlung beywohnte, und ward zu Wien in der Domkirche zur Erde bestattet. Er hat sehr viele Schriften herausgegeben; darunter gehören:

1) Consilia de puero litteris instituendo. 2) Disticha in omnia capita librorum Lactantii. 3) Encomium Patavinæ Civitatis. 4) Principia Dialectices. 5) Lib. 1. restitutionis & in ordinem digestionis. 6) Lib. Andæ Sylvii de origine, progressu decoreque Rom. Imperii. 7) Sermones quadragesimales Viennæ in aula Ferdinandi Regis anno 1534. habiti & anno 1535. editi. 8) Libri V. in catechismum catholicum. 9) Libri II. de Missa & horis canonicis. 10) Catho-

tholica in Symbolum Apostolicum. 11) De natura & commendatione thermarum. 12) Rerum mirabilium Libri VII. 13) Epitome vitarum Pii II. Papæ & Friderici III. Rom. Imperatoris. 14) Problemata in Tit. ff. de R. J. 15) Quæstiones & solutiones super bonis per Clericos post mortem relictis & eorum testamentis & successoribus. 16) Decisiones & declarationes in XII christianæ religionis articulos. 17) Libri XII. Divorum. 18) Panegyricus in B. V. M. Moguntiæ 1530. 19) De præcipuo hujus anni 1528 apud Moguntiam terræ moto responsum. 20) Christliche Eintrede in die vermeinte neue Reformation und Kirchenordnung ꝛc. Mainz 1532. 21) Predigte Evangelischer Wahrheiten. Mainz 1535. 22) In Divam Catharinam Angliæ reginam, oratio funebris. Mog. 1535. 23) Hortatio ad ineundam in christiana religione concordiam, missa ad Theologos & Oratores in colloquio Wormat. congregatos. Mog. 1540. 24) Diversæ Orationes, Epigrammata, Epistolæ &c. 25) Homiliæ in communes aliquot Evangeliocorum locos. Mog. 1526.

Conf. JOANNIS *in spicilegio* pag. 543. *Joa. Balthasar* RITTER ecclesiastes Francof. *in hist reformationis*, SERARIUS *Rer. Mog.* L. I. cap. XL. BRUSCHIUS *Monast.*

 Ger-

German. centuria II. p. 217. WÜRDTWEIN *Biblioth. Mog. &c.* Item FREHER. *Script. rerum Germ.* T. III. pag. 307. wo das Responsum Blancicampani ad Laurentium Truchsesium Decanum Majoris Mogunt. abgedruckt ist. *Wolffgang.* LAZIUS *Rer. Vienn.* Lib. II. p. 62.

93.) Kaspar Hedio.

(Gest. 1552.)

Von Ettlingen gebürtig, studirte zu Freiburg und zu Basel, kam sodann nach Mainz, wo er Domprediger und am 21ten Oct. 1523. zum Doktor und Professor der Theologie promovirt worden ist. a) Nach der Hand verließ er Mainz, und änderte sein Religionsbekänntniß, und ward lutherischer Prediger und Professor der Theologie zu Straßburg. Er ist gestorben am 17ten Oct. 1552. und hat geschrieben:

1) Eine Rede von den Zehenden.

2) Chronicon Germanicum, das ist: Beschrei-

a) Moreri, Iselin und andere Schriftsteller irren, wenn sie sagen, daß Hedio zu Basel Doktor geworden seye. Das Gegentheil bezeugen die Akten der Theol Fakultät zu Mainz.

schreibung aller alten christlichen Kirchen bis aufs Jahr 1545. III Theile.

3) Eine deutsche Uibersetzung des Cominæi Werkes, von den Thaten des Königs Ludwig XI. von Frankreich.

4) Prælectiones in octo capita Evangelii S. Joannis, & in Epistolam S. Pauli ad Romanos.

5) Smaragdi Abbatis commentarios in Evangelia & Epistolas hat er zum Drucke befördert.

6) Chronicon Abbatis Urspergensis correctum, additis paralipomenis ab a. 1230. ad a. 1507.

7) Synopsis historica, qua Sabellici institutum prosequitur, ab a. 1504. ad a. 1538.

Conf. *Melchior Adami, Moreri, Iselin &c.*

94.) Johann Cochläus.

(Gest. 1552.)

Sein eigentlicher Name war Johann Dobneck, er nannte sich aber Cochläus von seinem Geburtsorte Wendelstein bey Nürnberg. Zu Frankfurt wurde er Dechant im Liebfraustift, bekam aber wegen der damaligen Religionsirrungen Händel mit dem Magistrat daselbst, welches die Folge hatte, daß er zuletzt entweichen muste. Er kam hierauf nach Mainz, wo er ein Kanonikate im St. Victorsstifte, hernach ein anderes zu Breßlau erhielte, und sich unabläßlich mit studiren und Bücherschreiben beschäftigte. Eine grose Anzahl Schriften hat er herausgegeben, darunter die vornehmsten sind:

1) Duo sermones de b. M V. unus S. Hieronymi in ejus laudem, alter Martini Lutheri in ejus injuriam. Mogunt. 1548.

2) Commentaria de actis & scriptis Martini Lutheri ab a. 1517 usque 1546. Mog. 1549. 3) Historia Hussitarum ex antiquis codicibus &c. operose collecta. Mog. 1549. 4) De septem sacramentis & de ceremoniis Ecclesiæ Lib. II. cum Philippica septima in Melanchtonem &c. Mog. 1549. 5) Speculum antiquæ devotionis circa Missam & omnem alium cultum Dei. Mog. 1549. 6) De sacris reliquiis Christi & sanctorum brevis responsio contra Lutherum. Mog. 1549. 7) De seditionibus, rationibus & exemplis, una cum appendice triplici contra rebelles hujus temporis. Mog. 1550. 8) der siebenköpfige Luther. 9) Philippicæ in Melanchtonem. 10) Libri tres miscellaneorum in causa religionis. 11) Von der Winkelmesse und Priesterweihe. 12) De authoritate Ec-

clesiæ & scripturæ. 13) Expostulatio in obscuros viros, qui Decretorum volumen infami compendio teutonice corruperunt. 14) Dialogus de bello contra Turcas. 15) Vom Vermögen und Gewalt eine Concilii. 16) De novis ex hebræo translationibus sacræ scripturæ. 17) Psalterium Brunonis Episcopi Wirceb. restitutum & hebraica veritate adauctum. 18) Spiegel der Evangelischen Freiheit. 19) Exhortatio ad Germaniam suam in Christi fide filiam. 20) Appendix triplex ad Conradi Bruni Sen. Tract. de seditiosis. 21) De Petro & Roma Libri IV. adversus Ulr. Velenum Lutheranum. 22) Responsio ad Joan. Bugenhagii epistolam ad Anglos. 23) Consideratio super articulis Lutheri 24) Formula latina de modo exponendi S. Scripturas. 25) Παρακλησις ad semper victricem Germaniam. 26) In 500 Articulos Lutheri. 27) Refutatio Anabaptistarum, 28) Congratulatio de Matrimonio Henrici VIII. Angliæ Regis. 29) Congratulatio de Electione Pauli III. Pont. Romani. 30) Apologia pro Regno Scotiæ. 31) Von der heiligen Ehe wider Lutherum. 32) Vertheidigung des bischöflichen Mandats zu Meissen, wider Luthers Scheltworte. 33) Anzeige, wie verkehrlich M. Luther wider Herzog Georgen zu Sachsen den 7ten Psalmen verdeutschet und gemißbrauchet hat.

 34)

34) Lutherischer Labirinth, oder 36 Oerter, darinne Luther sich im Artikul von der Communion sub utraque widersprochen hat. 35) De gratia sacramentorum adversus cucullatum Minotaurum Wittebergensem. 36) Confutatio abbreviata Philippi Melanchtonis adversus Dydimum Faventinum. 37) De vita & scriptis Lutheri. 38) Vita Theodorici Regis quondam Ostrogothorum & Italiæ. 39) Rudimenta Grammaticæ, Musicæ & Geometriæ. 40) De Purgatorio. 41) Acta Concilii Triburiensis. 42) De vera Christi Ecclesia, ad Carolum V. Imp. Mog. 1541. 43) De ordinatione Episcoporum atque Presbyterorum, & de Eucharistiæ consecratione. Mog. 1541.

95) Johann Wild, genannt FERUS.

(Gest. 1554.)

Ein sehr beredter und unerschrockener Minorit zu Mainz, der viele Jahre hindurch mit grossem Ruhm Domprediger allda gewesen ist. Als der Markgraf Albrecht von Brandenburg im J. 1552 die Stadt Mainz mit Feuer und Schwerd bedngstigte und die meisten Inwohner, besonders die Geistlichen entflohen waren, bliebe der Pater FERUS allda, ließ sich dem Markgrafen vorstellen, und

und sprach mit solcher Beredsamkeit und Unerschrockenheit für das beste der Stadt, daß der Markgraf darüber erstaunte und sich hernach öfters mit ihm unterhielte; auch das Minoriten Kloster völlig verschonte. Unter dem Gespräche riethe ihm einstens der Markgraf, er solle sein Kutte ablegen und ein anderes Kleid tragen. Ferus antwortete: dieser Habit hat mir so viele Jahre lang nichts leids gethan, warum soll ich ihn hinwegwerfen? Er ist im Jahr 1554 gestorben und in der Minoriten, nachher Jesuitenkirche, zu Mainz begraben worden. Der Grabstein, so ihm auf der linken Seite des hohen Alters gesetzt worden, ist bey Erbauung der neuen Jesuiter, nunmehrigen Universitätskirche zu Grunde gegangen. Er hat vieles geschrieben und zum Drucke befördert, darunter gehöret:

1) Postilla über die Sonntags Evangelien. 2) Auslegung des ersten Buches Mose. 3) Enarrationes in totam Genesin. 4) In Evangelium secundum Joannem enarrationes, pro concione explicatæ a 1536. Edit. Mog. 1549. 5) In epistolam primam S. Joannis enarratio. Mog. 1549. 6) In Ecclesiastem Salomonis enarratio. Mog. 1550. 7) Der 79ste Psalm ausgelegt und geprediget im Domstift zu Mainz. Mog. 1550. 8) Jonas

nas Propheta expositus. Mog. 1550. 9) Ueber das erste sonntägliche Evangelium im Advent. Mog. 1550. 10) Die Gleichniß vom verlornen Sohn ausgelegt. Mog. 1550. 11) Das 1te Buch Esras von Erbauung des Tempels 2c. Mog. 1551. 12) Christliches Gebetbüchlein. Mog. 1551. 13) Quadragesimal, oder Fastenpredigten. Mog. 1551. 14) Postill. oder Predigtbuch Evangelischer Wahrheit. Mog. 1552. 15) Postille über die Sonntage im Winter. Mog. 1552. 16) Ejusdem Conciones latinitati donatæ per Joa. Günterum. 17) Psalmus 31mus explicatus. 18) Postilla über die Episteln. Sommertheil. Mog. 1554. 19) Sermones de tempore ab Adventu usque Pascha. Mog. 1554. 20) Historia passionis Domini. Mog. 1555. 21) Jobi Historia predigtweis ausgelegt. 22) Postille über die Evangelien, von Ostern bis Advent. Mog. 1558. 23) Exegesis in epistolam S. Pauli ad Romanos. 24) Adnotationes in Exodum, Numeros, Deuteronomium, libros Josua & Judicum. 25) Auslegung einiger Psalmen in 150 Predigten. 26) Auslegung des Prediger Salomons. 27) Fastenpredigten über das Buch Jonas. 28) Erklärung des IV. Kap. Daniels. 29) Comment. in Libros Tobiæ, Esther, Acta Apostolorum. 30) Homiliæ in Threnos. 31) Bußpredigten. 32) Epitome Concionum

num Dominicalium. 33) Sermones tres tempori synodi provincialis habiti. 34) Examen ordinandorum. Mog. 1544 &c. Conf. WÜRDTW. in *Bibliot. Mogunt.*

96) Vitus Dulken.

(Gest. 1553.)

Ein Karthäuser und seit 1547 Prior der Karthaus bey Mainz. Im J. 1550 gab er zu Mainz heraus: *Historia aliquot nostri saculi Martyrum.* Als bey dem Ueberfall des Markgrafen Albrechts von Brandenburg Onolzbach 1552 die Karthaus in die Asche gelegt worden, gienge der Prior nach Koblenz, ward aber in folgenden Jahr auf seiner Ruckreise von einer Krankheit überfallen, woran er auf dem St. Jakobsberg zu Mainz gestorben ist.

97) Michael Helding, genannt Sidonius.

(Gest. 1561.)

Ein Müllers-Sohn von Langen-Enslingen in Schwaben, kam als ein Knabe mit seinen Eltern, die der Religion halber alles verlassen hatten, nach Mainz, studierte allda als ein armer Student, ward Domschulmeister, hernach Dompfarrer und 16 Jahre lang Domprediger, hernach Weihbischof,

(Episcopus *Sidonius*) sodann Doktor der Theologie. Der Erzbischof Albrecht sandte ihn im J. 1545 als seinen Gesandten auf die Kirchenversammlung nach Trient, und im J. 1547 ernannte ihn der Kaiser Karl der fünfte zu seinem Prediger, und trug ihm auf, mit dem Julius von Pflug und dem Johann Eisleben das bekannte Interim zu verfertigen. Im Jahr 1550 ward er Bischof und Fürst zu Merseburg, 1557 Kammerrichter am Kaiserl. und Reichskammergericht zu Speier, und bald hernach Reichshofraths-Präsident zu Wien. Er starb im J. 1561 zu Wien, und ward in der dasigen Domkirche beerdigt. Unter seine Werke gehören:

1) Ein Band deutscher Predigten, welche er meistens zu Mainz gehalten hat. 2) Katechetische Predigten. 3) Erklärung der heil. Messe und ihrer Zeremonien. 4) Erklärung der Sprüche Salomons. 5) Fünfzehn Predigten vom heil. Meßopfer. 6) Eine Rede vom heil. Abendmahl.

98) Julius von Pflug.

(Gest. 1564.)

Ward im J. 1531 Domherr und 1540 Kapitular zu Mainz, und im J. 1541 Bischof

schof zu Naumburg. Auch war er Probst zu Zeitz und Kaiserlicher Rath, half das bekannte Interim verfassen, arbeitete unablässlich zum Besten der Religion und zur Vereinigung beider Religionstheile, und starb im J. 1564. Folgende Schriften hat er herausgegeben:

1) Erklärung der Zeremonien der heil. Messe. 2) Christlicher Unterricht für die Kirche zu Naumburg. 3) Rede von der Widerherstellung des gemeinen Wesens, an Deutschlands Fürsten und Unterthanen. 4) Unterricht eines Christen. 5) Von der wahren Gottesverehrung. 6) Gutachten, welches er dem Kaiser in Betreff der Religion gegeben hat. 7) Vom heil. Meßopfer. 8) Von Gott und der heil. Dreieinigkeit. 9) Von der christlichen Reformation. 10) Ermahnung an die Pfarrer seines Bißthums. 11) Von der Gerechtigkeit und dem Heil eines christlichen Menschen. 12) Unterricht von der Buße, dem Glauben und der Liebe. 13) Von Erschaffung der Welt. 14) Von der Kirchentrennung an die Deutschen. 15) Vom Falle des Menschen in die Erbsünde. 16) Bericht von der Buße und dem Gesetze. 17) Ermahnung an das Stifts Unterthanen und Verwandten, wie sie sich bey dem vorgefallenen Mißverstande in Religionssachen ver-

verhalten sollen. 18) Viele Predigten. 19) Trauerrede auf den Pettrus Mosellanus. a) 20) Unterschiedliche Gedichte.

99) Johann Michael Fehr.

(Um das J. 1568.)

Ein Priester zu Mainz, der im J. 1567 eine Auslegung biblischer Geschichten vom Ezechias, Balthasar rc. zu Mainz hat drucken lassen.

100)

a) Peter von Protig an der Mosel im Erzstift Trier gebürtig war Professor der schönen Wissenschaften zu Leipzig und einer der berühmtesten Männer seiner Zeit. Dieses Protig ist das nämliche Dorf, wo auch ich gebürtig bin, und wird dermalen bald Pruttig bald Bruttig geschrieben und ausgesprochen. In dem Indice librorum prohibitorum, der dem Concilio Tridentino pflegt angehängt zu werden, befindet sich auch eins seiner Bücher unter dem Titul: *Petri Mosellani Protegensis Pædalogia in puerorum usum conscripta.* Nichts destoweniger muß er ein guter Katholick gewesen seyn, sonst würde wohl der berühmte Julius von Pflug keine Trauerrede auf ihn geschrieben haben.

100) Simon Bagen.

(Gest. 1569.)

Gebürtig im Köllnischen, studirte zu Mainz, ward allda beider Rechte Doktor und Professor und im J. 1566 Rektor der dasigen Universität. Den geistlichen Stand trat er an bey Erlangung einer Vikarie im St. Victorsstifte, ward hierauf im J. 1555 des Kurfürsten Daniels Hofkaplan, und 1558 desselben Rath und geheimer Sekretäre. Im J. 1563 schickte ihn der Kurfürst mit dem Philipp Agricola nach Wien, um die zu treffende Verfügungen in Betreff der Kommunion unter beyden Gestalten und der Priesterehe zu Verabreden; welche beyde Stücke diese zween Gesandten hintertrieben haben. Im J. 1567 machte ihn der Kurfürst zum Hofvizekanzler, und ward in unterschiedlichen Geschäften nach Regensburg, Erfurt ꝛc. gesandt. Im J. 1568 erhielt er ein Kanonikat zu St. Viktor, dergleichen Präbenden er auch zu St. Peter und u. l. F. zu Mainz und zu St. Gereon zu Kölln, wie auch die Königliche Vikarie im Domstift zu Mainz besessen hat. Er starb im J. 1569 im 46ten seines Alters, und ward im Umgange der Domkirche zu Mainz begraben. Er hat auch allda ein Grabmahl, welches man bey Knodt in Catalogo Rectorum Univ. Mog. pag. 35. nebst

nebst andern Nachrichten lesen kann. Conf. JOANN. S. R. Mog. T. 1. p. 872.

Von ihm hat man die Acta Electionis & Coronationis MAXIMILIANI II. *Imp.* welche Joh. Michael Hofmann dem Drucke übergeben hat, wie auch das Instrument über die Niderlegung der Kaiserkrone Kaisers Karls des fünften von J. 1558, und ein anderes vom J. 1562 über die Wahle Maximilians II.

101) Theobald Thamer.

(Gest. 1569.)

War zuerst Doktor und Professor der Theologie zu Marburg und des Landgrafen Hofprediger; ward hernach Katholisch kam nach Minden und sodann nach Frankfurt am Main als Prediger: hierauf bekam er eine Präbende zu Mainz und wohnte allda mehrere Jahre lang. Endlich ward er Professor der Theologie zu Freiburg im Breisgau, wo er auch im J. 1569 gestorben ist.

Er hat geschrieben eine Abhandlung, ob und wie fern es einem Christen erlaubt seye, zur Zeit der Verfolgung zu entfliehen: und eine andere von den Verläumdungen, welche er von den Lutheranern ausgestanden hat.

102)

102) GEORGIUS WIZELIUS.

(Gest. 1573.)

Gebürtig zu Fulda oder wie andere glauben, zu Vach in Hessen, im J. 1501. ward in jüngern Jahren ein Mönch; verließ aber bald sein Kloster, nahm ein Weib und wandte sich zu den lutherischen Religionsverwandten, bey welchen er sich als ein Gelehrter viele Achtung erworben hat. Doch gefiel ihm dieses Glaubensbekänntniß nicht lange, und da er ohne sein Weib zu verlassen zu den Katholischen der lateinischen Kirche nicht zurückkehren konnte, wandte er sich zur griechischen Kirche, wo er von einem Bischofe dieser Kirche zum Priester geweihet wurde. Nach dem Todt seiner Frau soll er zum zweitenmal und gar zum drittenmal sich verheurathet haben, wodurch er aber wider die Satzungen der griechischen Kirche angestossen hat. Endlich kam er nach Mainz und brachte allda sein übriges leben zu. Man nannte ihn gewöhnlich den griechischen Priester; er führte ein sehr auferbäuliches leben und arbeitete unablässlich zum Besten der katholischen Religion, besonders durch seine viele herausgegebene Schriften. Am 16ten Hornung 1573 starb er mit hinterlassung eines Kindes, in dem Hause zum Flooß, welches bald hernach zu einem Hospital und endlich

lich in gegenwärtigem Jahrhundert in das jetzige Zuchthauß ist verwandelt worden. Er ward begraben in der Pfarrkirche zu St. Ignaz, wo ihm auch an der Mauer neben dem hohen Altar in der alten Kirche ein Denkmal von Erz ist gesetzt worden, mit der Inschrift:

Clausa sub hac tumba nunc *Wicelii* ossa quiescunt,
Inter qui doctos gloria prima viros.
Clara salutiferi liquit monumenta laboris,
Multorum erudiens dogmate corda suo.
Fontibus ex ipsis monstrans *via regia b)* quæ sit,
Sancti perpetuo quam tenuere Patres.
Hujus amaverunt rectum Regesque Ducesque
Judicium, in scriptis colloquiisque sacris.
Multum illi debet Germana ecclesia nostra,
Quod Christi coluit, quodque rigavit agrum.
Hinc famæ ipsius decus immortale manebit,
Donec girabunt Lunaque Solque polum.

In

b) Sein Buch unter dem Titul *Via regia* wird hierdurch verstanden.

In te credenti referas cœlestia regna
Christe: tui famuli tu velis esse salus.
Cum Scribas doctos cœlorum ad regna vocabis,
Et bene pro meritis præmia digna dabis.

Unter seine herausgegebene Schriften gehören folgende:

1) *Via regia*, sive de controversis religionis capitibus conciliandis sent ntia. Der berühmte Conring hat dieses Werk zum zweytenmal auflegen lassen.
2) Anmerkungen über die sieben Bußpsalmen.
3) Idiomata linguæ veteris & novi testamenti.
4) Expositio, quibus modis verbum *credendi* accipiatur in sacris litteris
5) Syllabus locorum ex utroque testamento, de bonis operibus credenti ad vitam necessariis.
6) Auslegung der Episteln und Evangelien das Jahr hindurch.
7) *Hagiologium*, oder Leben der Heiligen.
8) *Confutatio* calumniosissimæ responsionis *Justi Jonæ*, cum assertione bonorum operum.
9) De sacris nostri temporis controversiis.
10) De arbore bona & de Antichristo.
11) De pace & concordia Ecclesiæ restituenda.
12) De vocando Concilio.

13) De Inspectione & Visitatione Ecclesiarum.
14) Commentarius in Threnos Jeremiæ.
15) Von der christlichen Kirche, wider Jod. Koch und Justus Jonas.
16) Auslegung des 120ten Psalmen.
17) Beständige Antwort wider der lutherischen Theologen Bedenken, welches sie wider das *Interim* geschrieben haben. Kölln 1549.
18) Apologie wider die Lutheristen.
19) Ordinandorum examinatio. Quid ad interrogata Censuræ Moguntinensis de re ecclesiastica a Candidatis S. Ordinis, quam brevissime responderi possit. Moguntiæ ad D Victorem excudebat Franc. Behem 1544. 8.
20) Vom Beten, Fasten und Allmosen.
21) Der heiligen Meß Brauch, aus dem Chrysostomo verdeutscht.
22) Antwort auf Luthers letzt bekennte Artikel.
23) Ritus baptizandi aus einem alten Fuldischen M. S.
24) Von den Taufnamen der Christen.
25) Auslegung des Propheten Aggäus.
26) Abbildung der ersten Kirche.
27) Auch hat Wicelius *exercitamenta* geschrieben, wie SERARIUS Lib. I. cap. 35.

35. und JOANNIS T. II. pag. 727. bezeugen.

Conf. SERAR. *Rer. Mog.* Lib. I. pag. 181. WüRDTWEIN *in Biblioth. Mogunt.* Cornelius Loos *in Catalogo &c.*

103) Lambert Auer.

(Gest. 1573.)

Ein in Tyrol gebürtiger Jesuit, ward der erste Rektor der Mainzer Jesuiten im J. 1561, und lehrte allda die Philosophie und Theologie. Im J. 1563 legte er in der St. Peterskirche die feierliche Ordensgelübde in die Hände des Erzbischofs Daniels ab, wobei gedachter Erzbischof ihm und seinen Gesellen besonders befohlen hat, keine andere Kleider als die gewöhnliche der Weltgeistlichen zu tragen, um dadurch destomehr vorzubeugen, daß diese neue Ordenspriester sich der geistlichen Gerichtbarkeit nicht entziehen mögten, wie dennoch nachmals geschehen ist. Er hat geschrieben Assertiones de verbo Dei & sanctis &c. Conf. Serar. *Rer. Mog.* & Sotwell. in *Biblioth. scriptorum S. J.* pag. 537.

104) Johann Hartung.

(Gest. 1576.)

Gebürtig zu Miltenberg im J. 1505, ward Professor der griechischen Sprache zu Heidelberg und zu Freiburg; wohnte hernach in Ungarn den Feldzügen wider die Türken bey, und kehrte sodann zu den Studien zurück, und gab folgende Schriften heraus:

1) Annotationes in tres priores HOMERI *Odysseæ* rhapsodias. 2) Apologia Græcorum de igne purgatorio. 3) Decuriæ locorum memorabilium. 4) In *Quintum Smyrnæum* Notæbreves. 5) Die Libros IV. argonauticorum Apollonii hat er ins Lateinische übersetzt. Conf. *Joecheri Lexicon.*

105) Johann Jakob Hartung.

(Um 1576.)

Er Bruder des vorhergehenden, der ein Rechtsgelehrter gewesen und folgendes geschrieben hat:

1) Casus practici circa materiam usufructus.
2) Dissertatio de Baptismo.
3) Dissertatio de jurisdictione consistoriali.

106) Christian Hypparius.

(Um das Jahr 1580.)

Gebürtig zu Itzstein, ward Lizentiat und Professor der Theologie zu Mainz, auch Pfarrer zu St. Quintin und Vikarius in einer Stiftskirche allda. Er hat die Predigten des Johannes Wild ins Deutsche übersetzt

setzt und drucken lassen, wobei er sich in der Vorrede beschweret, daß er durch die vielen Pfarrgeschäfte und den schweren Chorgang an andern und gelehrten Arbeiten sehr verhindert werde. Er hat auch die Postille des Jakobs Schöpper nebst einigen andern Sachen verdeutscht. Conf. SEVERUS *de Parochiis Mogunt.* pag. 38 & Corn. Loos *in Catalogo script. german.*

107) Hermann Tyräus.

(Gest. 1591.)

Ein Jesuit und Rektor des Kollegiums zu Mainz, allwo er auch im J. 1591 gestorben ist. Unter seine Schriften zählt man: 1) Liber de religionis libertate. 2) Ueber die Augsburger Confession.

108) Johann Agricola.

(Um das J. 1592.)

Ein Benediktiner im Kloster zu Amorbach, der zwey Bände Predigten geschrieben hat. Conf. *Gropp histor. Amorbac.* pag. 157.

109) Kornelius Loos.

(Gest. 1595.)

Ein zu Gouda in Holland gebürtiger Priester, der sonst auch unter dem Namen

Cornelius Callidius Chrisolopolitanus vorkommt. Er ward zu Mainz Doktor der Theologie und wohnte viele Jahre lang allda. Er war einer der gelehrtesten und einsichtigsten Männer seiner Zeit, wurde aber von seinen Zeitgenossen verkannt. Nebst vielen andern Werken schriebe er auch eine Apologie für die Hexen und Zauberer, um denen damals überhand genommenen Verfolgungen so vieler der Hexerei und Zauberei beschuldigten unschuldigen Menschen Einhalt zu thun. Als er aber anfieng dieses Buch heimlich drucken zu lassen, so ward sein Vorhaben verrathen, und er war genöthigt von Mainz zu entfliehen. Zu Trier ward er jedoch erwischt, und muste seine Meinungen widerrufen. Als er aber sich nachher von Neuem verdächtig gemacht, daß er seine alte Meinung nicht abgelegt habe, so ward er zu Brüssel eingekerkert und starb allda am 3ten Hornung 1595. Conf. DELRIO Lib. V. *magicarum disquisit.* Sect. IV. & *in Appendice* p. 117.

Von seinen herausgegebenen Werken hat man folgende: 1) Apologia in orationem PHILIPPI *Marnixii* pro MATHIA *Archiduce Austriæ* & ordinibus belgicis *Wormatiæ* habitam. 2) De tumultuosa *Belgarum* rebellione sedanda. 3) *Catalogus illustrium* Ger-

Germaniæ scriptorum. 4) Defensio contra *Christianum Frankenium* cæterosque Sectarios ἀςτολατςείαν impie asserentes. 5) Thuribulum aureum sanctarum precationum. 6) Duellum fidei & rationis. 7) Scopæ latinæ ad purgandam linguam a barbarie. 8) Ecclesiæ venatus, seu altera ejus functio circa fidei ministerium in reducendis deviis. 9) Apparatus mensæ dominicæ. 10) Officium S. Sacramenti. 11) Epitome MELCHIORIS CANI *de locis Theologicis.*

110) Johannes Latomus.

(Gest. 1598.)

Er war gebürtig zu Frankfurt am 24ten Jänn. 1524, studierte zu Mainz, Kölln und Freiburg, und ward Pfarrer und Dechant im St. Bartholomäusstift zu Frankfurt, auch Kaiserl. Bücher Commissarius allda. Er starb daselbst im J. 1598 und ward in gedachter Kirche begraben und mit einem Denkmal von Erz beehret. Er hat geschrieben:

1) Eine Geschichte der Bischöfe von Mainz.
2) Eine Geschichte der Fürsten von Austrasien.
3) Antiquitates Francofurtenses.
4) Origines & progressus Cœnobii Canonicorum regularium Ord. S. Augustini de Corsendoncq. Antwerpiæ 1644.

 5)

5) Acta aliquot vetustiora in civitate Francofurtensi, ab ætate *Pipini parvi* Francorum Regis, usque ad tumultum rusticum an. 1525.
6) Collectanea de bello Bavarico an. 1504.
7) Genealogia *Brabantiæ Ducum*, fundatorum Collegii *S. Bartholomæi* Francofurti. Ubi & habetur vetustissima *Litania* tempore Regis LUDOVICI *Germanici*.

Conf. MENCKEN. *Scriptores rer. Germ.* Tom. III.

111) Philipp von Rosenbach.

(Gegen Ende des XVI. Jahrh.)

Des Kurfürsten Wolfgangs von Mainz Hoffanzler, der ein Verzeichniß der Erzbischöfe von Mainz herausgegeben hat.

112) Jakob Kampius.

(Zu Anfang des XVII. Jahrh.)

Er war Erzbischöfl. Mainzischer Protonotarius und der Verfasser oder Mitarbeiter des Theatri Urbium. Conf. SERAR. *Rer. Mogunt.* Lib. I. pag. 61.

113) Heinrich Garet.

(Gest. 1602.)

Ein Doktor der Arznei und Kurfürstl. Mainzischer Leibarzt, gebürtig zu Löwen, starb

starb zu Mainz am 5ten April 1602. Er hat herausgegeben: *Consilia variorum*, Jacobi sylvii, Johannis Fernelii, Hieron. Triveris &c. wie auch eine Abhandlung *de Arthriditis præservatione & curatione.* Conf. *Joecher* in Lexico.

114) Jakob Zittard.

(Um das J. 1602.)

Ein Prediger Mönch, der im Jahr 1602, wo er Prior zu Mainz gewesen, ein polemisches Werk über alle streitige Glaubens-Artikel herausgegeben hat.

115) Johann CYGNEUS.

(Nach dem Jahr 1602.)

Ein Priester zu Mainz, der ein Werk herausgegeben hat, unter dem Titul: Replica contra *Theologos Wittenbergenses & Gottfridum Rabum* Apostatam Augustanum, edit. 1602. Conf. *Joecher* im gelehrten Lexicon.

116) Johann Armbruster.

(Gest. 1603.)

Ein zu Mainz gebürtiger Jesuit, und Professor der lateinischen und griechischen Sprachen zu Speier, hat geschrieben: 1) *Olivetum Spirense.* 2) Comploratio in mortem

DANIELIS *Archiepiscopi Moguntini.* 3) Uiber die Verehrung der 14 heil. Nothhelfer, in Versen. Er ist gestorben am 27ten März 1603, im 50ten Jahr seines Alters.

117) Melchior Zänger.

(Um das Jahr 1606.)

Ein Mainzer Jesuit, der herausgegeben hat: 1) Collatio orthodoxiæ Catholicorum cum Novatorum sectariorumque idolomania. 2) Erweisung, welcher Gestalt Martin Luther die heilige Schrift den Hauptsprachen und der ganzen katholischen Kirche theologischem Verstande zuwider, an verschiedenen Orten ungleich verdollmetscht hat.

118) Konrad Bauer.

(Nach dem J. 1607.)

Ein Benediktiner zu Seligenstadt und Prior daselbst, beschrieb im J. 1607 die feierliche Besichtigung der Reliquien zu Seligenstadt, welche der Kurfürst Johann Suikard damals vorgenommen hat. Sieh WEINKENS *Eginhardus illustratus* pag. 49.

119) Paul Hoffäus.

(Gest. 1608.)

Ein zu Bingen gebürtiger Jesuit, der seine Studien zu Rom gemacht, zu Bononien

nien Doktor der Theologie geworden, und zu Wien als Professor und Studiendirektor gestorben ist. Er gab heraus: 1) den Römischen Katechismus, ins deutsche übersetzt. 2) Eine Abhandlung von dem Abendmal unter einer Gestalte. 3) Eine Widerlegung des Smidelins und des Spangenbergs.

120) Niklas Serarius.

(Gest. 1609.)

Ein berühmter Jesuit zu Mainz, gebürtig zu Rambervill in Lothringen. Er besaß grose Kenntnisse in der Theologie, Geschichtkunde und in den Orientalischen Sprachen, und war zuerst zu Wirzburg, hernach zu Mainz Professor der heil. Schrift, daß er auch in Rabbinischen Schriften wohl erfahren gewesen, sieht man aus seinen Commentariis, die er über die Bücher Josua, der Richter, der Könige, Esther rc. verfertigt hat. Scaliger, welcher wider ihn geschrieben, nennet ihn einen überaus gelehrten Jesuiten. Unter seinen vielen gelehrten Werken, die durch den Druck bekannt gemacht worden, ist seine Mainzer Geschichte betittelt *de rebus Moguntiacis Libri quinque* das berühmteste. JOANNIS hat es mit den vom Baron von Gudenus erhaltenen Zusätzen und Verbesserungen sehr vermehrt von neuem her-

herausgegeben, und dasselbe ist noch bis jetzt das Hauptwerk, so man über die Mainzer Geschichte aufzuweisen hat.

Nebst diesem hat er zum Behufe der Mainzer Geschichte die Sendschreiben des heil. Bonifaz gesammelt und zum Drucke befördert. Dieselben sind auch in der Bibliotheca Magna Patrum Tomo VIII, kürzlich aber im J. 1789 zu Bingen durch die Bemühungen des Herrn Weibischofs Würdtwein sehr vermehrt herausgekommen. Sieh oben im I. Bande dieser Beyträge S. 340.

Ferner hat Serarius herausgegeben: 1) Josuani sacerdotes. 2) De pœnitentia Salomonis. 3) Naaman syrus, jam sanus. 4) *Trihæresion*, sive de sectis Judæorum, scilicet *Pharisæorum*, *Sadducæorum* & *Essenorum*. Es ist wider Joseph Scaliger und Johann Drusius gerichtet, und ist mit des Drusius und Scaligers Schriften im Jahr 1703 zu Delft von neuem gedruckt worden. 5) De *Lutheri* cum diabolo disputatione. 6) De S. Paulo & de Juda proditore. 7) *Rabbini* Lib. 2. 8) *De Apostolis*, dissertatio in centum assertiones distributa. 9) Laudes *S. Kiliani*, cum notationibus. 10) Luthers Nachtlicht, das ist, Bericht von der ersten Erleuchtung Martini Lutheri. 11) Par sanctorum Comitum, *Godefridus Westphalus* & *Roma-*

Romaricus Austriacus. 12) Disputationes super symbolum *Athanasianum.* 13) Tract. de efficacia gratiæ Christi. 14) *Prothyron Paulinum.* 15) Disputatio de Legibus. 16) De extrema unctione. 17) De Matrimonio Catholicorum cum hæreticis. 18) Libri duo contra *Franciscum Puccium.* 19) Contra Orationes Luthero-Turcicas. 20) Litaneutici; Lib. duo. 21) De sacris ecclesiæ catholicæ Processionibus. 22) De *Lutheri* Magistro. 23) De Magistro *Calvini.* 24) De Ss. Trinitatis Doxologia. 25) Loci apologetici pro Luthero. 26) Prolegomena biblica. 27) *Commentarii plures* in Josue—Judices—Ruth—Tobiam—Ester—Judith—Machabæos—epistolas Ss. Jacobi, Joannis, Petri & Judæ. 28) Quæstiones de *S. Nicolao.* 29) Tractatus de *Paradiso.* 30) Epistolæ plures & opuscula varia &c.

Ein grosser Theil dieser Schriften ward im J. 1611 zu Mainz in drey Foliobänden zusammengedruckt, die Uibrigen aber kamen nur einzeln heraus, und mehrere sind wiederholter aufgelegt worden. Conf. SOTVELLUS *in Catalogo script. Soc. J.* JOECHER im gelehrten Lexicon, und von Ludwig *de Scriptor. Wirteburg.*

121) Johann Busäus.

(Gest. 1611.)

Ein zu Nimwegen gebürtiger Jesuit und berühmter Professor der Theologie zu Mainz, der am 30ten May 1611 im 64ten Jahr seines Alters gestorben ist. Er hat folgende Schriften herausgegeben:

1) Disputatio de jejunio & delectu ciborum adversus *Chemnitium*. Mog. 1581. 2) Disputatio de persona Christi, adversus *Ubiquetarios*. Ib. 1583. 3) *De descensu Christi ad inferos*, adversus decretum libri concordiæ Lutheranorum. Colon. 1585. 4) Apologia disputationis de persona Christi, contra *Steph. Gerlachium* ubiquistam. 5) Refutatio cavillationum ejusdem Gerlachii. Mog. 1591. 94. & 96. 6) *Enchiridion piarum meditationum* in omnes Dominicas, sanctorum festa & Christi passionem &c. Mog. 1605. & dein sæpius alibi recusum. 7) Modus recte meditandi de rebus divinis. Mog. 1606. 8) Panarium, sive arca medica adversus animi morbos. Mog. 1608. 9) Viridarium christianarum virtutum. Mog. 1610. 10) De Statibus hominum, *opus posthumum*. Mog. 1613. 11) Apodixis theologica pro ritu orandi Rosarium B. M. V. Mog. 1587. 12) Depulsio cavillationum, quibus Calvinista quidam Heidelbergensis ejusmodi apodixin obscu-

obſcurare fruſtra conatus eſt. Herbipoli 1588. 13) Apologia pro *Calendario Gregoriano*, contra Herbrandum Doctorem Tubingenſem. Mogunt. 1585. 14) *Paradoxa Schwenckfeldii*, de Chriſto Deo & homine. Mog. 1595. 15) Reſponſio ad Theſes Theologorum Marpurgenſ. de Miſſa Pontificia & cœnæ Dominicæ profanatione. Mog. 1588. 16) Disputatio de Baptismi neceſſitate & de baptismo Conſtantini Magni. Mog. 1589.

Ueber dieſes hat er auch viele Werke anderer Authoren von neuem auflegen laſſen, und zum Theil mit Vorreden und Anmerkungen verſehen. Nämlich 1) *Petri Bleſenſis* Opera correcta & annotationibus illuſtrata. Mog. 1600. 2) *Trithemii* de ſcriptoribus eccleſiaſticis & utriusque appendicem. Mog. 1602. & 1606. 3) *Ejusdem* opera pia & ſpiritualia omnia. Mog. 1605. in folio. 4) *Anaſtaſii* hiſtoriam de vitis Pontificum usque ad Nicolaum I. adjectis duabus aliis vitis ex *Guilielmo Bibliothecario*, cum variis lectionibus ex MS. Cod. Mog. 1602. 5) *Luitprandi Ticinenſis* vitas Pontificum. 6) *Abbonis Flor.* Epitomen de vitis Pontificum ex Anaſtaſii hiſtoria excerpta. Mog. 1602. 7) *Hincmari Rhemenſis* epiſtolas nonnullas nunquam editas, cum notis. 8) Vitas *S. Wigberti*, *S. Bonifacii* & *B. Ruperti* Bingionum Ducis,

Ducis, authore *S. Hildegarde.* Mog. 1602. 9) *Litteras Indicas*, *Japonicas & Chinenses* ab an. 1591 usque 1600. Moguntiæ, Coloniæ & alibi impressas. 10) *Vincentii Bruni* meditationes, Tomi quatuor, & 11) *ejusdem* tractatum de sacramento pœnitentiæ. Coloniæ 1698. 12) *Fulv. Androtii* opuscula de frequenti communione. Mog. 1598. 13) *Ejusdem* de passione Domini. Colon. 1603. 14) *Lucæ Penelli* meditationes de Sancto Eucharistiæ Sacramento. Item de vita Christi & B. M. V. Colon. 1601. 15) Paralipomena opusculorum *Petri Blesensis & Joannis Trithemii*, aliorumque. Mog. 1605. 16) *Casparis Loartis* quindecim mysteria Rosarii. 17) *Francisci Ariæ* Tract. de imitatione B. M. V. Colon. 1602. 18) *Ejusdem* de profectu spirituali, de diffidentia sui & de mortificatione. Colon. 1603. 19) *Barth. Ricci* instructionem meditandi. 20) *Bellarmini* Responsionem de censuris ad Venetos. 21) *Wilhelmi Baldesani* stimulum virtutum hat er aus dem Italiänischen übersetzt, und zu Mainz 1595 drucken lassen.

122) VITUS MILETUS, *Gamundianus.*

(Gest. 1615.)

Gebürtig zu Gemünden, studierte zu Rom im deutschen Kollegium, und ward allda Doktor

Doktor der Theologie. Als er nach Deutschland zurückgekommen, predigte er eine Zeitlang zu Erfurt, ward aber bald nach Mainz berufen, und zum Dechant im Liebfraustift, im J. 1597 gewählt. Kurfürst Johann Suikard machte ihn zum geistlichen Rath und brauchte ihn mehrmalen zu Gesandschaften nach Rom. Er erhielte auch die Probstei zu St. Moriz, und Kanonikate zu St. Peter und zu St. Viktor, und ward endlich noch Domherr zu Breslau. Sein lezter Tage war der 11te Sept. 1615. Er hat durch den Druck herausgegeben: 1) Theses de *justificatione.* 2) Conciones de festó *Corporis Christi.* 3) Speculum Jesuiticum. 4) Speculum Catholicum. 5) De nostri temporis Hæreticorum sexcentis, in sola re sacramentaria erroribus. 6) Refutatio sexcentorum errorum Pontificiorum, quos *Tilmannus Heshusius* & ejus gener *Olearius* Catholicis affinxerunt. Conf. SERARIUS *de doctis Moguntinis* & JOECHER voce *Gamundianus*, wo er aber sehr irret, daß er ihn zum Jesuiten machet, wofür ihn Serarius nicht anerkannt hat.

123) Justus Baronius.

(Um das J. 1618.)

Er hieß eigentlich Johann Kalvinus, und veränderte seinen Namen, als er im Jahr

1601. zu Rom die Lehre Kalvins verließ. Jöcher sagt, daß er im Klevischen zu Santes gebohrn seye, er selbst aber nennet sich *Veterocastrensis.* Nach seiner Rückkehre aus Italien ward er Doktor der Theologie und kam nach Mainz, wo er von dem nachherigen Kurfürsten Johann Suikard sehr gut aufgenommen worden ist.

Unter seine Schriften gehören: 1) De suo ad ecclesiam Catholicam accessu *apologia* 2) Præscriptionum adversus hæreticos perpetuarum ex Ss. orthodoxis Patribus tractatus sex. 3) Pseudojubilæum Wittembergense, adversus *Hunnium & Lutherum.* 4) Vindiciæ pro præscriptionibus suis. 5) Auch hat er zwei Werke des heil. Augustins de unitate ecclesiæ & de utilitate credendi mit Anmerkungen herausgegeben.

124) Gisbert Schevich.

(Gest. 1622.)

Ein Jesuit zu Mainz, gebürtig von Arnheim, war Doktor und Professor der Theologie zu Mainz, wo er auch im 64ten Jahr seines Alters gestorben ist. Er hat geschrieben: 1) De Trinitate Lib XII. 2) De Ecclesiasticorum vita, moribus & officiis Lib. III. 3) Ein deutsches Sodalitätsbuch.

125) Martin Becanus.

(Gest. 1624.)

Ein zu Hilvarenbeck in Brabant gebürtiger Jesuit, der 22 Jahre lang zu Wirzburg, Mainz und Wien die Theologie mit vielem Ruhm gelehret hat. Durch seine Fertigkeit und Deutlichkeit im Vortrag hat er sich besonders berühmt gemacht. Der Kaiser Mathias hatte ihn zum Lehramte nach Wien berufen, und Kaiser Ferdinand II. machte ihn zu seinem Beichtvater. Er starb allda an der Cholick am 24ten Jänn. 1624. Seine mit vieler Deutlichkeit geschriebene Werke sind zu Mainz in zwei Foliobänden 1630 und 1649 wiederholter herausgegeben worden, und bestehen in folgenden:

1) Theologia Scholastica. 2) *Controversia Anglicana* de potestate Regis & Pontificis. 3) Defensio *Cardinalis Bellarmini.* 4) *Manuale* Controversiarum. 5) Compen. ejusdem *manualis.* 6) De statu animarum post hanc vitam. 7) De censuris ecclesiasticis. 8) De resurrectione Corporum. 9) *Analogia* vet. & novi Testamenti. 10) Laudes Sorbonicæ. 11) Privilegia Calvinistarum. 12) De triplici sacrificio 13) De fide Deo servanda. 14) De republica ecclesiastica contra *Marcum Ant. de Dominis.* 15) De Ecclesia Christi. 16) Examen concordiæ Angli-

glicanæ. 17) De Pontifice Vet. Test. & comparatione ejus cum Rege. 18) Epistola ad *Fridericum Balduinum* de communione sub utraque. 19) Epistola ad *Davidem Paræum* de actis colloquiorum *Swalbacensium* & de fide hæreticis servanda. 20) Tractatus de Jure & justitia. *Conf.* Sotvell. *Biblioth. Script. S. J.* Harzheim *Biblioth. Colon.* Joecher &c.

126) Christoph Mihr.

(Gest. 1625.)

Ein zu Aschaffenburg gebürtiger Jesuit, der zu Heidelberg einen Katechismus und ein Gebetbuch herausgegeben hat. Er starb zu Fulda im Jahr 1625.

127) Jahann Antoni.

(Um das Jahr 1628.)

Gebürtig zu Wittlich im Kurtrierischen, ward Benediktiner auf dem St. Jakobsberg zu Mainz und gab als Prior daselbst im J. 1628 eine Chronick seines Klosters heraus, welche Johannis seinem zweiten Bande von Mainzer Sachen einverleibt hat.

128) Rudolf Clutius.

(Um das Jahr 1632.)

Ein zu Luxemburg gebürtiger Dominikaner, der lang zu Mainz Prediger gewesen ist. Er

Er gab heraus: 1) Sermones Dominicales & de Sanctis, die insgemein nur *Dormi secure* genannt wurden. 2) *Joannis de Voragine* Sermones quadragesimales cum ejusdem Mariali. 3) *Wilhelmi Peraldi* summa virtutum & vitiorum. *Joecher*.

129) Georg Hellwich.

(Gest. 1632.)

Gebürtig zu Mainz am 21ten Jul. 1588 *a*) ward am 23ten März 1610 Vikarius im Ritterstift St. Alban, im J. 1616 aber Vikarius im hohen Domstifte. Von Jugend an hat er sich mit vielem Eiffer den Wissenschaften gewidmet, und insonderheit um die Mainzer Geschichte sehr verdient gemacht: denn er ist der erste gewesen, der mit ausserordentlichem Fleisse die verborgene Urkunden in den Archiven und Schränken hervorgesucht, unbekannte Thatsachen zum Behufe der Mainzer Geschichte aus dem Quellen gesammelt, geordnet und der Welt mitgetheilt hat. Hellwich hat, wie der Baron von

a) Sein Vater war Lorenz Hellwich von Osthofen, Domprobstei=Amtmann zu Mainz, dem er in der Pfarrkirche zu St. Emmeran ein Grabmal errichten lassen, welches bei SEVERUS *Parochiæ intra urbem Mogunt.* p. 86. zu lesen ist.

Gudenus sich ausdrückt, *a*) so grosse Verdienste um die Mainzer Geschichte, daß ihn Mainz mit einem dankbaren Gedächtniß ewig verehren soll. Er hat vieles in Versen und in ungebundener Rede zierlich geschrieben, auch einige davon zum Druck befördert, nämlich:

1) *Nobilitas Ecclesiæ Moguntinæ.* Moguntiæ 1614 in 4to.

2) *Prodromus Annalium Wormatiensium.* Moguntiæ 1615 in 4to. Die Annales selbst hat er nicht geendigt, und sind nicht im Druck erschienen.

3) *Elenchus Nobilitatis Ecclesiæ Moguntinæ.* Moguntiæ 1623. in 4to. Joannis hat dieses Werk Tom. II. *Script. Mogunt.* pag. 205. von neuem auflegen lassen.

4) Abbildungen der Kurfürsten von Mainz in Kupferstichen, von Konrad *III.* bis auf Johann Suikard. Frankfurt 1624. diese Abbildungen sind bis auf unsere Zeiten fortgesetzt worden, und noch im St. Rochus Hospital käuflich zu haben.

5) *Moguntia devicta*, sive de dissidio inter duos Archiepiscopos DIETHERUM & ADOLFUM. Francof. 1626.

6) CONRADI, *vel potius* CHRISTIANI *Chronicon rerum Mogunt.* cum annotationibus,

a) *Cod. diplom.* Tom. II. p. 926

bus, Francof. 1630. Diese zwei letzte Werke hat Joannis in II. Bande auflegen lassen.

7) *Antiquitates Laurishamenses*. Francof. 1631 und stehet auch in des Joannis IIIten Bande.

Von seinen handschriftlich hinterlassenen Werken sind nach seinem Todt zum Druck befördert worden:

8) *Genealogia Kolbiana sive Wartembergica*. Johann Kasimir Kolb von Wartenberg ließ es zuerst seiner, zu Zweybrücken gedruckten sogenannten väterlichen Instruction an seine Kinder beifügen; hernach aber kam es im J. 1710 zu Amsterdam vermehrt heraus, unter dem Titul: *Historia & Origenes* S. R. J. Comitum de Wartenberg.

9) *Chronicon Monasterii, hodie vero ecclesiæ equestris ad* S. Albanum *extra muros Moguntinos*. Er hat drei immer verbesserte Handschriften davon hinterlassen; und JOANNIS hat es im zweiten Bande sehr vermehrt herausgegeben.

10) *Elenchus Suffraganeorum Moguntinorum in partibus Rheni*. Joannis hat es vermehrt und im IIten Bande heraus gegeben.

11) *Brevis historia Coenobii albarum Dominarum* in urbe Moguntina. Auch dieses hat Joannis verbessert und im IIten Bande zum Druck befördert.

12) Vollständiges Verzeichniß des Rheinischen Adels, samt Stammtafeln und Wappen. Bei seinem Todt war es noch nicht geendigt. Humpracht erhielte nachher die Handschriften davon, setzte es bis auf seine Zeiten fort, und gab es im Jahr 1707 zu Frankfurt heraus, unter dem Titul: die höchste Zierde Deutschlandes rc.

Noch mehrere Schriften hat er unvollendet hinterlassen, die nicht zum Druck gekommen sind, als: *Antiquitates Moguntinæ*, — *Epitaphia & sepulchrorum inscriptiones*, — *Annales Wormatienses* und andere. Auch hat er viele zierliche Grabschriften und andere kleine Werke geschrieben, die zum Theil im Druck erschienen sind. Ob aber die im J. 1613 in 4to herausgekommene Mainzische *Chronica* samt Beschreibung aller Bischöffe, Erzbischöffe und Churfürsten Wappen ihn zum Verfasser habe, ist ungewiß.

Er starb am 5ten Dezemb. 1632 zu Mainz, im 45ten Jahr seines Alters, und ward in der Kirche des Frauenklosters zu den weissen Frauen, wo er seit 1625 auch Altarist gewesen, beerdigt, und hat kein Grabmal.

Conf. GUDENUS *in Cod. dipl.* T. II. p. 925 & in Præfationibus. JOANNIS *Script. rer. Mogunt.* T. I. in præfat. T. II. p. 419. 715. & alibi. Item JOECHER & alii.

130)

130) Adam Contzen.

(Gest. 1635.)

Ein im Herzogthum Jülich gebürtig Jesuit und vieljähriger Professor der heil. Schrift zu Mainz. Durch seine grosse Känntnisse in der Griechischen, Hebräischen, Sirischen und Chaldäischen Sprache hat er sich bey der gelehrten Welt vorzüglich berühmt gemacht. Er ward auch Beichtvater des Fürstbischofs zu Bamberg und Wirzburg, und hernach des Kurfürsten Maximilian von Baiern; und starb am 19ten Jun. 1635. Folgende Schriften hat er durch den Druck bekannt gemacht:

1) Defensio *Bellarmini Cardinalis*, de gratia primi hominis. Mog. 1613. 2) *Defensio ejusdem librorum* de peccato contra Danielem Paræum. Mog. 1614. 3) *De hæreseon incremento*, & utrum annus 1711. sit mundi ultimus. 4) *Consultatio de unione & Synodo generali Evangelicorum.* Mog. 1615. 5) *De pace Germaniæ* lib. duo. Mog. 1616. 6) Disceptatio *de Secretis societatis Jesu*. Mog. 1616. 7) *Jubilæum Evangelicorum & piæ lachrymæ Catholicorum*, quo ostenditur, quam immerito Evangelici suæ sectæ Jubilæum celebrarint. Mog. 1618. 8) Das nämliche Werk in deutscher Sprache. Mainz 1618. 9) *Chronologia jubilæi evan-*

 gelici.

gelici. Mog. 1618. 10) Coronis omnium jubilorum anno ſæculari evangelico ſcriptorum. Mog. 1618. 11) Der Samen der Ketzer. Maintz 1619. 12) *Politicorum* libri decem. Mog. 1620. 13) *Methodus doctrinæ civilis*, ſeu Abiſſini Regis hiſtoria. Colon. 1628) 14) *Daniel*, ſive de ſtatu, vita & virtutibus aulicorum & Magnatum. Colon. 1630. 15) *Reſponſio ad problemata ſaxonica* pro fida pace Germaniæ. 16) Palma ſæcularis Lutherano-Evangelica. 17) *Aſinus palmarum*. ſeu pædagogus Halenſis *Sigismundus Evenius*, furens in tyrannide pontificia ſæculari. Mog. 18) *Commentaria in IV Evangelia.* Tomi duo in folio Colon. 1626. 19) Comment. in Epiſtolam *S. Pauli ad Romanos.* Colon. 1629. 20) Comm. in epiſtolas. *S. Pauli ad Corinth. & Galatas.* Colon. 1631. 21) De Academia *Molsheim*, tuenda & augenda. Eine Einweihungsrede bei Errichtung der Universität zu Molsheim. 22) De cauſis bellorum præſentis temporis. 23) Proba cenſuræ ſuper epiſtolam ſeditioſam. 24) De Conventu FERDINANDI II. Cæſaris & Electorum Imperii *Ratisbonæ.* 25) Inſtructio de jubilo jubilorum ad Neuhauſianos.

Conf. SOTVELLUS *in Biblioth. Script. Soc. J.* HARZHEIM, JOECHER, ALEGAMBE & alii.

131) Christian Mayer.
(Gest. 1634.)

Ein zu Mengelrode im Eichsfelde gebürtiger Jesuit und dieses Ordens Novizenmeister zu Trier. Man hat von ihm 1) Enchiridion industriarum præcipuas piæ vitæ exercitationes continens, und 2) Diarium meditationum anniversariarum. Conf. *Joecher*.

132) Wilhelm von Metternich.
(Gest. 1636.)

Ein Ritter aus dem Köllnischen, gebohrn 1563, trat in den Jesuiter Orden, und war lange Jahre hindurch Prediger zu Mainz; schrieb unter einem fremden Namen: 1) Iter vitæ, sive comment. in orationem Dominicam. 2 De actu contritionis, examine conscientiæ & oratione pro defunctis. 3) De antidotis contra ebrietatem, juramenta & blasphemias. Conf. *Joecher*.

133) Joh. Reinhard Ziegler.
(Gest. 1636.)

Ein zu Oedickhofen bei Speier im J. 1569. gebürtiger Jesuit, der die Philosophie, Mathesis und Theologie zu Mainz gelehrt hat, und dreier Kurfürsten von Mainz Beichtvater gewesen ist. Er gab *Christophori Clavii* opera ab ipso authore recognita zu Mainz hera heraus. 2) Trauerreden auf die Kurfürsten Johann Suikard und Georg Friderich. 3) *Provisional Vidimus* und *recepisse* wider den Kursächsischen Oberhofprediger Matthäus Horn. Conf. *Joecher*.

134) Maximilian Faust.

(Gest. nach 1641.)

Ein zu Aschaffenburg gebürtiger Doktor der Rechte, ward Advokat und Syndikus zu Frankfurt am Main, und gab im J. 1641. Consilia pro ærario zu Frankfurt in Folio heraus, an welchen er 20 Jahre gesammelt hat. Conf. *Joecher*.

135) Wolfgang Siegmund von Vorburg.

(Gest. 1645.)

Er war Dechant im Stift zu Aschaffenburg, auch Erzbischöflicher Kommissarius allda und geistlicher Rath zu Mainz. Er hat zwo Abhandlungen geschrieben, denen er den Titul Archivum consistoriale Diœcesanum gegeben hat. Die erste handelt von den Rechten der Kaiser, Bischöfe und aller gattung Personen und Sachen überhaupt; die zwote aber enthält das Organum & Directorium practicum darüber.

136) Guikard Beck.

(Um das J. 1647.)

Ein Minorit aus dem Mainzischen, der das Leben der heil. Anna und einen Band Predigten über die Schwere der Sünde geschrieben hat.

137) Adam Aniol.

(Um das J. 1650.)

Ein zu Mainz gebürtiger Minorit, der im Jahr 1646 das Leben des heil. Franz von Assiß nach dem lateinischen des heil. Bonaventura herausgegeben hat.

138) Philipp Möring.

(Gest. 1652.)

Gebürtig zu Duderstadt, ward Doktor der Rechte zu Helmstadt und Rath der Herzoge von Braunschweig. Er hat geschrieben: 1) Dissertationes duas de amicitia & de magnificentia. 2) Oratio de Georgio Anhaltinonorum Duce. 3) De Martino Luthero.

139) Leonard Colchen.

(Gest. 1653.)

Ein Benedictiner, der zu Sant Tront diesen Stand annahm, hernach Vorsteher des Erziehungshauses der Bursfelder Kongregation

tion ward. Im Jahr 1621 ward er als Prior nach Seligenstadt berufen und im J. 1625 zum Abten allda gewählt. Er starb am 29ten Nov. 1653 und hinterließ folgende Schriften: 1) Beweiß, daß Eginhard zu Seligenstadt gelebt, gestorben und begraben seye. 2) Memoriale eorum, quæ in renovatione reliquiarum contigerunt in Monasterio Seligenstadiensi. 3) Ein lateinischer Auszug aus der Mainzer Geschichte, mit eingezeichneten Wappen, bis auf seine Zeiten.

XIV.

Nachricht von dem Uiberfall des Schlangenbades durch den französischen Partheigänger Kleinholz, und von der dabei vorgenommenen gefänglichen Hinwegführung des Deutschmeisters Franz Ludwigs von Pfalz Neuburg und anderer Kurgäste. 1709.

Anmerkung. Das berühmte Bad Schlangenbad im Rheingau liegt zwo Stunden von Eltvill und vier von Mainz, und fienge damals an, durch die Bemühungen des Kurfürsten Lothar Franz in sehr blühenden Zustand

stand zu kommen, *a*) als die Franzosen von Trier aus einen Anschlag machten, die dortigen Gäste aufzuheben. Man hatte sich allda um so weniger eines Uiberfalls versehen, weil die Armeen damals sehr weit entfernt, und das Schlangenbad über dem Rhein und in der Nähe von Mainz, wo ziemliche Besatzung gewesen, gelegen war. Zwo Beschreibungen von diesem Uiberfall liefere ich hier, die in einigen Nebenumständen von einander unterschieden sind, besonders in Betref des Tages, wo dieser Vorfall geschehen ist, indeme die eine den 13ten und die andere den 17ten Jul. 1709 angiebt. Ich vermuthe aber, daß in dem theatro Europæo der 13te anstatt 17te Jul. durch einen Schreibfehler gesetzt worden, weil der Schultheis, der die zwote Beschreibung in seinem Buch aufgezeichnet hat, ein Augenzeuge von dem Vorfall gewesen ist, und sonst bei seinem Aufzeichnen ziemlich genau zu Werke zu gehen pflegte.

Erste

a) Der berühmte Prinz Eugen von Savoyen ist auch im Jahr 1708 vom 10ten bis 22ten Jun. zu Schlangenbad gewesen, nachdeme er sich am 9ten Jun. mit den Kurfürsten von Mainz und von Hannover zu Frankfurt unterredet hatte. *Theatrum Europ.* pag. 24.

Erste Beschreibung,

aus dem Theatro Europæo Th. XVIII. 1709. S. 133.

„Den 13. Jul. frühe gegen 3 Uhr kam eine französische Parthey ungefehr 40 Mann stark unter dem Parthengänger Kleinholz, und war so verwegen, in dem Schlangenbade das Mainzische Haus, wie auch den Hessischen Bau a) zu überfallen, da sie denn Seine Hochfürstl. Durchl. den Deutschmeister samt dem Prinzen von Mecklenburg, wie nicht weniger einen Grafen von Solms-Braunfeld, etliche holländische Kaufleute und den Postmeister zu Cassel, samt einigem Frauenzimmer hinweg nahmen. Nun wollte zwar der Oberstallmeister des Herrn Deutschmeisters, Herr von Westernach, wie auch der Mundschenke ihren Fürsten retten, sie wurden aber alsofort todtgeschossen. Hierauf plünderten die Franzosen die Zimmer in höchster Eile völlig aus, und giengen mit den Gefangenen fort. Unterdessen schickte der junge Fürst von Taßis einen Kurier nach Mainz,

a) Zu Schlangenbad sind blos Herrschaftliche Gebäude, die durch einen kleinen Bach voneinander getrennt sind. Das Kurmainzische Hauptgebäude, welches der Kurfürst Lothar Franz gebauet hat, wird das Mainzer Haus, das Fürstlich Hessische aber der Hessische Bau genannt.

Mainz, und der Jäger des entführten Deutschmeisters ritte den Feinden nach, machte überall lermen, und brachte die Bauern zusammen, welche denn auch das Glück hatten, daß sie diese feindliche Parthey zwischen Rauenthal und Ridderich umringten, und sie bald nöthigten, das Gewehr niderzulegen, nachdem ihrer zuvor 9 erschossen worden, wodurch die Gefangenen allesamt glücklich entkamen; die übrigen Partheygänger aber an 35 bis 36 Mann wurden nach Mainz gefangen geführt."

Zwote Beschreibung,

aus dem Handbuch des damaligen Schultheisen Georg Hofmann zu Rauenthal im Rheingau.

„Den 17ten Jul. 1709 hat eine französische Parthey vermessener Waghälse von ohngefähr 50 Mann sich nächtlicher Zeit aufs Schlangenbad practizirt, daselbst eine Stunde vor Tag des Hrn Deutschmeisters hochfürstliche Durchlaucht nebst noch andern hohen Curgästen, nachdem sie vorher sich mit unglaublichen Raub an Geld, Silbergefäsen, Kleidung rc. beladen gehabt, gefänglich angenommen, und getrachtet solche hohe Gefangene, mittels schnöder Einbildung, daß weilen das Land Rheingau unter französischer Contribution stünde, sie mit diesen ho-

 hen

hen gelichteten Herrn, ohne Sorge und Gefahr müsten durchdringen und auf die andere Seite des Rheins kommen. Zu dem Ende, als diese vermessene Parthey mit den hohen Gefangenen, zwölf an der Zahl, morgens gegen 7 Uhr hierdurch (Rauenthal) *a*) marschirt, der Partheyführer voran zu mir vor mein Haus kommen mit des Herrn Deutschmeisters Bedienten Montur angethan, eine Flinte auf dem Armen haltend, mich angeredet und befraget, ob ich der Major *b*) in diesem Flecken wäre? dem ich geantwortet, was er verlange, meinend daß er einer von des Herrn Deutschmeisters Bedienten wäre, weil er dessen Montur anhatte; darauf er mir

a) Rauenthal liegt zwischen Eltwill und Schlangenbad, von jedem eine Stunde weit entfernt. Die Franzosen nahmen ihren Weeg nicht über Neudorf um an den Rhein zu kommen, weil sie ohnweit dem Flecken Erbach am sogenannten Heidenfart über den Rhein setzen wollten; und dahin war der nächste Weeg über Rauenthal zwischen Eltwill und Kiderich hin, den sie auch eingeschlagen haben.

b) Der Franzos mag wohl *Mayeur* oder Mayer gesagt haben, gleichwie man die Ortsschultheise in Lothringen und angrenzenden Gegenden zu nennen pflegt, welches der Rauenthaler Schultheis für Major verstanden hat.

mir kühn geantwortet, sie seyen Franzosen, und hätten etliche Prinzen auf dem Schlangenbad gelichtet, die würde seine Parthie alsogleich durchführen, wir würden sie dieß Orts nicht aufhalten: dem ich geantwortet, sie sollten still halten, bis ich dieserhalben Verhaltungsbefehl, warum ich bereits ausgeschickt hätte, von meinem Herrn Beamten würde erhalten haben. Der Franzos aber replicirte, sie liessen sich nicht aufhalten, hätten ordres von ihrem König, und nicht nöthig hiesiger Beamten Befehl zu erwarten, die Rheingauer seyen dem König Tributar, darum marschirten sie frey durch."

"Hierauf versammelte sich die hiesige Gemeinde, theils mit Gewehr theils mit andern defensions Instrumenten, denen ich zugeredet, sie sollten kein Gewehr ergreiffen, sondern sich nur versammeln und bis an den Rhein unter steter Vermehrung mehr hinzukommender Leute (massen aller Orten im ganzen Land gestürmt und allarmirt a) worden, da auch die landgräflich Hessische und

N 2 die

a) Das zusammenläuten der Glocken zu einer ungewöhnlichen Zeit, heißt im Rheingau stürmen. Geschicht dieses an einem Orte, so wird im ganzen Lande gestürmt, und die Inwohner eilen dem ersten Orte zu Hilfe.

die Wiesbader Unterthanen immittels herbeigeloffen,) nachfolgen, um einig oder anderes Unglück zu verhüten, von selbst keine Schießgewalt gebrauchen; bis die Franzosen an den Rhein kämen, würde das gantze Rheingau nebst den benachbarter Herrschaften Unterthanen sich zu ihnen versammeln, und also ohne Unglück oder Gefahr des landes die Befreyung der hohen Gefangenen geschehen können."

„Die hiesige Inwohner seint also der durchmarschirenden Parthie und Gefangenen nachgefolgt, welche nicht gerad auf Eltvill, sondern den neuen Weeg hinunter, als wollten sie auf Kidderich, jedoch den Eltvilter Triftweg hinunter marschirt, da immittels bey je länger je mehrer Versammlung, der aus Anlas des continuirlichen Stürmens im land, zusammen laufenden leuten an dem Fuß des Rauenthaler Berges in der Eltvilter Viehetriftshohle unter dem Albusser Weingarten, von den leuten, die wiewohl in lauter Unordnung und plebeischen Tumult die importune Anmuthung an die französische Parthie gethan, sie sollen einmal die hohe Gefangene nebst der Beute los geben, oder es solle ihres Gebeins nicht davon kommen; worauf alsobald der Unglückslermen angegangen, bey 5 oder 6 Franzosen theils erschossen, theils blessirt, auch der gemeinen leute bey 5 oder 6

(wor-

(worunter hiesige Johann Eschbach, Raymund Peez und ein Schmidtknecht) todt geblieben. Die übrige Franzosen haben die hohe Gefangene nicht allein verlassen, sondern auch die grosse Beuten von sich geworfen, die von den Ausnehmenden nach und nach auf das Schlangenbad wiederum getragen worden. a) Die Franzosen seint hiernächst in ihrer Flucht verfolgt und fast alle Gefangener nach Maintz geführt worden. Worauf dem Rheingau französischer Seits grose Betrohungen per Revange geschehen, darum in städter Vigilanz Tag und Nacht zu stehen befehlende Ordres ergangen seint."

Den Vorfall, wo das Land Rheingau den Franzosen Triburbar geworden ist, erzählt ebenderselbe Schultheis Hofmann zu Rauenthal in vorgedachtem Handbuch folgender Massen:

a) Der Herr Deutschmeister und die übrigen gefangen gewesene Kurgäste haben sich nachher beklagt, daß ihnen viele Sachen nicht zurückgegeben worden. Allein wenn man bedenket, daß diese Sachen auf dem freien Felde unter eine Menge von allerhand Leuten hingeworfen worden, und noch dazu einige Franzosen, die vielleicht ihre Säcke nicht leer gemacht hatten, mit der Flucht entkommen sind so ist nicht zu verwundern, daß manches entkommen ist.

„Im Jahr 1706 den 19ten Sept. seint die Frnzosen mit einer Parthi von 200 Mann zu Weinheim morgens fruh am Tage über den Rhein gefahren, haben zu Winkel verschiedene Häuser geplündert, und Hrn. Gewaltsboten, Hrn Alter, Hrn Peterburgk, Hrn Rheinberger, Hrn Hauptmann Werner nebst noch mehrern Einwohnern gefänglich ab—und nach Trier geführt, daselbst einige Tage aufgehalten und nach gepflogenen Ranzionstractaten à 40000 Fl. auf gestellte Bürgschaft wiederum losgelassen."

Die Rheingauer hatten sich damals bey offenem Rhein keines Uiberfalls versehen, den sie sonst bey zugefrornem Rhein zu verhüten suchten. So kamen sie z. B. im Jahr 1691, als der Rhein zu Anfang des Jänners hart zugefroren gewesen, einem Uiberfall dadurch zuvor, daß sie bey Leib und Lebensstraf allen Durchzug über den Rhein verboten, und noch dazu ein Oeffnung nach der Länge des Stroms mit grosser Mühe und Arbeit beständig unterhalten haben. Jedoch haben sie in dem darauf folgenden Jahr 1692 diese Vorsicht mit ihrem Schaden unterlassen, und dadurch von den Franzosen überfallen worden, wie dieses in ebengedachtem Handbuch mit folgenden Worten angemerkt ist: „Im Jahr 1692 den 3ten Febr. hat sich der Rhein im Land also fest mit Eiß gestellt, daß man in

Aeng=

Aengsten gestanden und gefürchtet, es mögten die Franzosen von Ebernburg übergehen und einigen Schaden verursachen, wie dann folgends den 17ten dito diese verzweifelte Schl. morgens gegen 7 Uhr unterhalb Winkel am Geissenheimer Gericht zu Pferd und zu Fuß übergangen, die im Land gelegene wenige Churfürstl. Maintzische Dragoner verjagt, Geissenheim und Winkel zum Theil ausgeplündert, die Claus verbrennet und bey 20 Personen aus dem Land gefänglich mit sich über den Rhein geschleppet, die sie nicht ehender wiederum wollen losgeben, das Land bezahle ihnen dann bis 72000 Fl. bares Geldes, und dann künftighin so lang dieser Krieg währet, jährlich diejenige Contribution, welche die zu Maintz dem Rheingau zu geben angesetzt gehabt."

„Im Jahr 1707 hat man mehr Vorsorge getroffen, damit der französische Freibeuter Freyenfeld mit seiner Mannschaft keinen Einfall ins Rheingau machen könne, indeme derselbe bis an den Rhein gekommen ist. Man hat derhalben alle Nachen auf die Rheingauer Seite bringen lassen, und die Orte mit Mannschaft und Wächtern versehen. Hernach machte die Kurfürstliche Regierung den 23ten Jul. bekannt, daß man mit dem französischen Intendanten *Pelletier* wegen einer zu zahlenden Summe übereingekommen, damit das ganze

Land künftig von aller Brandschatzung befreyt bleiben solle; weßwegen eine französische *Salva Guardia* anzunehmen seye."

Diese Bezahlung einer gewissen Summe zu Abwendung der Brandschatzung nannten die Franzosen Tribut, und deßwegen glaubten sie auch, daß man sich in einem tributbaren Lande ihren Unternehmungen nicht widersetzen werde.

XV.

STEPHANUS Papæ Viceauditor generalis HEINRICUM AEpum *Mogunt.* ejusque fidejussores excommunicatos denuntiari mandat, eo quod de X. mill. flor. auri mercatoribus Florentinis solvendis, in IV. millibus adhuc restent. 1331. die 8. Aprilis, cum duplicatis de 17. Nov. 1331.

(Ex autographo.)

STEPHANUS de *Pinu* Abbas secularis ecclesie *Dawraten.* Lemdvicen. Dioc. curie Camer. Domini Pape generalis Viceauditor, discretis viris. . . Colonien. . . Cesticen. . . Magunt. . . Treviren. . . Trajecten. . . Vritslarien. . . Leodien. . . Verden. . . Monasterien. . . & Daumonen. Officialibus & universis & singulis ecclesiarum Rectoribus & Capellanis curatis per easdem Civitates

tes & earum Dioceses constitutis vel ipsorum locumtenentibus, ad quos presentes littere pervenerint, salutem in Domino.

Pridem dum eramus Prepositus *Cavallicen.* nostras vobis litteras direximus subscripte continentie post salutem. Olim confessione *Symonis Grudi* de Florentia procuratoris magnifici & potentis viri Domini ROPERTI Comitis de *Wernemburg*, Dominorum THEODERICI de *Essende* Can. ecclesiæ S. Andree Colonien. & Canonici ecclesie Ceslicen. TILIMANI *Divelig* Pastoris ecclesie in Wagdenh. NICOLAI militis Domini *Johannis* de *Morespag*, advocati de *Keldenich* & *Roperti* de *Munrial* Castellani ibidem Domini HENRICI de *Wernemburg* olim Prepositi ecclesie *Bunnen.* Colonien. Dioc. & Electi Archiepiscopi Maguntini, nunc vero *Archiepiscopi Maguntini*, nobilium virorum Dominorum JOHANNIS Prepositi ecclesie *Xanten.* Archidiaconi in ecclesia Colonien. Capellani & Canonici ibidem & Prepositi Kerpensis, RAYMUNDI Domini de *Westerburg* Prepositi Mucstaden. Magunt. Dioc. nec non Magunt. Colonien. Treveren. Trajecten. & Bunnen. Colonien. Dioc. ecclesiarum Canonici, EMMERICI Prepositi *Zeflicen.* Colonien. Dioc. Canonici ecclesie Bunnensis Colon. Dioc. & S. Stephani in Moguntia, ROPERTI de *Vernemburg* Prepositi S. Marie ad gradus & Canonici

nonici Colonien. GERARDI de *Virnemburg* Prepositi Vritlarien. Canonici Colonien. GERLACI de *Molenanban* Canonici Colonien. THEODERICI de *Nuenare* Canonici S. Gereonis Colonien. HERMANNI de *Monreal* Thesaurarii Burnen. JOHANNIS scolastici sancti severini Colonien. RORICI Domini de *Oytgembag*, HENRICI de *Eremberg*, GERARDI Archidiaconi in ecclesia Treveren. Scolastici Colonien. Prepositi Hungend. Dioc. Leodien. & Canonici Leodien. FREDERICI Abbatis *S. Pantaleonis* Colonien. ordin. S. Benedicti, ERNESTI de Oytgembag Canonici Colonien. EVERHARDI de Elz Canonici Bunnen. WILLIELMI Comitis de *Nuenar* Colonien. Dioc. ARNOLDI Abbatis *S. Martini* Colonien ord. S. Benedicti, FREDERICI Abbatis *Braylren.* Colon. Dioc. dicti ordinis, EVERARDI Domini de *Tonemburg*, Werden. & Monasterien. Eslie ecclesiarum Prepositi, nec non Colon. & Bunnen. Canonici, & cuilibet eorum facta in judicio coram discreto viro Magistro GUILLELMO *Lavialata* Clerico Tutellen. Dioc. locumtenente & Commissario nostro, Idem locumtenens & Commissarius noster condempnavit eosdem Dominum ROPERTUM Comitem, Dominos THEODERICUM de *Essende*, TILIMANNUM & omnes alios & singulos supra nominatos, quorum dictus SYMON

Crudi

Crudi Procurator est, & quemlibet eorum in solidum in quatuor millibus florenorum auri restantibus ad solvendum de majori summa decem milium florenorum auri dandis & solvendis GERARDO & FRANCISCO *Dauizi* (*vel* Danzi) fratribus civibus & mercatoribus florentinis & utrique ipsorum in solidum, ad certum terminum jam elapsum, in quibus ipsi & quilibet eorum in solidum sunt eisdem *Gerardo* & *Francisco* fratribus & utrique eorum in solidum ex causa mutui efficaciter obligati. Et ipsius procuratoris accedente consensu summittentes debitores ipsos & quemlibet eorum in solidum jurisdictioni Curie Camere Domini Pape & nostre ac locumtenentis & Commissarii prefati propterea totaliter, prout ex tenore sui procuratorii factum putatur; idem locum tenens & Commissarius in eosdem debitores & quemlibet eorum in scriptis excommunicationis sententiam promulgavit, si in ipsius debiti solutione defecerint facienda integre, in loco & termino constitutis. Et quia in ipsius debiti solutione cessarunt, prefatus Locumtenens & Commissarius noster ad dictorum Creditorum instantiam debitores ipsos citari fecit peremptorie & requiri in audientia publica Domini Pape, ut est moris, & infra certum Terminum jam elapsum eis propterea assignatum dicerent, proponerent &

alle-

allegarent quidquid vellent coram eo, quare non deberent ob dictam causam excommunicati publice denuntiari.

Et licet per Magistros THEODERICUM de *Reys* & JOHANNEM de *Syberg* procuratoriis nominibus dictorum debitorum quædam exceptiones proposite fuerint ad impediendam denuntiationem eandem, quia ipsis deinde exceptionibus renuntiaverunt expresse, Nos Viceauditor prefatos debitores ipsos sic excommunicatos in eadem audientia mandavimus & fecimus publice nuntiari.

Ne igitur debitores ipsi aliquam ignorantie causam pretendere valeant, quod ad ipsos non pervenerit excommunicatio & denuntiatio supradicta, discretioni vestre presentium tenore committimus, & sub excommunicationis pena, quam canonica monitione premissa in vos & vestrum quemlibet ferimus in his scriptis, nisi feceritis, quod mandamus, districte precipimus, quatenus receptis presentibus, vos vel quicunque vestrum fuerit requisitus, per vos vel alium seu alios, prefatos debitores tamdiu in vestris ecclesiis, singulis diebus dominicis & festivis, dum Missarum celebrabuntur solemnia & fidelium populus ibidem convenerit ad divina, pulsatis campanis & candelis accensis ac demum extinctis, sic excommunicatos publice nuntietis vel nuntiare faciatis,

quo-

quousque a nobis aliud receperitis in mandatis.

Ceterum quia excommunicatis sunt proventus ecclesiastici subtrahendi, vobis Officialibus supradictis sub prefata pena mandamus, ut fructus, redditus & proventus beneficiorum ecclesiasticorum dictorum debitorum Clericorum, prout in vestrum alicujus jurisdictione consistunt, prerequisiti nomine Camere Domini Pape & nostro arrestetis, sequestretis, recolligatis & conservetis, vel arrestari, sequestrari, recolligi & conservari cum summa diligentia faciatis per aliquas personas ydoneas & fideles, quas ad predicta duxeritis deputandas tamdiu, quousque per nos ordinatum fuerit, quid de ipsis fieri debeat & vobis super hoc aliud duxerimus rescribendum. Compellentes tam eos, si quos deputaveritis ad predicta quam quosvis alios, siqui vobis fuerint in hac parte rebelles, per censuram ecclesiasticam tam authoritate nostra quam vestra ad parendum nobis & vobis in his & ea tangentibus, invocato ad hoc si opus fuerit, per eandem censuram authoritate simili, auxilio brachii secularis.

Quidquid autem super premissis faciendum duxeritis, nobis per vestras patentes litteras vel per instrumentum publicum conficiendum expensis latoris presentium moderatis cum nominibus & compositionibus eorum,

rum, quos ad predicta deputaveritis, & in quibus consistunt fructus, redditus & proventus predicti, remissis presentibus fideliter intimetis. Datum *Avinjoni* sub sigillo proprio dicte curie quo utimur, die octava mensis Aprilis, Pontificatus Domini JOHANNIS Pape XXII. anno quintodecimo.

Predictas autem litteras extrahi fecimus de Regestro dicto Curie & ad cautelam propter viarum discrimina fecimus dupplicari, non intendentes quod per dupplicationem hujusmodi littere ipse nisi unicum duntaxat sortiantur effectum, mandantes ipsas executioni, si non sunt alias per vos executioni mandate. Datum *Avinion* sub sigillo proprio dicte curie quo utimur, die XVII. Mensis Novemb. Pontificatus Domini JOHANNIS Pape XXII. anno sextodecimo.

XVI.

GERHARDUS de *Virnenburg* circa sumtus fidejussorios pro HEINRICO AEpo Mog. Germano suo factos se declarat. 12. April. 1333.

(Ex autographo.)

Nos GERHARDUS de *Virnenburch* Archidyaconus ecclesie *Treveren.* Scholasticus *Coloniensis*, universis tam presentibus quam futu-

futuris, ad quos presentes pervenerint, cupimus fore notum, quod ex parte Reverendi in Christo Patris & Domini nostri Domini HEINRICI Archiepiscopi *Maguntini* congermani nostri predilecti nullas fecimus fidejussorias commessationes in hospitio HYLDEGERI de *Hyrco* ratione obligationis facte HERMANNO & JOHANNI fratribus dictis *Hirzelin* de *Schowenburch* civibus Colonien. nec sumptus aliquos per nos seu per alium nostro nomine, exceptis unius equi sumptibus, quem ibidem dimisimus pro eisdem sumptibus & expensis, prout nos ad hec offerimus probaturos & faciemus si necesse fuerit, legitime declarari. In cujus rei testimonium sigillum nostrum presentibus duximus appendendum. Datum anno Domini M. CCC. XXXIII. II. Idus Aprilis.

XVII.

Qualiter PETRUS Archiep. Mogunt. apud Papam excusatus fuerit, ne debeat ire ad Concilium generale *Viennense* 1311.

(Ex autographo.)

Venerabili in Christo Patri & Domino, Domino PETRO Dei gratia Archiepiscopo *Magontino* Domino suo & amico karissimo, HUGUTIO eadem gratia *Novariensis* Episcopus & Comes, cum recommendatione se ipsum. Quan-

Quanquam permultis Prelatis excusandis apud Dominum Papam a *Concilio Generali* a Domino nostro Rege nos & nostri socii mandatum receperimus speciale, tamen pro vobis & pro Domino FRIDERICO Domini nostri Regis *Cancellario*, & pro nullo alio Prelatorum excusationem petitam potuimus obtinere.

Vos licet invisum, ex familiaritate bone memorie Domini PAULINI fratris vestri *a*), dilecti familiaris nostri, dum in Romana Curia Auditoris contradictarum officio fungeremur, diliximus puro corde, vestra & sua negotia promovendo. Nunc autem vos & vestra & diligimus ac etiam reveremur.

Diligentiam & sollicitudinem discretorum virorum Magistri BERTOLDI Thesaurarii *Vuleburgensis* ecclesie & MICHAELIS Clericorum & Nuntiorum vestrorum in vestris agendis experti, commendare vobis multipliciter possumus & debemus. Datum *Malausan.* XXIII. Julii. *b*).

XVIIJ.

---

a) Der Erzbischof Peter hat zwar mehrere Brüder und Schwestern gehabt; aber von diesem Paulinus, der bei dem Bischof von Novarn in Diensten gewesen und schon im Jahr 1312 nicht mehr gelebt hat, ist bisher nichts bekannt gewesen.

b) Obschon kein Jahr in dieser Urkunde angemerkt

XVIII.

Wie der Streit zwischen dem Domkapitel und der Stadt Mainz in Betref der zerstörten Domherrn Höfe durch Schiedsrichter beigelegt worden. Am 11ten März 1339.

(Aus der Originalurkunde.)

Wir Friderich genant Griffenkla, und Klais von Scharppinstein, Ritter veriehen und bekennen uns und dun allen den Kunt, di disen Brief ansehent odir horint lesen, daz wir mit den Erwirdigen wysen Herren, Hrn Conrade von Ansinbruch und Herrn Erneste von Munster Canoniken dez Stiftis zu Mentze von ires Capitels wegen, des vorgenanten ires

merkt ist, so ist doch mit Grund zu vermuten, daß sie im J. 1311 ausgefertigt worden. Denn wärend der Regierung des Erzbischofs Peter wurde keine allgemeine Kirchenversammlung gehalten, als jene von Vienne in Frankreich, die in der letzten Hälfte des Jahrs 1311 angefangen, und im J. 1312 geendiget worden ist. Da nun dieses Schreiben nach der vom Pabst geschehenen Einladung zu dieser Kirchenversammlung, und nach der darauf erfolgten Entschuldigung mehrerer deutschen Prälaten, am 1ten Jul. erlassen worden, so ist kein Grund vorhanden, das Datum auf ein anderes Jahr zu bestimmen.

ires Stiftis uf ein Site, und des gemeynen Radiz wegen zu Mentze uf der andern Site, geredet han, mit wissende und Willen der vorgenanten Canoniken und Burgern, und beyde Partyen uns mit Truwen gelobet hant, stede und veste zu halden solche Rede, als hernach geschriben stet, umb die Hove, di dy Stat von Mentze uf disen hudigin Dag dem Stifte wider bowen und machen sal, ane di Hove, di wir usgenomen han, bit Namen dez Dumprobistis Hof, dez Dechens Hof, Hrn Johans Hof von Frideberg, Hrn Conrades Hof von Ripperg, Hrn Conrades Hof von Ansinbruch der gen vber, Hrn Otten Hof von Ziginhan und Hrn Peters dez Parrers Hof zum Dume. Di syben Hove wir in disem Brife usgenomen han mit den für wortin, daz sie di

---

Die Ursache aber, warum der Erzbischof Peter sowohl als übrigen deutsche Bischöfe sich so sehr bestrebt haben, bei dieser Kirchenversammlung nicht erscheinen zu dörfen, scheinet keine andere zu seyn, als weil man die Absichten des Pabstes wider den Tempelherrn Orden wohlwuste, diesen Orden aber zu verfolgen theils keine hinlängliche Ursache fand, theils auch durch den Vorgang in der vorhergegangenen Synode zu Mainz abgeschröckt worden, wo der Erzbischof Peter und die versammelten Väter den dabei erschienen Tempelherrn versprochen hat, nichts wider ihren Orden vorzunehmen.

di Stat auch vollen bowen und machen sollint als iz vor geredet ist, wa sie nit vollen bowet sint, in aller der mazze als wir vorgenanten zwen Ritter dar uber auch sprechen sollin. Umb di andern alle Höve, dy da gebrochen sint, an di vorgenanten syben Höve, sal di Stat von Mentze den Dumherren und dem Stifte zu Mentze geben zwelf hundert Punt Haller, uf soliche Zit und Dage, als di Dumherren und di Stat von Mentze uber ein zu Kastel komen sint, di selben gebrochen Hove bit dem Güde wider zu machen, an alle Geverd.

Aller der vorgeschriben Dinge zu eyme waren Urkund, und daz sie von den egenanten beyden Parteyen sted und veste gehalten werden, als wir Triwe von in genomen und enpangen han, so han wir durch bede willen der vorgenanten beydir Partyen unser Ingesigel beyde an diesen Brief gehangen. Gebin zu Mentze, nach Cristis Geburte, druzehen hundert Jar, in dem Nün und drizzichistin Jare, an dem Dornsdage vor dem Sündage als man singet Judica.

XIX.

GERLACUS Archiepiscopus Mogunt. *Beginas* intra civitatem *Mogunt*. degentes, a Parochis non inquietari decernit. 23. Jul. 1360.

(Aus einer Abschrift.)

GERLACUS Dei gratia *S. Mogunt.* Sedis

Archiepiscopus sacri Imperii per Germaniam Archicancellarius, *Plebanis* intra Civitatem *Mogunt.* devotis nostris dilectis, salutem in Domino sempiternam. Ex parte *Beginarum* sive sororum pauperum infra terminos parochiarum vestrarum constitutarum nostris est auribus intimatum, quod licet ipse vivant honeste, devote frequentent ecclesias, Prælatis suis frequenter obediant, & se disputationibus aut erroribus per ecclesiam sanctam damnatis aliquatenus non involvant, sed in domibus eis propter Deum condonatis insimul commorentur, vos tamen occasione quorundam statutorum provincialium easdem ab invicem discedere monueritis, unde nobis dicte *Begine* humiliter supplicarunt, quatenus eis super hoc providere de optimo remedio dignaremur.

Nos igitur justis earum supplicationibus inclinati, juxta formam & tenorem declarationis felicis recordationis quondam Domini JOHANNIS Papæ XXII super reprobatione & abolitione *Beggardorum & Beginarum* errantium dudum factam rationabiliter edite, quæque incipit: *ratio regulata non patitur, ut innocentes ad paria cum nocentibus judicentur &c.* vobis & cuilibet vestrum in virtute sancte obedientie districte procipiendo mandamus, quatenus dictas *Beginas*, de quibus a Preposito dictæ *nostræ Civitatis Mogunt.*

gunt. laudabile perhibetur testimonium, nullatenus amplius molestare aut a quocunque alio quantum in vobis est, molestari permittatis, Sacramenta quoque juxta temporis ac devotionis ipsarum exigentiam ipsis debite ministrando, donec de statu ipsarum per sedem Apostolicam aliter fuerit ordinatum, aut a nobis desuper aliud receperitis in mandatis. Si vero per dictas *Beginas* contra sedis apostolice morem atque Predecessorum aut nostra statuta quidquam attemptatum esset aut contigerit attemptari, in quo ipsas confovere non intendimus, hoc nobis volumus intimari per litteras. Datum *Eltvil* X. Kal. Aug. anno Domini Mill. trecent. sexagesimo.

XX.

Konrad von Königstein verspricht, das ihm von Erzbischof Adolf versetzte halbe Haus Frauenstein nicht weiter zu versetzen rc. 23. Jun. 1375.

(Aus der Originalurkunde.)

Ich Conrad von Kungestein Dechan zu sante Peter uyswendig Mentzen, bekennen uffenlichen an dysem Briefe, also als myr myn lieber gnediger Her Adolff Erwelter Erzebischoff zu Mentze unde Bischoff zu Spyre daz halbe Huß zu Frauwensteyn mit Willen,

 Wyssen

Wyssen und Verhengnisse der Erbern myner lieben Herren Hrn Endres von Bruncke Dumprobst, Otten von Schonenburg Schulmeistirs und der gemeynen Capitels zu Mentze virsast het umme eine Summen Geldes, alse dye Breffe inne haldin, dy ich von mynne Herren und Dumprobste, Schulmeister und Capitele vorgeschriben darüber han, so han ich gelobt in guten Truwen und geloben mid dyesem Briefe, daz ich daz halbe Huß und synre Zugehöre und auch den Brieff, den ich von myme Herren und Capitele vorgeschriben darüber han, yn keines Herren Hant, her sy Mann oder Borgmann des Stifftes von Mentze oder nicht, noch yn nymants andirs Hent, her en sy dan Man oder Borgman des Stifftes von Mentze, setzen werden noch keren ensal uysgenummen die Dumherren in dem Capitel des Dumes zu Mentze. Auch sal ich dy hundert Gulden dy ich an deme selben Huse verbuwen sal, nach ynnehalde derselben Briefe, dy ich darüber han von myme Herren unde Capitel von Mentze vorgeschriben, mit Wissen und Rade desselbin Capitels und Hrn Georgen von Lyndawe Ritters, der ein Gemeinre an deme selben Huße zu Frauwensteyn ist, verbuwen, unde alle dyse vorgeschriben Punte unde Artikel sal ich dun ane alle Argelist unde Geverde; unde des zu Urkunde, so han ich myn Ingesigel an an dyesem Brieff gehangin, der geschryben ist uff sante Johannes abent Baptisten des Samstages, nach Cristes Geburt druzenhundert Jar, in deme funf unde sybenzigesten Jare.

XXI.

Erzbischof Konrad II. versönet sich mit den von Montfort wegen Dremersheim. Den 15ten Novemb. 1391.

(Aus der Originalurkunde.)

Wir Conrad von Gots Gnaden des heiligen Stuls zu Mentze Ertzbischoff, des heiligen Romischen Richs in dutschen landen Ertzcantzeler, und wir Eberhart Dechant und Capitel des Stifftes zu Mentze bekennen und tun kunt offenlich mit diesem Brive allermenglich, daz wir für uns und alle unsere Nachkommen und alle die unsern mit Anshis und Rudolffe Rittern, und Friderich und Henrich Edelknechten und Frauwe Heiliken allen von Monfford iren Erben und allen den iren umb Dromersheim und von Dromersheim wegen, und umb alle Zweyunge, Fyentschafft und Geschichte, die darumbe und davon entstanden und vergangen sint, wie die gescheen sint, gentzlich überevn komen, gesunet, verricht und geslicht sin ane alle Geverde, und han auch wir Conrad bischoff und Dumdechand und Capitel obgenannt für uns, unsere Nachkomen und alle die unsern uff die vorgenanten von Monfford uff alle ire Erben und die iren und uff alle die, die mit yn darynne verdacht sin sampt und besunder von aller vorgeschriben Sachen und Geschicht, als von Dromersheim wegen gentzlich und eigentlich verziegen han und verzihen mit Crafft dieses Brives, ußgescheiden alle Argelist und Geverde, und zu Urkunde eyner gantzen Richtunge, Sunen und verzieges, als vorgeschriben steet, han wir Conrad Ertzbischoff unser Ingesigel und wir Dumdechand und Capitel obgenant unsers Capitels Ingesigel für uns und alle unsere Nachkomen an diesen Brieff thun henken. Datum Hemspach feria quarta post diem beati Martini episcopi nostri patroni. Anno Domini millesimo trecentesimo nonagesimo primo.

XXII.

Erzbischof Konrad *II.* vertauscht das Dorf Bibelnheim an die Pfalzgrafen Ruprecht den ältern, und den jüngern gegen gedachter Pfalzgrafen und der von Montfort Antheil an dem Dorfe Dromersheim 15. Novemb. 1391.

(Aus der Originalurkunde.)

Wir Conrad von Gots gnaden dez heiligen

gen Stuls zu Mentze Ertzbischoff dez heiligen Stuls zu Mentze Ertzbischoff dez heiligen Romischen Richs in dutschen landen Ertzcantzeler, und wir Eberhart von Yppelborn Dechand und daz Capitel gemeynlich des Dumes zu Mentze, bekennen für uns unser Nachkommen und Stifft zu Mentze offenlich mit dieseme Brive, daz wir mit den hochgebornen Fürsten Hrn Ruprechte dem eltern Pfaltzgraven by Ryne dez heiligen Romischen Richs obersten Truchseßen und Hertzogen in Beyern, und Hrn Ruprechte dem Jungen syme Sone Pfaltzgraven by Ryne und Hertzogen in Beyern unsern lieben Herrn und besundern Frunden und iren Erben fruntlich und gutlich eins schlechten redelichen Wechsels uberkomen sin, daz wir Bybelnheim daz Dorff mit synen Zugehorungen, waz wir semptlich oder besundere Gerichte, Lute, Guder, Zinse und Rechtis daselbes haben, besucht und unbesucht, nichts ußgenommen, recht und redelich verwechselt haben und verwechseln ewiglich mit Crafft dieses Brives umb Dromersheim by Bingen gelegen der obgenannten Hertzogen und der von Monfford teil daran mit allen Zugehorungen, als die obgenanten unsere Herren die Hertzogen meynen, daz es ir und der Pfalz eygen sy, und die von Monfford, daz von yn und der Phaltz zu rechten Manlehen ader sust daselbes ge-

 habt

habt hant, waz die obgenanten Hertzogen und die von Monfford Gerichtes, Vogtdye, lude, Gudes und Rechtes daselbes haben sementlich ader besunder, besucht und unbesucht, nichts ußgenommen. Also daz wir unser Nachkomen und Stifft zu Mentze by Dromersheim vorgenannt und allen sinen Zugehorungen, luden, Gerichten, Vogtdyen, Gudern, Zinsen und Rechten als vorgeschriben steet, ewiglich und geruwelich bliben sollen und daz alles haben, genißen, gebruchen, damite tun und laßen sollen und mogen, als mit andern unsern und unsers Stiffts eygen Gutern ane alle Geverde und sollen uns unsern Nachkomen und Stiffte daran die obgenanten Hertzogen die von Monfford ire Erben und Nachkomen nimmermer hindern noch irren ader nymand von iren wegen in dheine Wyse ane alle Geverde.

Desselben glichen sollent die obgenanten Hertzogen und ire Erben by der Vogtdye, Gerichten, luden, Gutern und Rechten zu Bybelicheim ewiglich und geruwelich blyben und dez alles genißen und gebruchen und damit tun und lassen sollen und mogen, als mit andern iren eygen Guten ane Geverde, und sollen wir unser Nachkomen und Stifft zu Mentze sie und ire Erben daran nummerme hindern ader irren, ader nymand von unsern Wegen in dheine Wyse ane alle Geverde

verde und verzihen wir auch für uns, unser Nachkommen und Stift zu Mentze uff alle die rechte, die wir zu Bybelicheim gehabt han, und sollen darnach keine Ansprache me haben ane alle Geverde, und des zur Urkunde ist unser Ingesigel an diesen Brieff gehangen und zu vester Stedekeit han wir Eberhart Dechand und der Capitel zu Mentze vorgenant unsers Capitels grose Ingesigel für uns und unsere Nachkommen zu des vorgenanten unsers Gnedigen Herrn Hrn Conrads Ertzbischoffs zu Mentze Ingesigel an diesen Brieff gehangen.

Datum Hemspach feria quarta post diem sancti Martini Episcopi nostri Patroni. Anno Domini Millesimo trecentesimo nonagesimo primo. a)

XXIII.

a) Aus dieser Urkunde kann man zum Theile berichtigen, was Widder in seiner Beschreibung der Kurpfalz Th. III. S. 50. von dem Orte Biebelnheim gesagt hat; es wäre denn, daß durch das in der Urkunde genannte Biebelnheim ein anderes Dorf als jenes verstanden werde, welches mir jedoch nicht wahrscheinlich ist.

XXIII.

Concilium majus Universitatis Moguntinæ beneficia ad dictam Universitatem spectantia inter quatuor Facultates distribuit.
19. Sept. 1511.

Anno a Nativitate Domini *millesimo, quingentesimo, undecimo*, die vero Sabbathi *decima nona* mensis *Septembris*, venerabiles, egregii, spectabiles & honorabiles singularum Facultatum Domini Doctores, Licentiati & Magistri Concilium majus almæ Universitatis incliti studii Moguntini repræsentantes, sub venerabilis, Nobilis ac generosi Domini LUDOVICI ex Comitibus *Helffenstein* Sueviæ, Cathedralium Coloniensis, Argentin. & Bambergensis Ecclesiarum Canonici hujus almi universalis studii Moguntini Rectoris, egregio viro Domino PETRO de *Vyrsen* AA. LL. Magistro & Medicinarum Doctore ordinario, post plures ad deliberandum super *distributione Beneficiorum* ad dictam Universitatem spectantium convocationes habitas, demum super hujusmodi distributione deliberandum & concludendum in loco solito & consueto, sub debito obedientiæ legitime congregati unanimiter (matura tamen deliberatione præhabita) in hunc qui sequitur modum deliberati concluserunt

&

& per ſeipſos ſic concludi voluerunt, prout concluſum eſt, ut puta: in antea & deinceps venerabiles Domini de *ſacratiſſima* THEOLOGICA Facultate Canonicatus & Præbendas *S. Petri* extra & *B. M. V.* intra muros Moguntinos; — Domini vero de *conſultatiſſima* JURIDICA Facultate Canoniſtæ existentes Canonicatus & Præbendas *S. Victoris* extra dictos muros Moguntinos, *S. Bartholomæi* Francofurtenſis, *S. Petri & Alexandri* Aſchaffenburgenſis & *S. Petri* Fritzlarienſis. Preterea Domini de *Saluberrima* MEDICINARUM Facultate Canonicatum & Præbendam *S. Stephani* Moguntin. Cæterum Domini de *ſubtiliſſima* ARTISTARUM Facultate Canonicatus & Præbendas *S. Joannis* intra, B. M. V. in campis & Vicariam S. Albani extra præfatos muros Moguntinos, Canonicatus & Præbendas *B. M. V. in monte* Francofurti, *S. Leonardi* ibidem, *S. Martini* in Pingvia & *S. Catharinæ* in Oppenheim Eccleſiarum Diœceſis Moguntinæ tempore vacationis earundem poſſidere, & de eisdem per proviſores ſeu dictos Dominos de Concilio prætactæ Univerſitatis reſpective provideri debeant. In quorum omnium & ſingulorum fidem, robur & teſtimonium tam ſigilla ſæpe dictæ Univerſitatis incliti ſtudii Rectoratus, quam ejusdem ſingularum

rum Facultatum præsentibus sunt appensa. *a*)

XXIV.

Auszug aus dem Testament des Kurfürsten Georg Friderichs v. Greiffenklau, worin er einen Theil seiner Verlassenschaft, im Falle der Erlöschung des von Greiffenklauischen Mannsstammes, zur Stiftung eines Alumnats für die studirende Jugend bestimmet hat. 5. Jul. 1629. *b*)

Im Eingange des Testaments erzählt der Kurfürst Georg Friderich, wie daß er bey dem Antritte seiner Regierung im J. 1626, das Erzstift nicht allein mit einer großen Schuldenlaste beschwert, sondern auch Land und Leute durch die bisherige anhaltende Kriege gänzlich verheert und verderbt, und in der Kammer mehr nicht als vier tausend Reichs-

a) Bulla SIXTI PP. IV. qua prædictæ præbendæ Universitati Mogunt. assignatæ fuerunt, legi potest apud Rmum WüRDTWEINIUM *subsid. diplom.* Tom. III. pag. 197.

b) Am vorletzten Tage seines Lebens, indeme er am 6ten Jul. 1629 gestorben ist.

Reichsthaler an Vorrat angetroffen habe. Gleich mit dem Anfange seiner Regierung habe er sich angelegen seyn lassen, wie die Schulden wiederum abgelegt werden mögten, und könnten ihm seine Räthe und Diener das Zeugniß ablegen, daß er die Hofhaltung so viel möglich, eingezogen gehalten, und wenn er dennoch wegen fortwärendem verderblichen Kriege — auch vieler und großer Unionskontributionen, sodann zu Bezahlung der erzstiftischen Pensionen und Bestreitung anderer unentheblicher Auslagen, nach allem angewandten möglichen Fleiß und Eiffer, dieses vor seinem Absterben nicht zu Werke richten können, so werde doch das Domkapitel und jedermännigiich ihn billig für entschuldigt halten.

Hierauf verordnet er, daß sein Leichnam in die St. Michelskapelle in der Domkirche in ein gewölbtes Grab beerdigt — in gedachter Kapelle auf dem Altar ein feines Grabmal von Marmor errichtet und mit einer christlichen Geschichte und 16 Ahnen bezeichnet werde. Uiber das Grabgewölbe solle ein Grabstein von schwarzem Marmor, worauf vier Ahnen samt einer Grabschrift a) eingehauen, gelegt. — sein Herz und Eingeweide aber

a) Diese Grabschrift ist zu lesen bey de GUDEN. *Cod. diplom.* T. II, p. 832.

aber nach Gewohnheit in die Grufte der St. Gangolfs Kirche *a*) beygesetzt werden. *b*)

In Betreff seiner Privatverlassenschaft machet er sodann einige Vermächtnisse, nämlich in die Domkirchen zu Mainz 1000 Fl. — zu Worms 200 Fl. — zu Speier 600 Fl. und in die Pfarrkirche zu Winkel im Rheingau 100. Fl. für zu haltende Jahrgedächtnisse, und dergleichen. Item dem neuen Bürger-Hospital zum Floos in Mainz und jenem zu Aschaffenburg, jedem 500 Fl. damit in jedem dieser Hospitäler vier armen Bürgersleuten, welche sich erbarlich verhalten und mit ihrer Handarbeit, so lange sie gekönnt, ernährt haben, und Alters oder Leibsschwachheit halber nicht mehr arbeiten oder ihr Brod gewinnen können, an den vier Fronfasten jedem ein Gulden gereicht werde.

Seine übrige Verlassenschaft, sowohl das anererbte väterliche Antheil, nämlich das Haus Vollraths samt den dazu gehörigen Renten, Zinsen und Gefällen, nebst den übrigen

a) Die Aufschrift auf dem Gefäse, worin das Herz aufbewahrt wird, hat ebenfals GUDENUS am a. O. geliefert.

b) Das Grab, worin der Kurfütst Georg Friederich gelegt worden, ward vor ungefähr 12 Jahren eröfnet und der Leichnam noch unversehrt gefunden; aber bey dem Berühren desselben fiel er zusammen.

gen ererbten oder noch zu erbenden Häusern, Gütern, Hausrat, Zinsen ꝛc. wie auch was er bishero von seinen geistlichen Einkommen und Gefällen, auch geführter eingezogenen Haushaltung erspartet, gekauft oder erworben hat, vermachet er sodann seines Bruders, Raths und Amtmanns zu Steinheim und im Freigericht Heinrichs von Greiffenklau beyden Söhnen Friderich und Georg Philipp also und dergestalten, daß alldieses künftighin bey dem adelichen Geschlechte, Mannsstamm und Namen Greiffenklau von Vollrats hinterlassen und vertestirt werde, jedoch mit der ausdrücklichen Substitution und Verbindlichkeit, soviel sein von geistlichen Gefällen und Haushaltung sorgfältig zusammen erspartes Vermögen betrifft, daß zwar dasselbe bey gemeldten Erben und deren adelichen ehelichen Söhnen und ferner allein bey dem davon herrührenden Greiffenklauischen Mannsstamm und Namen weltlichen Standes nutznießlich verbleiben — nicht zu weltlichem Pracht und Hoffart; sondern zu Auferziehung der Ihrigen in Wissenschaften und Gottesfurcht verwendet werde; zumalen auch keiner des Namens und Stamms Greiffenklau von Vollrats, so nicht von weltlichem Stande und rechtem Ehebette gebohrn oder von der katholischen Religion ist, dieser Verlassenschaft im geringsten fähig seyn soll.

 Dem-

Demnach sollen die Testamentare alles, was nicht zum Patrimonial-Vermögen gehöret, in dem von ihm erkauften Hause, der Pfarrkirche zu St. Emmeran und dem Prediger Kloster gegenüber gelegen, a) wohl verwahren und inventiren lassen. Trüge sichs sodann mit der Zeit zu, daß der Greiffenklauische männliche eheliche Mannsstamm ausstürbe, so soll aus der gantzen Verlassenschaft, die Patrimonialien ausgenommen, zu Erhaltung so vieler armen Studenten, als es erträgt, ein Alumnat gestiftet werden, wozu die Präsentation durch die jeweilige Domdechant, Kanzler und Kammerschreiber, jedoch mit Vorwissen eines jeweiligen Erzbischofs und Kurfürsten geschehen soll. Die zu dieser Stiftung aufzunehmende Alumnen sollen von ehelicher Geburt und aus den Stiftslanden von Mainz, Trier, Worms oder Speier gebürtig seyn, nach erlangtem Alter in den weltgeistlichen Stand tretten, sich zur Seelsorge gebrauchen lassen, und die katholische Religion zu befördern suchen; im Falle aber, daß sie hernach nicht geistlich werden, die an sie gewandte Kosten wiederum

a) Das Gebäude ist weitschichtig und nachher in zwei Häuser abgetheilt worden, wovon jede der von Greiffenklauischen Linien eins besitzet.

um ersetzen. Weil aber die zu diesem Alumnat bestimmte Behausung ohnweit St. Emmeran und dem Predigerkloster zu einem Alumnat nicht eingerichtet ist, und damit destomehr Alumnen in den schon angestellten Kosthäusern unterhalten werden können, wenn die Kosten bey einem privato Alumnario auf die Lehrer und Bedienten erspart werden, so soll ein alsdann lebender Erzbischof von Mainz diese Behausung, die dem Hrn Erblasser mit Ankauf und Baukosten auf zwölf tausend Gulden stehet, um den Kaufschilling von sechs tausend Gulden besitzen, damit derselbe, wenn er zuweilen gern ruhig und privatim seyn will, sich darin aufhalten möge. Sollte aber der alsdann regierende Erzbischof dieses Haus nicht haben wollen, so soll es das Domkapitul zu Stiftskurien verwenden, die Zinsen aber von 6000 Fl. allemal dem Alumnat zu gute kommen, und das Haus nie verkauft werden.

Zu Exekutoren dieses Testaments werden ernannt: Sein Nachfolger im Erzbißthum, sodann Friderich von Sickingen Domdechant und Generalvikar, Friderich Georg von Schönborn Domkapitular und Amtmann zu Bingen, Niklas Gereon zu Hirschberg und Lautershausen, kaiserl. und kurfürstl. geheimer Rath und Kanzler, Justus

 Sper=

Sperling Kammerschreiber *a*) und Friderich Steinmetz Kammerrath. Dafür vermachet er jedem dieser Herrn Exekutoren einen Becher von fünf Mark Silber samt 100 Goldgulden und 5 Portugaleser *b*). Ein jeder zukünftiger Domdechant, Kanzler und Kammerschreiber sollen allzeit als ewige Testamentarien die Aufsicht und Direktion über dieses Testament und dessen Exekution führen. Geschehen zu Mainz in der St. Martinsburg am 5. Jul. 1629.

Als Zeugen sind unterzeichnet:

Ambrosius SAIBEUS, Suffrag. Mogunt.
Hanns Philips von Hoheneck.
Peter von Layen.
Joh. Christoph vou Hengnenberg.

Emme=

a) Kammerschreiber bedeutet so viel als dermalen Kammerdirector.

b) Portugaleser ist eine damals gangbare Portugesische Goldmünze, deren es zweierlei giebt: die grosen oder mit dem grosen Kreutze, welche auch Crosaden heissen, von 12 Dukaten, oder deren $6\frac{7}{10}$ auf die köllnische Mark von 23 Karat 11 Grän nach dem Münzfuß vom Jahr 1580 giengen. Die kleinen oder mit dem kleinen Kreuze, die vermutlich hier verstanden worden, waren von 4 Dukaten, und haben damals 12 Gulden gegolten. Sieh Hofmanns Münzspiegel S. 288.

Emmerich Wilhelm von Budenheim.
Petrus Renartus, Licent. & Sigillifer Mog.
Joannes Cappius, Canonicus S. Petri.
Joannes Wignolius, Canonicus S. Petri.

Zu Ende ist ein Notarial-Instrument von dem kaiserl. und päbstlichen Notarius Gabriel Dapperich aus Koblenz angehängt, wodurch das von dem Kammerrath Steinmetz aufgesetzte und von dem Kurfürsten unterzeichnete und besigelte Testament förmlich bescheinigt wird.

XXV.

CAPITULUM Ecclesiæ Moguntinæ SIXTO Papæ IV. consensum exhibet, quatenus ALBERTUS Ducis *Saxoniæ* filius super successione in Archiepiscopatu *Moguntino* provideri possit. 29. Sept. 1480. *a*)

Sanctissimo ac Beatissimo Patri & Domino Domino SIXTO diuina prouidentia sacrosancte

a) Aus einer Urkunde von Pergament, die am Ende des Textes abgeschnitten ist, so daß man nicht erkennen kann, ob ein Sigel daran gehangen oder nicht. Aus den grossen Anfangsbuchstaben und der übrigen Forme hat es das Ansehen, daß dieses Exemplar anfänglich zum Abschicken an den Pabst bestimmt gewesen, hernach aber, weil es nicht gantz

sancte Romane & Universalis Ecclesie summo Pontifici, RUPERTUS ex Comitibus in *Solms* Custos, DAMNO de *Prumheim* Scolasticus, EWALDUS *Fulhaber* de *Wechtersbach* Cantor & Capitulum ecclesie Maguntine humiles, fideles & deuotissimi filii cum omnimoda subjectione & reuerentia pedum oscula beatorum.

Versata jamdiu Sanctissime Pater in periculis Ecclesia Maguntina ac quasi vilescens ejus utpute ecclesiastica authoritas, Reuerendissimus Dominus noster Maguntinus pastorali sollicitudine accitus non modo presentibus periculis mederi, verum etiam futuris posse consuli cogitauit, maximeque id effici, si Ecclesie Maguntine ex nunc de futuro prouideretur pastore, cujus presens conditio, familia & authoritas ecclesie Maguntine auxilio & presidio esse possent, considerataque virtute, fide & potentia illustrium Principum Ducum *Saxonie*, ac singulari amicitie nexu cum Archiepiscopatu Ecclesiaque Maguntina jamdiu contracto, sic paternitati visum est expedientissimum, si Sanctitas vestra

gantz sauber ausgefallen, eine neue Abschrift davon verfertigt und mit den Gesandten nach Rom geschickt worden seye. Dadurch mag es nun auch geschehen seyn, daß diese Abschrift in ein Privatarchive gekommen ist.

vestra prouisionem Ecclesie Maguntine faceret de persona illustris Domini ALBERTI filii illustris Principis Domini ERNESTI Ducis *Saxonie* & sacri Imperii Electoris, ita videlicet, ut dictus Dominus ALBERTUS ex familia Ducum *Saxonie* Canonicus Maguntinus & ipsam Ecclesiam post decessum Domini Maguntini assequeretur juxta congruos modos per sanctitatem vestram ordinandos, ad quam materiam prefatus Reuerendissimus Dominus noster Maguntinus in Capitulo nostro ad hoc specialiter congregato propositionem fecit, tractatusque & consultationes capitulares habiti sunt plures, tandemque Capitulo nostro generali ad hoc congregato citra tamen prejudicium juris eligendi vel postulandi in aliis futuris casibus, placuit optimeque consultum putavit, si Sanctitas vestra Ecclesie Maguntine provisionem de persona & modo predictis facere dignaretur, & ad id fiendum consensum suum declaravit expressum, licet quidam, pauci tamen numero, in eandem tunc non concurrerent sententiam & ultra quatuor absentes non essent extra Provinciam vel ubi invenirentur, esset ignotum, quorum saltem aliquos predicte conclusioni se conformare ac dicte conclusioni consentire nobis omnino persuademus.

 Quam

Quam quidem conclusionem & consensum nostrum sanctitati vestre notificare statuimus, ac ejus rei & negotii prosequendi causa honorabiles nobis dilectos Dominos MACHARIUM de *Buchseck* & VOLPERTUM de *Ders* Concanonicos Capitulares fratres nostros ad Sanctitatem vestram transmittimus ad referendum ac unacum hiis litteris nostris eandem sanctitatem vestram certificandum de tractatibus conclusionis & consensu predictis, eisque & cuilibet eorum in solidum commisimus & mandatum dedimus, presentiumque tenore damus ad prosequendum materiam dicte provisionis, quantum ad nos pertinet.

Unde sanctitatem vestram omni humilitate & devotione oramus, ut dictis Nuntiis sive Oratoribus nostris pro solita Clementia benignam dignetur prestare audientiam & in referendis circa materiam predictam pronus plenariam habere fidem, & ad consequendam a Sanctitate vestra provisionem predictam paternam speratamque dare expeditionem, quod rei Christianæ, authoritati ecclesiastice, Ecclesieque Maguntine optime conferet, in augmentum authoritatis & glorie Sanctitati vestre cessurum. Quam vestram Sanctitatem Deus noster felici gubernationi ecclesie catholice diutissime conservet, cui & nos totos semper offerimus ad parendum paratissimos.

Datum

Datum sub nostri Capituli sigillo presentibus appenso. Ex Maguntia die vicesima nona mensis Septembris, Anno Domini millesimo quadringentesimo octuagesimo. *a*)

XXVI.

---

a) Gegenwärtige in manchem Betrachte merkwürdige Urkunde hat mir Gelegenheit gegeben, eine bisher unbemerkte Entdeckung über die eigentliche Zeit zu machen, wo der Herzog Albrecht von Sachsen zum Nachfolger im Erzstift Mainz ist gewählt und bestätiget worden. Der um die Mainzer Geschichte so sehr verdiente Hr. von Gudenus liefert. *Cod. Diplom* IV. p. 447. & 449.) zwo Bullen des Pabstes Sixtus des Vierten, worin Albrecht zum Nachfolger des Erzbischofs Diether ernannt und demselben die Ablegung des gewöhnlichen Eides in die Hände der Bischöfe von Meissen und von Speier anbefohln wird. Diese Bullen sind datirt vom 12ten Jänner 1480, und daraus ist die bisher allgemeine Meinung entstanden, daß die Wahle schon im J. 1479 und die Bestätigung derselben im J. 1480 vor sich gegangen seye. Joannis erzählt daher diesen Vorfall im Jahr 1480 *Rer. Mogunt.* I p. 794. und der Hr. Verfasser der vortreflichen Geschichte Diethers von Isenburg (Th. II. S. 213. 216.) wie auch ich selbst (Band II S. 239. dieser Beyträge) sind diesen nachgefolgt. Daß Albrecht wärend dem Jahr 1480 in seiner Titulatur keine Meldung von dieser seiner Erhebung gethan, ward bisher damit erkläret,

 daß

XXVI.

HEINRICUS VII. Rom. Rex PETRO Archiep. Moguntino ægre concedit, ut ex Bohemia ad Ecclesiam suam redire possit.

6 Jan. 1312.

(Ex autographo.)

HEINRICUS Dei gratia Romanorum Rex semper augustus, venerabili PETRO *Maguntino* Archiepiscopo Principi & Secretario suo karissimo gratiam suam & omne bonum.

Littere tue, quas nobis direxisti noviter referebant, quod in partibus *Thuringie* & *Saxonie* in Castris & munitionibus tuis multas

---

daß er zwar die Bestätigung gehabt, aber aus unbekannten Ursachen sich des Tituls davon nicht bedienet habe. Allein aus dem Schluß der obgedachten Bullen habe ich endlich gefunden, daß die päbstliche Bestätigung nicht im Jahr 1480 sondern am 12ten Jänner 1481 vor sich gegangen.

Der ganze Schluß heißt: Datum Romæ apud S. Petrum, anno incarnationis Dominice MCCCCLXXX. pridie Idus Januarii, Pontificatus nostri anno decimo. Wenn nun der Pabst Sixtus *IV.* am 9ten August 1471 erwählt worden, wie die Geschichtschreiber allgemein angeben, so kann pridie Idus Januarii Pontificatus anno decimo kein anderer Tag seyn, als der 12te Jänner 1481. welches mit gegenwärtiger Urkunde sehr gut zusam-

tas obsidiones & lesiones patitur Ecclesia, Maguntina per quosdam Principes & Nobiles dictarum partium, quod nobis omnino noveris displicere. Quamvis igitur presentia tua karissimo Primogenito & Principi nostro JOHANNI Regi *Bohemie* Illustri quamplurimum oportuna foret, tamen ne per absentiam tuam eveniat, prout in dictis scripsisti litteris, irrecuperabile detrimentum, quod per tuam providentiam congruis remediis poterit impediri & in brevi salubriter reformari, permittimus & placet Serenitati nostre, quod Ecclesiam tuam accedas ad tempus & ibidemque bonum statum & honorem tuum & ipsius, sicut attentius & citius poteris, ordines & procures, ita videlicet, quod quam cito per nos aut predictum Regem Bohemie ad gerendam curam ipsius & Regni revocatus

sammentrift, indeme die Wahle des Domkapituls am 29ten Sept. 1480 geschehen und die päbstliche Bestättigung am 12ten Jänner 1481. erfolgt ist. Hieraus folgt also, daß Sixtus IV. das Jahr nicht mit dem ersten Jänner sondern mit dem 25ten März nach dem Beispiel anderer Päbste vor und nach dem Sixtus, z B. Kalixt *III.* Pius *II.* Paulus *II.* Innocenz *VIII.* und anderer angefangen habe. Sieh Helwigs Zeitrechnung zu Erörterung der Daten in Urkunden S. 138.

tus fueris, voluntarie versus Bohemiam revertaris.

Ad hoc Sinceritatem tuam rogamus cum affectu, quatenus ad reprimendum & humiliandum iniquos conatus Illustris FRIDERICI filii Lantgravii *Thuringiæ*, sicut expedire videris per homines tuos constanter & viriliter procedere studeas, qui sicut nobis scripsisti pluries universa & singula pacta per dictum filium nostrum secum inita violavit, & in nullo penitus observavit. Ad quod per homines Imperii & dicti filii nostri, ut eidem negotio efficaciter insistere valeas, auxilium tibi volumus exhiberi. Datum *Janue VI.* Kalend. Febr. Regni nostri anno quarto. *a*)

A terga: Vener. P. Magunt. ArchiepoPrincipi & Secretario nostro Karissimo.

XXVII.

---

a) Aus diesem Schreiben ersieht man, daß der Erzbischof Peter, nachdeme er den König Johann von Böhmen einen Sohn des Kaisers Heinrichs *VII.* in sein neues Reich eingesetzt und am 7ten Febr. 1311. zu Prag gekrönt hatte, noch beyläufig ein Jahr lang, und wenigstens bis gegen Ende des Jänners 1312 allda geblieben, um den neuen König wärend der Abwesenheit des Kaisers in Italien, in seinem Königreich zu befestigen. Der Markgraf Friderich der Gebissene von Meissen, von dem in diesem Briefe die Rede ist.

XXVII.

Konrad von Hechenriet gestattet seinem Oheim Konrad von Winsberg und dessen Erben, daß derselbe die ihm verkaufte Burg und Stadt Neudenau um 1100 tb. Haller wiederkaufen könne. 1327. 14. August.

Ich Cunrad von Hechenriet, verjehen uffenlich und tun Kunt allen den, die diesen Brief sehent oder horent lesen, daß ich mit vor-

---

ist, hatte sich mit dem aus Böhmen vertriebenen Herzoge Heinrich von Kärnten in ein Bündniß eingelassen und derhalben einen Uiberfall in die mainzische Besitzungen in Thüringen und Sachsen gethan, um hierdurch die Parthie des Königs Johann von Böhmen zu schwächen, dessen beste Stütze bisher unser Erzbischof Peter gewesen ist. Die Vortheile, welche Heinrich VII. dem Erzb. Peter bey seiner Wahl versprochen, hat dieser in der Folge sehr gut vergolten; und Heinrich gestehet selbst mehrmalen ein, daß der Erzbischof wegen ihm viele Kosten, Schaden und Arbeit ertragen habe. Uibrigens mag wohl die grosse Anhänglichkeit des Erzbischofs Peter gegen das Haus Luxemburg darin ihren ersten Grund gehabt haben, daß er im Luxenburgischen gebürtig und von jüngern Jahren her diesen Grafen bekannt und gleichsam angehörig gewesen

vordachten Mute und mit Rat und mit gutem Willen miner Erben und miner Fründe, han diese liebe und Früntschafft getan und erzeiget, dem edeln und minem lieben Oheim Herren Cunrad von Winsberg, also daß ich oder min Erbin, Im oder sinen Erben, sollen widder geben zu Kauffen frilich und eigentlich, die Burg und die Stadt Nydenawe und waz darzu gehört, lüt, Güt und Recht gesucht und ungesucht, in allem dem Rechte, als er mir sy gegeben hat zu Kauffen, von sante Georien Tage, der nu aller nehest kümet, uber vier Jare, umme Alifhundert Phunt Haller, und wenne er oder sin Erben dieselbin Alifhundert Phünt Haller mir oder minen Erben geben und antwortent in die Stat zu Heiligbrunnen, oder in die Burg zu Hornegge, so bin ich und alle mine Erben derselben Haller gewert und verricht gar und gentzlichen, und ist im danne und alle sinen Erben die vorgenant Burg und Stad Nidenawe und waz darzu gehört, lüt, Güt und Recht, von mir und von allen minen Erben, frilich und eigentlich, ledig und los mit allem Rechte, an alle Widderrede, und wil-

wesen ist. Conf. GUDEN. *Cod. Diplom.* III. p.63—68. SCHMIDT Gesch. der deutschen Buch VII. Kap. 4. WüRDTW. *Subsid. Diplom.* I. p. 409. 412. 414. JOANN. *Script. rer. Mogunt.* I. p. 638.

wilhes Jares da zwischen diesen Jaren als vorgeschriben stat, der vorgenant Herre Cunrad von Winsberg oder sin Erben, also widderkauffen wollent, das sullen sy tun jedes Jares zu sante Georien Tage oder vierzehn Tage zuvor oder vierzehn Tage darnach, und wenne sy also Kauffen wollent, das sullen sy mir oder minen Erben davor acht Tage sagen und entbieten zu Huse oder zu Hofe, mit ir Bothen oder Brief, und darnach so soll ich oder min Erben unseren Herrn dem Bischof zu Würzburg wider uf geben die vorgenante Burg und Stad Nidenawe und was dazu gehört, lüt, Güt und Recht, und sullen in bitten mit rechtem Ernste, daß er sy widder lihen dem vorgenanten Herren Cunrad von Winsberg und sinen Erben.

Diese vorgeschriben Ding alle han ich der vorgenant Cunrad von Hechenriet zu den Heiligen gesworen ein gestabiten Eit, sicher und steite zu halten an alle Geveirde, und dar uber zu eime steiten waren Urkunde aller vorgeschriben Dinge, so gebe ich dem vorgenanten Herrn Cunrad von Winsberg und allen sinen Erben dysen Brief versigelt mit mime Ingesigel und mit Herrn Eberhartes von Stäphenegge Ingesigel und mit Herrn Ulriches von Aholvingen Ingesigel, mit der Rat, und mit ir gutem Willen und Gunst dise vorgescriben Ding geschehen sint. Und wir die

die vorgenannte Eberhard von Stapheneggk und Ulrich von Aholvingen bekennen uns und verjehen auch uffenlich an disem Brief, daß diese vorgeschriben Ding alle geschehen sint mit unserm Rat und mit unserm guten Willen und Gunst. Und ist ob es also darzu kumet, daß wir unsers Swehers Herren Cunrad von Hechenriet mit Recht Erbe werden, der vorgenanten Stad und Burg Nidenawe, und was darzu gehöret, so sullen wir mit allem Rechte tun und vollenden und steite halten an Widderrede und an alle Geverde, an unsers Swehers stad, waß er gelobt hat und waß vorgescriben stat; und dar über zu einer steiten Sicherheit und zu einer guten Gezugnusse allet vorgescriben Dinge, so haben wir beide unser Ingesigel geleit an disen Brief, zu unsers Sweher Ingesigel Herrn Cunrat von Hechenriet des vorgenanten.

Diser Brief wart geben, do man zalte von Gotes Geburt driuzehenhundirt Jare und da nach in dem siben und zwenzigestem Jare, an dem Fritage vor unser Frauwen Tage, als sy zu Himel fur. a)

* * *

a) Aus einer alten Handschrift auf Papier, woran keine Sigel gehangen, die aber alle Merkmale einer gleichzeitigen Abschrift hat.

Beyträge zur Mainzer Geschichte.

III. Bandes III. Heft.

XXVIII.

Von den ehemaligen Brunnengesellschaften zu Rüdesheim im Rheingau. 1607. 1608.

Wenn Känntniß der Sitten und Gebräuche der alten Griechen, Römer und anderer nicht mehr bestehender Völckerschaften für den Menschen anziehend und unterrichtend ist, so muß eine nähere Uibersicht der Sitten und Gebräuche unserer deutschen Voreltern für uns um so wichtiger seyn, als diese uns näher angehen und auf unsere Handlungen einen wohlthätigen Einfluß haben können. In dieser Absicht lasse ich nachfolgende zwo Vereinigungen der Nachbarschaften in der Kellergasse und in der Steingasse zu Rüdesheim dahier abdrucken, wie ich sie aus einer Abschrift vom vorigen Jahrhundert erhalten habe. Sie sind zwar für sich betrachtet von keiner besondern Wichtigkeit, aber in Rücksicht auf die deutsche Sitten und Gebräuche, die im Rheingau von jeher viel eigenthümliches hatten, glaube ich, daß sie hier einen Platz verdienen.

Der Hauptgegenstand dieser Verbindungen betraf die Säuberung und Unterhaltung des der Nachbarschaft zuständigen gemeinschaftlichen Brunnens, woraus man sieht, wie viel ihnen an der Erhaltung eines reinen Quellwassers gelegen gewesen. Nebenhin dienten auch diese Verbindungen, um sich jeweilen mit Essen und Trinken beysammen zu belustigen, um für eine ehrbare Bestattung zur Erde bey dem Ableben ihrer Mitnachbarn zu sorgen — um Friede und Einigkeit untereinander zu stiften und zu erhalten — und um sich mit wechselseitiger Hilfe und Beystand in widerwärtigen Zufällen zu Wasser und zu Lande zu unterstützen. Vortrefliche Anstalten, die von den biedern Gesinnungen der Rüdesheimer zeugen, und wodurch Wonne und Vergnügen unter den Nachbarn verbreitet wurde.

§. 1.

Vereinigung der Nachbarschaft zu Rüdesheim in der Kellergasse. 1607.

(Aus einer alten Handschrift.)

Im Jahr 1607 haben sich die Nachbarn in der neuen Kellergasse, so zu dem Kellerborn gehören, vereinigt, ihren nachbarlichen Bornbrief zu erneuern, und wie sich auch ein jeder Nachbar gegen jeden Nachbarn verhalten und der Nachbarschaft zu lieb und zu leyd seyn soll, was Nachbarn zuständig ist, wie folgt:

Zum Ersten, soll ein jeder Nachbar dem andern mit Ehrerbietung begegnen, es seye zu Wasser oder zu land, in Schwachheiten, wie es sich nachbarlicher Weiß zutragt, einander beyspringen, dazu auch keinem etwas Uibels nachreden.

Zum Andern, wo es Sache würde, daß ein Altes stürbe, oder sich eine Hauptleiche in der Nachbarschaft ergebe, so soll ein jeder Nachbar gebührlicher Weise sich dazu machen und dieselbe helffen zur Erde bestatten, auch keine Entschuldigung suchen, es seye dann leibsschwachheit oder unsers gnädigsten Herrn Dienste halber, bey Straffe eines halben viertel Weins. *a*)

 Zum

a) Vier Maaß machen ein Viertel Wein. Die Strafe bestand also in zwei Maaß Wein.

Zum Dritten, haben sich die Nachbarn vereinigt, wenn ein Kind eines Nachbarn in Schwachheit verschieden wäre, so soll sich ein jeder Nachbar geschickt machen, dasselbe zur Erden helfen zu bestatten, ohne einige Entschuldigung, bey Straffe einer Maaß Wein der Nachbarschaft.

Zum Vierten, ist es auch in jeder Nachbarschaft das alte Herkommen und Gebrauch, daß man die Born zu fegen pfleget, auch zween Mann aus der Nachbarschaft alle Jahr erwählet und zu Bornmeister machet. Dieselben sollen darauf sehen, wo etwan Schaden oder Irthums seye oder geschehen würde, dasselbige alsobald anzeigen und handhaben, und wo das nicht geschehen würde, so sollen diese Bornmeister, wann es also befunden wird, der Nachbarschaft ein halb Viertel Wein zur Straffe geben.

Zum Fünften, ist es auch ein altes Herkommen und Gebrauch, in jeder Nachbarschaft die Born zu fegen, welches auch unter uns geschehen soll. Aber zuvor sollen die Bronnenmeister sich besprechen und es der ganzen Nachbarschaft des abends anzeigen, damit ein jeder Nachbar des andern morgens frühe um 7 Uhr sich bey dem Born finden lasse, und den Irthum oder Anschlag anhöre, und also nachbarlich sich erzeige. Wo nicht also, und einer unter den Nachbarn nicht Ge=

Gehorsam leisten würde, und dächte vielleicht, es habe kein Noth, und will seinem Nutzen anderstwo nachgehen, so soll derselbe Nachbar der ganzen Nachbarschaft in die Straffe eines halben Viertels Wein verfallen seyn.

Zum Sechsten, auch soll ein jeder Nachbar persönlich zugegen seyn, und nicht durch sein Gesind oder Weib ausrichten lassen, es seye dann ein Leibsnoth oder sonst tüchtige Ursache nicht zu erscheinen. Wo aber nicht, so soll derselbe der Nachbarschaft mit drey Maaß Wein zu Straffe verfallen seyn.

Zum Siebenden, ein jeder Nachbar ehe und bevor er verreiset, soll sich selbst bey den Nachbarn zeigen und ansagen seine Noth und Ursach, und dann mit Erlaubniß der Nachbarn verreisen, unter Straff eines halben Viertels Wein.

Zum Letzten, ist es auch ein altes Herkommen und Gebrauch, daß die gantze Nachbarschaft einem Nachbarn sein Kreuz helfe beklagen, es wäre dann in Hauptschwachheiten oder sonst mit Kindersterben, und trinken eine Maaß Wein mit denselben zu Trost, auch bis daß die Nachbarn zusammengehen im Bornfegen in eines Nachbarn Haus, und sich nachbarlicher Weise frölich machen.

So weiß auch ein jeder Nachbar, daß dieß das Gebot der Nachbarschaft ist, wo sich ein Nachbar unter den Nachbarn unnütz machen würde, und einen Zanck oder Streit anfienge, so soll derselbige Nachbar in Straff der gantzen Nachbarschaft verfallen seyn, und alles bezahlen, was dann die gantze Nachbarschaft denselben Tag verzehren wird. Wo nicht also, so soll er es mit Recht bey dem Herrn Schultheisen ausmachen, und dannoch den Nachbarn in Straf verfallen bleiben.

§. 2.

Ordnung der Nachbarschaft und Brunnenmeister in der Steingasse zu Rüdesheim 1608.

(Aus einer alten Handschrift.)

Im Nahmen der hochheiligen Dreyfaltigkeit Gottes. Als in Betrachtung der allgemeinen Nachbarschaft der Steingasse zu Rüdesheim zu Gemüth geführt, daß der hochberühmte Spruch und Einigkeit, Concordia genannt, in politischen Satzungen viel erhält und wohl ausrichtet, ist aus denen vor Alters unsern theils verstorbenen angestellten guten Ordnungen diese nachfolgende Vereinigung einmüthig eingewilligt zu halten und ohne Nachlaß zu vollziehen verwilligt.

Zum

Zum Ersten, sollen alle und jedes Jahr zween nächstgesessene Nachbarn, nach den Behausungen zu rechnen, niemand ausgeschieden von den vorigen Brunnenmeistern zu Nachfolgern ernannt und erwählt werden, und denselben nachfolgenden erwählten neuen Brunnenmeistern von den alten abgehenden, die Brunnenbütte, das Seil, das Aschermitwochsfaß, die Trumb, Hacken, Geschütz, Fahnen, dieses Buch und alles, was dem anhangt, so gemeiner Nachbarschaft zuständig, eingeantwortet und überliefert werden, bey Straffe.

Zum Zweyten, es sollen auch dieselbige neue Brunnenmeister dieselbe Dinge, welche ihnen zu behalten dasselbige Jahr eingeliefert, in guter Verwahr und Besserung erhalten, den gemeinen Born in der Steingasse und was daran verbauet in Kosten angewendet, alles getreulich verrechnen, bey einem jeden die angewendte Kosten erheben, und folgends den neuen Brunnenmeistern wieder überliefern bey Straffe.

Zum Dritten, sollen diese Brunnenmeister die vorgenannte der Nachbarschaft zuständige Sachen auf keine Wege zu ihrem aigenen Nutzen gebrauchen, auch nicht Macht haben, etwas davon ohne gemeine Bewilligung einem andern Nachbarn, vielweniger ausserhalb hinweg zu leihen oder schädigen

 zu

zu lassen, bey ohnnachläsiger Straffe und Erkanntniß der Nachbarn.

Zum Vierten, sollen die erkorne Brunnenmeister, so es Zeit hat von Jakobi bis Michaelis, die Brunnen zu säubern und fegen allen Nachbarn des vorigen Tags umsagen, ihre Anstellung anzaigen, sie auf eine Stunde beyeinander beschaiden, ein Umfrag thun, welche bey der Mahlzeit nach verrichter Arbeit erscheinen oder nicht, zu erklären, darauf sie sich zu richten, und in keine ohnnütze Kosten geführt werden.

Zum Fünften, diese zween Brunnenmeister seind schuldig selbigen Jahrs in den Brunnen zu steigen, oder eine Mannsperson, so darzu dienlich, in ihren Kosten zu gewinnen.

Zum Sechsten, es soll ein jeder Nachbar Mannsperson selbsten, sofern er einheimisch und auch vermöglich ist, in der angesetzten Stunde erscheinen, abwesende aber oder ohnvermögliche eine starke Mannsperson auf seine Kosten darzu gewinnen, bey Straffe eines Viertels Wein.

Zum Siebenten, wann der Benachbarten einer oder mehrere, die in ihren Häusern Brunnen haben, dieselbe zu säubern und zu fegen begehren, sollen sie es alsbald in der ersten Versammlung anzeigen, und soll ihm alsobald willfart und von sämtlichen Nachbarn geholfen werden, um die Gebühr wie

bey

bey den Alten ein halb Viertel Wein gesetzt ist.

Zum Achten, dieser Verdienst des ernennten Weins soll in der Versammlung über Tisch gelangt oder bey dem, so den Wein auftragt, gut gemacht werden, und nicht länger anstehen, wie auch die zween neue künftige Brunnenmeister, so in jetziger Versammlung erwählt werden, sollen nach altem Herkommen jeder eine Maaß Wein zu geben schuldig seyn.

Zum Neunten, seind die zween selbigen Jahrs Brunnenmeister schuldig auf gethanene Erklärung der Zusammenkunft der Nachbarschaft, nach Begehren einzukaufen, zu Kochen, aufzutragen, die Gebühr eines jeden über Tisch zu Verrechnen, selbst mit zu gelten, und einen guten nachbarlichen Willen zu erzeigen, wie von Alters herkommen, bey Erkanntniß der Straffe des Uibergehens.

Zum Zehnten, und dieweil etliche unruhige neu Ankommende etwan aus Muthwille, dieser alten vereinigter Nachbarschaft und Ordnung zum Nachtheil, unter dem Schein der Sparlichkeit bis zum Vortheil etwas zum Besten nicht erscheinen, so ist einmüthig dahin beschlossen worden, daß doch ein jeder einmal im Jahr zur Zeche oder Collation des Brunnenfegens erscheinen solle, (Herrendienst und Leibsnoth ausgescheiden) wo wo aber nicht, soll er die halbe Zeche, so dasselbigemal nach gethanener Arbeit verzehrt und berechnet wird, zu bezahlen schuldig seyn, samt ihren Baukosten.

Zum Eilften, dieweil auch vorgemelten Brunnenmeistern, gesetzte Mühe, Arbeit und aller guter Wille obliegt, so ist es billig nach gerechnetem Ufstragen und gemachter Zeche, daß ein jeder alsbald oder zuvor mit gutem Willen ohne Verlängerung sein Geld erlege und bezahle.

Zum Zwölften, werden nach altem Herkommen, in der Zeche dem Mann zwey und der Frau ein Theil gerechnet, als gesetzt, der Mann bezahlt ein Albus, so giebt die Frau 4 Heller, und so fort.

Zum Dreyzehnten, die verwirkte Strafsen sollen von den Brunnenmeistern angezeigt werden, und sie selbst die erste Stimme haben, nachgehends die gehorsame Nachbarn nach Verbrechen die Strafen setzen, und wann sie erkannt, erhoben, erlegt, eingenommen, wieder angelegt und verzehrt werden.

Zum Letzten, also soll es auch, da einer oder mehr etwas in gemeiner Nachbarschaft stiften würde, oder sonsten wie es käme oder Namen hätte, zum besten wäre, immer gehalten werden.

Weitere

Weitere Ordnung der Nachbarschaft in der Steingasse zu Rüdesheim, die Faßnacht oder Aschermittwoche belangend.

Demnach die uralten Benachbarten allwegen im Herbst die geistlichen Victorsherrn in der Probstei, wie auch den Zehnthof, und des Freyherrn von Brömsers Hof zur Beylage des Faßnachtstrunks vor der Kelter ersucht, und allzeit gutwillig nach Gelegenheit des Herbstes etwa reichlich begabet, seind die zween des Jahrs alten Brunnenmeister diese vorgesagte Anforderung in aller Güte in ermeldten Höfen zu ersuchen, bis ihnen nach Gutdünken eine Gabe Most gegeben oder warum nicht, geantwortet wie von Alters.

Und geschieht zwar dieses darum, dieweil die Geistlichen und die von Adel nicht allzeit persönlich, noch bisweilen ihre Diener zu Lieb und Leid erscheinen, und dannoch sie der Nachbarschaft in Sterbensläuften, Brunnenfegen, Feur und Wassersnoth rc. Hilf und Beystand bedürftig seind, jedoch hiermit ihren guten nachbarlichen Willen zu obgesagter Vereinigung bezeigen.

Um solchen Wein nun aus den vorbesagten Höfen, wie auch von den Benachbarten einzusammeln, soll ein geeichtes Kübelchen oder Bütchen von einem Viertel gros gehalten werden, und nach Willen und Gelegenheit desselben Jahrs Brunnenmeister bey einem

einem jeden Nachbarn den Most im Herbst gutwillig zu erlegen, doch ohne Zwang erfordert werden, und was also eingesammelt und erhoben worden, seind die Brunnenmeister oder die Aschermittwochsmeister in einem Faß auf der Benachbarten Kosten zu erhalten, folgend bey der Zusammenkunft der Nachbarschaft zur Zeche aufzutragen, und, wie bey dem Brunnenfegen, zu Kochen und allerdings guten Willen zu erzeigen, so lang der Wein getrunken und von den Nachbarn zu rechnen begert wird, alles aufgetragen ausser Aepfel, Birn, Nüsse, Kühekäß, Salz, Zwiebeln, zu verrechnen schuldig sind, einem wie dem Andern.

Alles andere aber, als Brod, Fleisch, holländischer Käß, Butter, Eyer, Essig, Würz und ein Karrn Holz wird getreulich in Ausgab verrechnet, und muß alsobald nach gethaner Rechnung bezahlt werden, wie oben bey dem Bornfegen angezeigt ist.

Wofern aber bey diesen und dergleichen herrlichen Versammlungen der Nachbarschaft zu lieb und zu leid, einer oder mehrern sich Zankens oder Haderns gelüsten liessen, und über gemachte Vereinigung einer den andern lügen strafte, ist die Straffe des Anfängers ein halb Viertel Wein, und des rauen Antworters mit gleichen Worten eine Maaß Wein, die sie alsobald zu erlegen schuldig sind.

Wür-

Würden sie sich aber ferner mit ehrenrührigen Worten einer den andern verletzen, soll allzeit der Anfänger um einen Gulden, und der unlaidige Antworter um einen halben Gulden strafbar seyn. Wollen sie alsdann noch nicht Frieden halten, und einer den andern mit der That und Faust angreiffen, soll man diesen Zankischen die Kerb darlegen, und alles was dießmals verzehrt worden ist, berechnen, und sie bezahlen lassen, wie vor Alters.

Und dieweil aller Zanck und Hader, so zu Zeiten entstehet, unter ihnen der Steingässer Nachbarschaft auch verbleiben und vertragen werden, welches durch unruhige Köpfe an höhere Obrigkeit zu bringen geschehen mag, ist darum unsers gnädigsten Churfürsten und Herrn, und desselben Vorgesetzten gebietenden Amtleute Straffe hierin ausdrücklich vorbehalten.

Jakob Sartor und Elias Tilmetzler haben dieß Buch der gemeinen Nachbarschaft verehrt, also daß es bey allen und jeden Brunnenmeistern nebst andern der Nachbarschaft zuständigen Dingen erhalten und gefunden werden soll, und haben sie für gut angesehen, daß man jährlich alle denkwürdige Sachen darin verzeichnen möge.

So hat im Jahr 1608 bey dem Brunnenfegen das Paar (Mann und Frau) verzehrt im Zech, welches über Tisch gerechnet worden,

den, 13½ Albus. Die Maaß Wein hat gegolten 6 Alb. ein Pfund Hammelfleisch 12 Den. Ein Viertel (25) Eyer 5 Alb. 1 kr. Ein Weck hat gewogen 22 Loth. Item das Malter Korn hat zu Bingen gegolten 3 Fl. 15 kr. Das Fuder Wein dießjährigen Gewächses 120 Fl. Das Fuder firnen Wein vom Jahr 1605 nur 100 Fl.

Am 21ten August 1609 ist unser Brunnen in der Steingasse gefegt worden, und wurden Jakob Anz und Peter Lörbach zu Brunnenmeister erwählt, laut der Ordnung. Das Paar hat gegolten in der Zeche 18 Alb. die Maaß Wein 13 kr. Ein Weck hat gewogen 20 Loth, und hat sich ein grosser Streit im Römischen Reiche erhoben, wegen der Pfenninge und anderer Münze halber.

1609. den 23ten August ist Lotharius des Geschlechts von Metternich Churfürst zu Trier allhier im neuen Stern über Nacht gelegen, folgenden Sonntag allhier Messe gehört und nach Maintz gefahren. Derselbe ward von uns Rüdesheimer mit 24 Musquetirern vom Zoll Erenfels bis gen Geissenheim begleitet, derhalben er uns 4 Rthlr. verehrt hat.

Zu Maintz kamen damals zusammen die Churfürsten von Maintz, Trier und Köln, und der Koadjutor von Köln ein Bayerfürst, und viel stattliche von Adel, und wurde dazumal

zumal im Schloß eine Komedi gehalten von Pauli Bekehrung. Gott gebe, daß die hohe Zusammenkunft friedsame gottgefällige Dinge tractire.

Den 3. 4. 5 und 6ten Dezemb. geschahe vom Vizedom und Burggrafen als Commissar unseres gnädigsten Churfürsten und Herrn eine Generalmusterung, und wurden gemeinlich Mußquetier geordnet, mit Flaschen, Bandelier, Lunten und Seitengewehr.

1610. Auf Trinitatis (6. Jun.) wurde wiederum eine general Musterung durch den Oberst Reiffenberg Burggrafen und Breidenbach zu Geissenheim gehalten, und der Ausschuß von der alten Fahne verbessert. Auf Dienstag den 22ten Jun. seind wir mit 90 Mann citissime gegen Walluf in die Wehr erfordert worden.

Im Jahr 1611 ist eine Reuterwerbung der Rheinischen Churfürsten im Rheingau gewesen, weil Brandenburg die Herzogthümer Jülich, Cleve und Bergen eingenommen und den Rheinstrom mit neuen Licenten beschwert hat, und unter Cöln von jedem Fuder Wein 12 Reichsthaler, und von jeder Waare nebst dem gewöhnlichen Zoll, noch grössere Zölle und Licenten forderet, so wider die Reichsconstitution geloffen.

Im Jahr 1614 musterte man allenthalben, in der Pfalz und im Rheingau. Das Rhein=

Rheingau gab aus jedem Amt hundert Mann zur Pfortenwacht nach Maintz, und 6 Alb. giebt ihnen des Tags unser Churfürst. Dem Herrn Vizedom von Brömser nunmehr Groshofmeister, ist in diesen Tagen von einem ehrsamen Rath Rüdesheim ein ansehnliches Stück Wald hinter Plickholz eigenthümlich eingegeben worden, ohngefehr 200 Morgen, gegen 15 Malter Korn, das Medumskorn von Ebenthal fällig, jährlich unserm gnädigsten Churfürsten nach Eltvill zu liefern.

XXIX.

ADOLFUS Romanorum Rex proscriptionem HEINRICI Ducis *Brunswicensis* cum consensu GERHARDI Archiep. Mogunt. ad tempus differt. 30. Sept. 1294.

(Ex autographo.)

Nos ADOLFUS Dei gratia *Romanorum Rex* semper Augustus. Ad universorum sacri Imperii fidelium noticiam volumus pervenire, quod nobis in Castris apud *Mitelhusen* pro tribunali sedentibus, crastino post festum beati Michaelis anno Domini M.CC. LXXXXIIII. Regni vero nostri anno tercio, Venerabilis GERHARDUS Magunt. Archiepiscopus, tam per litterarum nostrarum, quam felicis recordacionis quondam Domini

RU-

RUDOLFI Romanorum Regis Anteceſſoris noſtri documenta legitima docuit in judicio coram nobis, quod in cauſa, quam idem Princeps noſter habere dinoſcitur contra Illuſtres HEINRICUM & ALBERTUM Duces de *Brunswig*, eſſe proceſſum, quod ſcilicet ubicunque & quandocunque ex parte requireremur ejusdem, dictos Duces proſcribere deberemus.

Verum memoratus Archiepiſcopus Maguntinus noſtra & noſtro Conſiſtorio tunc aſtancium devictus inſtantia conſenſit, quod proſcriptionis ſentenciam contra unum Ducum de *Brunswig* predictorum, HEINRICUM, videlicet proferendam differremus. Hanc itaque proſcriptionis ſentenciam, communi noſtro Conſiſtorio tunc aſtancium dictante ſentencia, nos hanc dilacionem poſſe facere ſic decrevimus differendam, quod quandocunque & ubicunque ex parte dicti Principis noſtri Maguntini Archiepiſcopi, eam ultro differri nolentis fuerimus requiſiti, ad ſentenciam proſcriptionis hujusmodi proferendam procedere debeamus, preſencium teſtimonio litterarum. Datum & actum loco & die & anno ſuperius annotatis.

XXX.

Der Römische König Adolf bescheinet, daß der Erzbischof Gerhard von Mainz wider den Herzog Albrecht von Braunschweig und wider Lupold von Nortemberg des Kaisers Küchenmeister, eine rechtliche Klage geführt habe. Am 4ten April 1295.

(Aus der Originalurkunde.)

Wir Adolf von Gottes Gnaden Romescher Kunig und ein Merer des Riches, tun kunt an disem Brieve, daß Wir zu Gerichte sazzen zu Oppenheim an dem vierden Tage zu ingendem Aprellen, und gab Ertzebischof Gerhart von Meintze, unser lieber Furste, sine Clage, die er hete gegen Hertzogen Albrecht von Brunswig, Lupolde unserme Kuchinmeister von Nortemberg, zu Gewinne und zu Verluste mit allem Rechte, unde zu eime Urkunde der Wahrheit hiezzen Wir diesen Brief schriben und Besigeln mit unserme Insigel.

Dirre Brief wart geben zu Oppenheim an dem Tage, als vorgeschriben stat, do man Zalte von Gotes Geburte Zwelfhundert Jar, vienf unde niertzig Jar, in dem dritten Jare unsers Riches.

XXXI.

Friderich von Roßdorf und Dieterich von Hartenberg versprechen dem Erzbischof Gerhard von Mainz die ihnen anvertraute Schlösser im Eichsfelde wohl zu verwahren. 26. Febr. 1296.

(Aus der Originalurkunde.)

Ad futuram rei noticiam. Nos FRIDERICUS de *Rosdorf* & THEODERICUS de *Hartenberg* Milites recognoscimus in hiis scriptis, quod municiones & Castra, videlicet *Rusteberg*, *Hanstein*, *Hartenberg*, *Horeburg* & *Heiligenstad*, que nostre fidei sunt commissa per Reverendum Dominum nostrum GERHARDUM Archiepiscopum Maguntinum, promittimus data fide, sicut in commisso recepimus, custodire, regere, defensare fideliter, & in necessariis procurare, sibique suisque successoribus restituere libera & soluta, quandocunque alteri partium displicuerit hoc commissum.

Restitutionem quoque hujusmodi nulla dampnorum, que in eisdem aut eorum intuitu quocunque modo sive casu etiam fortuito sustinuerimus, nomine pignoris retardabit. In cujus rei testimonium presentem litteram sigillorum nostrorum munimine tradimus communitam. Datum anno Domini

Mil-

Millesimo, ducentesimo, nonagesimo sexto, quinto kal. Marcii. a)

XXXII.

Wilhelm von Frankenstein leistet dem Erzbischof Peter von Mainz Bürgschaft, für den Kaiser Ludwig den Baier. Am 27. Jul. 1318.

(Aus der Originalurkunde.)

Ego WILHELMUS de *Frankenstein* fidejussor constitutus Reverendo in Christo Patri Domino PETRO Archiepiscopo Moguntino ex parte Serenissimi Domini mei, Domini LUDOWICI Romanorum Regis, publice recognosco cupiens ad cunctorum presentium in pectorum noticiam pervenire, quod ego inducíatus a prefato Domino PETRO Archiepiscopo Moguntino usque ad festum Assumptionis beate Marie Virginis proxime affuturum promitto fideliter & astrictum me esse fateor, sub juramento quo in prioribus meis litteris, eidem Domino Archiepiscopo sum

---

a) Die Urkunde, worin der Erzbischof Gerhard von Mainz diesen Rittern die obgemeldte Schlösser zu verwahren übergeben hat, ist von dem nämlichen Datum, und zu lesen bey de GUDEN. *Cod. diplom.* I. p. 891.

ſum ligatus, quod ad obſtagium & ſolvendum promiſſionis debitum venio & venire teneor absque omni monitione in *Aſchaffenburch* ſuper feſtum Aſſumptionis beate Marie Virginis prenotatum, inde nullatenus receſſurus, donec eidem Domino Archiepiſcopo ex parte prefati Domini mei Regis de hiis, pro quibus ſum aſtrictus, que in litteris meis prioribus ſigillo meo ſigillatis continentur, plenarie ſatisfiat; pactis meis & litteris prioribus, quibus eidem Domino Archiepiſcopo noſcor obligatus, ſuper admiſſione hujusmodi, omnino in ſuo robore duraturis, harum teſtimonio litterarum ſigilli mei munimine ſignatarum. Dat. *Strubing. VI.* kal. Aug. Anno Domini M.CCC. decimo Octavo. a) *Similes litteras fidejuſſorias dedit* ALBERTUS Hummel de Liechtenberg, *ejusdem tenoris, dati & verborum.*

XXXIII.

PETRUS Archiep. Mogunt. ſententias in Synodo Mogunt. contra non promotos plura beneficia poſſidentes prolatas relaxat. 1. Jul. 1314.

(Ex autographo.)

Nos PETRUS Dei gratia ſancte Moguntine

a) Dieſen Wilhelm von Frankenſtein hat Humpracht in ſeinen Stammtafeln nicht bemerkt, und kann hieraus ergänzt werden.

tine sedis Archiepiscopus, sacri Imperii per Germaniam Archicancellarius, devotis & sepius cum instantia repetitis supplicationibus devotorum & dilectorum, nostrorum Prælatorum & Capitulorum Majoris & aliarum ecclesiarum Mogunt. favorabiliter inclinati, suspensionis & excommunicationis sententias per nos in genere prolatas & nuper in proxima synodo Magunt. publicatas contra *non promotos*, plures dignitates, Personatus aut beneficia absque dispensatione tenentes, defectum etatis patientes, & non residentes in suis beneficiis, nostre Civitatis & Diocesis, gratiose presentibus relaxamus. Correctionem & emendationem predictorum & dispositionem fructuum Dignitatum Personatuum ac Beneficiorum eorundem nostre ordinationi, sicut ad nos pertinet, nihilominus reservantes. a) Datum in *Bensheim* Anno Domini M.CCC. quartodecimo. Kalend. Julii.

XXXIV.

---

a) Im ersten Bande dieser Beyträge S. 412. habe ich aus einer Rechnung vom Jahr 1316 angeführt, was die *non residentes & promoti* haben bezahlen müssen, welches ohnzweifel eine Folge von der gegenwärtigen Verordnung gewesen, worin sich der Erzbischof Peter eine *dispositionem fructuum* vorbehalten hat. Was aber durch das Wort *Promoti*

XXXIV.

HENRICUS Rom. Rex. cavet PETRO A. M. in *Bohemia* absenti de terris Archiepiscopatus Moguntini 1310.

(Ex autographo.)

Nos Heinricus Dei gratia Romanorum Rex semper Augustus. Ad universorum noticiam cupimus pervenire, quod rectitudinis & justicie zelo moti, bona fide promittimus per hec scripta venerabili PETRO Archiepo Mogunt. Principi & Secretario nostro Karissimo & Ecclesie Mogunt. quod si durante absencia ejusdem Archiepi a sua Dyocesi ac ipso cum Illustri Principe JOHANNE Rege Bohemorum primogenito nostro Karissimo moram in Regno *Bohemie* faciente, castrum vel municionem aliquam aut oppidum predicte Ecclesie destrui per suos hostes aut expugnari forsitan quod absit, contingeret, satisfactionem, emendam & restaurum debitum, conveniens & condignum sibi desuper utique faciemus, cum de hoc per

 ipsum

---

motis verstanden worden, habe ich nicht gefunden; glaube auch nicht, daß man die promotos in Universitatibus oder die Graduatos dadurch gemeint habe, weil auch die älteste deutschen Universitäten, als Heidelberg, Prag, Köln, Erfurt rc. damals noch nicht errichtet gewesen.

ipsum fuerimus requisiti. Datum *Spire.* Non. Sept. Anno Dni Mo CCCo Xo Regni vero nostri anno secundo.

XXXV.

Littere Decani & Capituli Fritzlariensis ad Decanos Moguntinos, de mittendis nuntiis ad Curiam Romanam &c. 1311. 31. Aug.

(Ex autographo.)

Honorabilibus viris Dominis suis Reverendis. . . Decanis Majoris & aliarum Ecclesiarum Magunt. . . . Decanus totumque Capitulum Ecclesie Fritslariensis quantum possumus reverentie & honoris.

Honestum virum Dominum PETRUM officiatum Prepositure *Fritslariensis* nostrum Procuratorem & Nuntium specialem, exhibitorem presentium vestre Reverentie duximus transmittendum, ad audiendum mandatum sedis Apostolice, tractandum & concordandum vobiscum de Procuratoribus & de Nuntiis ad curiam transmittendis, ratum & gratum habituri, quidquid ad premissa duxerit faciendum.

Supplicamus tamen omni humilitate qua possumus, quatenus tribulationes & miserias nostras

noſtras attendere dignemini, quia nobilis vir Comes de *Waldecken*, quod vos latere non credimus, nos iſto anno omnibus noſtris redditibus ſpoliavit, nobis & Eccleſie noſtre tale onus imponatis, quod poſſimus aliqualiter tollerare. Datum II. Kal. Sept. anno Domini M.CCC.XI. Sigillo noſtre Eccleſie ad cauſas uſi ſumus.

XXXVI.

HEINRICUS Rom. Rex PETRO Archiepiſcopo Mogunt. abſolutionem *Wolflini* Civis *Pragenſis* committit. 15. Sept. 1311.

(Ex autographo.)

HEINRICUS Dei gracia Romanorum Rex ſemper Auguſtus, venerabili Petro Archiepiſcopo Moguntino, Principi & Secretario ſuo dilecto graciam ſuam & omne bonum. Abſolutionem *Jacobi Wolflini* Civis Pragenſis, quem propter etatis ſue ſenium in vinculis deficere credimus, tibi & Illuſtri Johanni filio meo Kariſſimo duximus committendam, volentes, ut de abſolutione hujusmodi, de qua tempus eſſe dignoſcitur, facias & ordines, quod tibi & eidem filio noſtro videbitur expedire. Datum in Caſtris ante Brixiam, XVII. Kalend. Octobr. Regni noſtri anno tercio.

XXXVII.

Emptiones & Solutiones

Domini PETRI Archiepiſcopi Moguntini. a)

Primo, quod Dominus PETRUS Archiepiscopus Maguntinus ſolvit ſexcentas Marcas Colon. pro illo de *Bruberg*.

Item ſolvit ſexcentas libras hall. pro redemptione medie partis opidi *Buchheim*.

Item ſolvit ſeptingentas libras hallenſes pro redemptione opidi *Dippurg*.

Item ſolvit quadringentas lib. hall. illi de *Stralingen* pro duabus villis.

Item ſolvit ſexcentas Marcas puri argenti pro Caſtro *Scharpinſtein*.

Item ſolvit trecentas lib. hall. illi de *Sluzzelnberg*.

Item ſolvit nonaginta Marcas Colon. illi de *Libesberg*.

Item ſolvit ducentas Marcas Colon. illi de *Bickenbach*.

Item ſolvit quadringentas & quinquaginta marcas argenti pro redemptione reddituum in *Geismar*.

Item

a) Aus einem gleichzeitigen Verzeichniß auf Pergament, welches ohnzweifel zu den Lebzeiten des Erzbischofs Peter oder bald nach desselben Todt verfertigt worden ist. Ich setze also sein Datum auf das Jahr 1320.

Item solvit trecentas marcas argenti pro redemptione reddituum in *Frislar.*

Item solvit trecentas marcas Colon Comiti de *Zigenhain* pro omagio.

Item solvit sexcentas libr. hall. quas dedit Cellerarius in *Amelburg* pro particularibus redemptionibus.

Item solvit mille quadringentas libras hall. illi de *Bruberg.*

Item solvit *Ringravio* centum & sexaginta marcas Colon.

Item solvit illi de *Falkenstein* trecentas marcas Colon.

Item solvit Comiti de *Waldecke* Mille marcas Colon, pro redemptione Castri *Werdere.*

Item solvit CCC, lib, hall. dictis de *Ulnere* pro redemptione aliquorum bonorum in *Dippurg.*

Item solvit mille trecentas lib. hall. pro *anniversario.*

Item solvit quingentas lib. hall. pro redemptione *Forstenawe* illi de *Erpach.*

Item redemit *Pullincheim* pro centum lib. hall.

Item solvit septingentas Marcas Colonienses pro bonis *Wolframi* dicti *Zenechin* militis.

Item

Item . . . . . (*deletum est.*)
Summa XVI Milia CC. & LXXVIII Lib. Hell. a)

XXXVIII.

MATHIAS Archiep. Moguntinus Subsidium majus per Præposituram Aschaffenburgensem exigi atque BERTOLDO fratri suo assignari mandat. 28. Mart. 1322.

(Ex autographo.)

MATHIAS Dei & apostolice sedis gracia sancte Maguntine sedis Electus dilectis in Christo . . Custodi & *Heilmano* cellerario suo, Canonico Ecclesie *Aschaffenburgensis* salutem in Domino.

Cum

a) Diese Summe von 16278 Pfund Haller, die der Erzbischof Peter erspart und zum Besten des Erzstiftes verwendet hat, ist beträchtlicher als man bey dem ersten Anblicke denken sollte: denn um diese Zeit, wo 36 Schillinge oder 1⅘ Haller eine Kölnische Mark ausmachten, (S. oben B. I. S. 413. dieser Beyträge) betrug obige Summe nach dem heutigen 24 Fl. Fuß bey 200.000 Fl. Nimmt man nun hierzu, daß seitdeme die Naturalien um das achtfache gestiegen sind, so kann man den Betrag obiger Summe nach dem heutigen Werth auf 1600,000 Fl. rechnen.

Cum nuper in primordio adventus nostri ad Ecclesiam nostram Maguntinam de voluntate & Consensu Prelatorum ac totius Cleri nostre Majoris & aliarum Ecclesiarum Magunt. pro nostra subventione *Subsidium majus* per totam nostram Civitatem & Dyocesin decreverimus imponendum, exigendum & recipiendum, & contradictores ac rebelles ad hujusmodi subsidii solucionem per Censuram ecclesiasticam compellendum; Nos secundum fide dignorum relationem de vestra circumspectione plenius confidentes, vobis in his scriptis in solidum committimus & mandamus, quatenus predictum subsidium majus in Ecclesia & Prepositura Aschaffenburgensi imponatis, exigatis & recipiatis, & ad solutionem ejusdem subsidii completam contradictores & rebelles compellatis provide ecclesiasticam per censuram, ipsumque subsidium, postquam collectum fuerit & per vos receptum, honorabili ac religioso viro fratri BERTOLDO Commendatori de *Beychecken* Ordinis Theutonici Germano nostro Karissimo vel ei aut eis, cui vel quibus ipse mandaverit & nulli alii tradatis & plenarie assignetis.

Datum *Maguntie V.* Kalend. Aprilis, anno Domini Millesimo trecentesimo vicesimo secundo. *a)*

XXXIX.

a) De hoc *subsidio majori* fit quoque mentio in

XXXIX.

Litteræ CAPITULI metropolitani *Moguntini* ad SIXTUM PP. IV. quibus jura Ecclesiæ Moguntinæ *in Civitatem Moguntinam* contra FRIDERICUM III. *Imperatorem* defenduntur 1470. *a*)

Beatissime Pater. Cum inclita Maguntina Ecclesia semper hucusque, etiam temporibus qui-

in alio diplomate MATHIAE Archiepiscopi de 5ta Febr. 1322 apud WÜRDTWEIN *Nova subsid. diplom.* III. pag. 101. ubi ex mera liberalitate Cleri concessum dicitur.

a) Aus einer gleichzeitigen Handschrift, die das Konzept des abgeschickten Briefs gewesen zu seyn scheinet. Es ist kein Schluß und also auch weder Jahr noch Tage darin angemerkt. Auf der Ruckseite ist der Inhalt angemerkt mit den Worten *quod Civitas Maguntina pertinet ad Ecclesiam Maguntinam, & Statutum de non alienando* 1470. Wobey der letzte Ziffer in der Jahrzahl so undeutlich geschrieben ist, daß ich noch zweifele, ob es 1470 oder 1475 heissen soll. Blos der Umstand, daß Erzbischof Adolf am 6ten Sept. 1475 gestorben und im letzten Jahr seines Lebens mit dem Kaiser Friderich in guten vernehmen gestanden, bestimmet mich, daß ich die Urkunde ins Jahr 1470 setze. Daß aber die Urkunde nicht wärend der Zwischenregierung

quibus summi Romani Pontifices cum Regibus & Romanorum Imperatoribus discordabant, fuerit prout hodie est, sancte Romane Ecclesie obediens & specialis filia, cumque ab antiquissimis temporum spaciis *Civitas Maguntina* ad Ecclesiam Maguntinam pertinuit, prout spectat & pertinet de presenti, habueruntque Archiepiscopi pro tempore & ejus Capitulum Ecclesie Maguntine in eadem Civitate Maguntina temporalem & spiritualem jurisdictionem pacificam & quietam, fueruntque dicti Archiepiscopi & Capitulum a dictis temporibus prout hodie sunt, in possessione pacifica & quieta, in eadem Civitate mandandi, statuendi, jubendi, prohibendi, Officiales ponendi, jurisdictionemque temporalem in omnibus & per omnia exercendi, sicut verus Dominus temporalis, absque alicujus sacri Romanorum Imperii Regis vel Imperatoris, vel alterius cujuscunque persone (salvis infradicendis impedimen-

rung im Jahr 1475 noch auch im Jahr 1479, wo der Pabst Sixtus IV. die merkwürdige Bulle in betref der Herrschaft über die Stadt Mainz (GUDEN *Cod. dipl.* IV. p. 437.) erlassen, ihr Daseyn erhalten hat, beweisen die darin vorkommende Worte *Dominus noster Adolfus Archiepiscopus modernus*, woraus kein Zweifel bleibt, daß es vor dem 6ten Sept. 1475 geschehen seye.

dimentis) obſtaculo, recuſatione, turbatione vel impedimento quibuscunque; quod non ſolum ex antiquiſſima poſſeſſione predicta, ſed eciam ex pluribus rationabilibus cauſis, privilegiis, ſignis & adminiculis clarere & deduci poteſt, quia in vetuſtiſſimis ipſius Civitatis edificiis publicis, turribus, pallatiis, domo mercantie & Pretorio, non *aquila* ſed ymago *Sancti Martini* ipſius Eccleſie Maguntine Patroni lapidibus eſt inſculpta. Etiam officia ipſius Civitatis mechanica ſua *Privilegia antiquiſſima* ab ipſa Eccleſia Maguntina ſe poſſidere conteſtantur. Archiepiſcopus etiam pro tempore ipſius Eccleſie a ſupradictis temporibus OFFICIALES ejusdem Civitatis Maguntine ad ſuum beneplacitum eligere, ponere & deponere habuit, prout hodie habet, videlicet *Camerarium*, qui ſalvum conductum dare, *ſcultetum & Judices Seculares*, quorum nunc ſunt quatuor, qui una cum Camerario & Sculteto ſuper hereditariis bonis, rebus & poſſeſſionibus judicare, *Nummularios & Campſores*, qui monetas cambiare, *Magiſtrum fori*, qui venalia tam comeſtibilia quam incomeſtibilia, ſi matura & temporata ſunt conſpicere, pondera, ulnas & omnes menſuras tam frumentorum quam liquorum rectificare, *Bedellos & Curſores*, qui citaciones & arreſta facere, & *Walpotum* vulgariter appellatum,

qui

qui lenones & mulieres peccatrices punire solent, debent & juramento sunt astricti.

Attestantur eciam tria dicte Civitatis antiquissima SIGILLA, *magnum* videlicet *parvum* & *secretum*, in quorum *primo* ymago S. Martini pontificalibus induti cum baculo pastorali super Cathedram sedentis, a cujus dextra verbum SANCTUS, a sinistris MARTINUS, & in ejus orbita hec verba: AUREA MAGUNCIA ROMANE ECCLESIE SPECIALIS FILIA sunt infossa; non dicit Romani Imperii sed Romane ecclesie specialis filia; & in ejus *secundo* Sigillorum effigies Sancti Martini caballum equitantis, gladio pauperi vestem dividentis, & in ejus circumferencia verba: † S. UNIVERSITATIS CIVITATIS MAGUNTINE ponuntur; & in *tercio* Sigillo suo secreto ipsius Civitatis, ymago Sancti Martini in lecto jacentis & facies salutaris cum hiis verbis: MARTINUS ADHUC CATECHUMENUS HAC ME VESTE CONTEXIT continentur.

ARMA etiam in *Banneriis* & *Vexillis*, quibus Cives Maguntini in campis contra hostes suos & bellis utuntur, *duas rotas cum cruce intermedia* in se continent, nec cum armis clipei aquile vel Imperii sed cum signo, & insigniis Rote & coloribus Ecclesie Maguntine exornata consonant & concordant, nec dicte Civitatatis Cives, quando Dominus

Imperator vel Romanorum Rex exercitum cum suis Principibus Electoribus tenent in campis, ad Cives Imperiales deputantur, sed sub Vexillifero Domini Archiepiscopi Maguntini ordinantur, sicque Cives Civitatis Maguntine Archiepiscopum Maguntinum pro tempore & suum Capitulum Maguntinum pro suis Dominis temporalibus & nullum alium Dominum temporalem recognoverunt, dempto tamen aliquantulum diuturno temporis spacio, quo dicti Cives de facto, nullo jure suffulti, contra obedienciam suorum Archiepiscoporum & Capituli se opposuerunt & rebellionem fecerunt.

Attamen tempore dicte rebellionis vel alias ante tempus vel post, Cives predicti nomine dicte Civitatis nulli Regi vel Imperatori Romano homagium, obedientiam vel juramentum astrictionis aliquod prestiterunt, sed se Civitatem liberam *ab Archiepiscopo* & Capitulo predictis *privilegiatam* possidere pretendebant. Verumtamen temporibus oppositionis & controversie ac ante & post, Archiepiscopi Maguntini pro tempore ut predictum, semper predictos Officiales suos in ipsa Civitate Maguntina ad libitum suum ordinaverunt, elegerunt & disposuerunt; & in signum veri Dominii, quod *patibulum* seu furca ipsius Civitatis Maguntine, in qua fures propter delicta sua suspenduntur seu suspensi fue-

fuerint, vetustate ruinosum vel consumptum . . . tociens quotiens ad mandatum Officiati Archiepiscopi Maguntini pro tempore predicti ipsum patibulum per Cives Moguntinos reparabatur; nullus eciam criminosus in dicta Civitate per ipsa tempora ad patibulum judicatus vel in ipso suspensus fuit, nisi Officiato ipsius Archiepiscopi Moguntini presente & consentiente, que omnia hodie casibus premissis se offerentibus pariformiter observantur, apparent & consistunt supra premissis omnibus & singulis acta, actitata, littere, scripture, privilegia, negocia & publica documenta.

Premissis tamen non obstantibus, beatissime Pater, Serenissimus Dominus Dominus FREDERICUS Romanorum Imperator hujus nominis *Tercius*, ex emulorum dicte Ecclesie Maguntine suasu, cum de sua innata Clementia id facere non creditur, de vinea alterius orsus oleris sui, salva semper honestate sue magnifice Majestatis, redigere contendens Civitatem ipsam Maguntinam sue ditioni & Imperio Romanorum, contra Canonum decreta & legitimas sanctiones, annectere & applicare proponit, noviterque non magno temporis spacio lapso Domino nostro ADOLFFO Archiepiscopo Maguntino proponi fecit, ut idem Dominus Maguntinus operam diligentiamque daret, quod Ci-

 vitas

vitas Maguntina ad manus ipsius Imperatoris reponeretur, cum tamen eadem nec in manibus ipsius Domini Imperatoris nec alicujus ex suis Predecessoribus Romanis Regibus vel Imperatoribus dive memorie per prius aliquo tempore posita vel ab aliquo eorundem possessa vel occupata fuit; nullus eciam ex dictis Romanorum Regibus vel Imperatoribus unquam aliquo tempore simile quid ab aliquo Archiepiscoporum peciit seu postulavit.

Quare beatissime Pater, ad oscula ejusdem vestre Sanctitatis pedum vestre Beatitudinis devotissimi Oratores Decanus & Capitulum ecclesie predicte humillime recurrunt, supplici petitione deprecantes, quatenus eadem vestra Sanctitas Ecclesie predicte ipsisque consulere & salubri remedio providere operamque dare graciose dignetur, quod tam nobilissimum membrum Ecclesie predicte desolacione ab eadem Ecclesia non alienetur, ipsumque Serenissimum Romanorum Imperatorem informari facere, quod sua Imperialis Majestas ab incepto hujusmodi benevole desistere velit: attento eciam beatissime Pater, quod ipsa Maguntina Ecclesia novissimis temporibus irrecuperabilia damna propter obedientiam sancte Apostolice Sedis & Imperii est perpessa; quodque etiam Dominus noster ADOLFFUS Archiepiscopus modernus

dernus maxima servicia gravissimis sub expensis Ecclesie Maguntine Illustrissimo Domino FRIDERICO Roman. Imperatori prefato & Imperio fecit & impendit, futurique Archiepiscopi Maguntini ipsi Domino Imperatori successoribusque suis Romanis Regibus & Imperatoribus Romanoque Imperio possunt facere & tenentur. *a*)

Sequitur dein conceptus statuti perpetui de non consentiendo, ut Civitas Moguntina unquam alienetur, quocunque titulo vel modo, Richardo tunc Decano; quod *statutum dein post obitum Adolfi Archiepiscopi anno 1475 renovatum fuit.*

a) Die in diesem Schreiben vorgelegte Gründe scheinen mir überzeugend darzuthun, daß Mainz nie eine freie Reichsstadt gewesen ist. Man vergleiche damit die in diesem Betref ergangene Urkunden (bey GUDEN. *Cod. dipl.* I. p. 580. IV. p. 437. 475 rc. & *in Sylloge* p. 477.) und was GUDENUS in ersten Bande seines *Codicis diplomat.* (pag 582 & 585.) wie auch ich oben Band II. S. 249. angemerkt haben, so wird kein Zweifel übrig bleiben, daß Mainz von alten Zeit her eine Erzbischöfliche Stadt gewesen, und daß die von der Stadt dawider unternommene Thathandlungen widerrechtlich geschehen seyen.

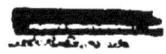

XL.

HENRICUS Abbas *Fuldensis* HENRICUM de *Westerburg* ad parochiam in *Nuheim* Archidiacono Weteraviæ præsentat.

1297. die 26. Nov.

(Ex autographo.)

Datum per Copiam. HENRICUS Dei Gratia Abbas Ecclesiæ *Fuldensis* honorabili viro . . Cantori Ecclesiæ Maguntine *a*) dilecto sibi, sincere dilectionis affectum cum salute

Ad Ecclesiam in *Nuheim* vacantem nobis ex resignatione libera LUTHERI de *Ysenburg* honorabilem virum HENRICUM de *Westerburch*, Ecclesie *sancti Gereonis* in Colonia Prepositum vobis duximus presentandum, dilectionem vestram rogantes attente, quatenus ipsum dein de cura investiatis Ecclesie memorate, adhibitis sollempnitatibus debitis & consuetis. Datum Anno Domini M.CC. Nonagesimo VII. feria tercia ante festum beati Andree.

XLI,

---

a) EBERHARDUS de *Turri* war damals Domsänger zu Mainz, an den die gegenwärtige Präsentation gelangte, weil er auch Probst zu U. L. F. und deswegen Archidiakon in der Wetterau gewesen ist. Conf JOANNIS *Rer. Mogunt. II.* pag. 327 & 669.

XLI.

Civitas COLONIENSIS Treugas init cum RUPERTO Comite de *Virnenburg*. a)

1338. 25. Febr.

(Ex autographo.)

Nos Judices, ſcabini, Conſules, ceterique Cives Civitatis *Colonienſis* notum facimus univerſis preſentium inſpicientibus litterarum proteſtantes, quod nos pro nobis, Civitate noſtra Colonienſi ac univerſis ejusdem Civitatis noſtris Concivibus Nobili viro ROPERTO Comiti de *Virnenburg* damus & concedimus firmas treugas & ſecuras, ita quod contra eundem & ſuos amicos univerſos occaſione diffidacionis per ipſum nobis & noſtris Concivibus alias facte, nihil attemptabimus, nec attemptari permittemus quovismodo, niſi dictum Dominum Comitem prius octo diebus premuniamus, dolo

S 4 &

a) Ruprecht Graf von Virnenburg war ein Bruder des Erzbischofs Heinrich *III.* Um diesen seinen Bruder in den Besitz des Erzbischöflichen Stuhls zu Mainz zu setzen, und denselben darin zu befestigen, hat er manche Fehde mit dem Erzbischof Baldewin von Trier und mit dessen Freunden gehabt. Und hierauf mag wohl gegenwärtige Urkunde einigen Bezug haben, welches mich veranlasset, dieselbe drucken zu lassen.

& fraude exclusis in premissis. In cujus rei testimonium sigilla Magistrorum Civium Civitatis nostre Coloniensis pro nobis & nostris concivibus appendi fecimus huic scripto. Et nos JOHANNES *Oilstelz* miles & EVERHARDUS . . Scabinus Colon. Magistri Civium Civitatis Colon. sigilla nostra in testimonium predictorum ad jussum & mandatum dictorum Dominorum Judicum, Scabinorum, Consulum ceterorumque Civium dicte Civitatis Colon. hiis litteris duximus appendenda. Dat. in die Cynerum Anno Dni. Mill. CCC° tricesimo octavo.

XLII.

LUDOVICUS Imperator *Conradum* de *Bunna* in Clericum, Notarium & Tabellionem assumit *circa annum* 1339.

(Ex autographo.)

LUDEWICUS Dei gratia *Romanor. Imperator* semper Augustus, in Christo nobis dilecto . . CONRADO de *Bunna* nato olim Magistri *Wilhelmi* ibidem nostrum favorem & gratiam. Propter probitatis tue merita, que tibi ex relacione nobilium dicuntur suffragari, te in nostrum & Majestatis nostre Imperialis eligimus, assumimus & accipimus Clericum & familiarem. Volentes itaque tibi gra-

gratiam facere ſpecialem, concedendo tibi, ut ſive in Curia Romana ſive in aliis locis Regni & Imperii noſtri & in re noſtra publica te diligenter exerceas in exquirendo Jura Imperialia noſtra, perſonas nobis & Imperio utiles & fideles, ipſasque & earum fidelitatem conſcribas atque conſignes, teque ſuper hoc noſtrum deputamus Notarium & tabellionem publicum, ac eciam ut libere & absque omni vexacione, exactione & thelonio in Alveo Reni tranſeas cum tuis rebus & amicis, & in quocunque alio territorio & loco nobis & Regno noſtro ſubjectis, ſi eciam neceſſe fuerit, Tabelliones, notarios & ſervos dicte Reipublice inutiles & qui infideles inventi fuerint, ipſos destituas & in eorum locum alios ſubroges auctoritate noſtra. Patrimonium & hereditatem paternam, que parentes tui poſt eorum obitum reliquerunt, ut poſſidere & obtinere valeas pacifice & quiete absque difficultate aliqua, tibi auctoritate Imperiali predicta, preſentibus indulgemus, nec non omnia alia & ſingula faciendi, que nobis, Regno noſtro & Imperio, ac eciam dicte Rei noſtre publice neceſſaria, utilia fuerint & oportuna, ſalvis tibi in dicta Curia noſtra, Regno & Imperio noſtro expenſis competentibus, quas tibi volumus per noſtros diſpenſatores, officiales & Camerarios aſſignari, noſtrarum litterarum pre-

 ſen-

ſencium teſtimonio, quibus ſigillum Imperialis Majeſtatis noſtre mandavimus favorabiliter corroborari,

XLIII.

Quatenus illi de *Wakermule* certa bona feodalia reſignaverint HEINRICO *AEpo Mog*, in favorem fratrum de *Dalewig* 20, Dec. 1341.

(Ex autographo.)

Reuerendo in Chriſto Patri ac Domino ſuo Domino HEINRICO *Sancte Maguntine* eccleſie Archiepiſcopo, ſacri Imperii per Germaniam Archicancellario, CONRADUS dictus *Wakermule* Miles, WIDEKINDUS frater ſuus, & WIDEKINDUS fratruelis ſuus Armigeri, obſequii debiti continuum incrementum, Veſtre Dominacioni ſignificamus, quod noſtra bona univerſa & ſingula, que a vobis & a veſtra eccleſia in feodo habuimus & habemus, quibus bonis ulterius alios noſtros vaſallos infeodavimus, dedimus & donavimus libere & integre Strenuis viris noſtris conſagwineis noſtris REYNHERO Militi, ELGERO, BERNHARDO ſuis fratribus Armigeris fratribus de *Dalewich* & ipſorum veris heredibus & eadem bona vobis

bis ad manus ipsorum presentibus resignamus & supraportamus, rogantes humiliter, quatenus ipsos cum eisdem bonis dignemini infeodare, de bonis vero, que in nostro usu & possessione habemus, que a vobis in feodo habemus, volumus vestri & ecclesie vestre Vasalli permanere. In quorum omnium testimonium hanc litteram vobis transmittimus, sigillo mei CONRADI *Wakermulen* militis predicti, quo nos *Widekindus* & *Widekindus* Armigeri predicti, utimur communitam. Datum anno Domini M. CCC, XLprimo, in Vigilia beati Thome Apostoli.

XLIV.

Erzbischof Heinrich verspricht die Parthie des Kaisers Ludwig von Baiern nicht zu verlassen. Am 19ten März 1346.

(Aus der Originalurkunde.)

Wir Hainrich von Gots Gnaden Ertzbischof des heiligen Stuls ze Meintz, und des Römischen Riches Ertzkantzler in tütschen landen, tun kund allen luden, und bekennen offenlichen mit disem Gegenwertigen Brief, daz wir uns verwillchürt haben, und willechüren williglichen und unbetwungen, ob wir gen unsern Hrn Hrn Ludwigen Römischen Keiser, überfür an dheinerlei Stükken, nach den Briefen, die wir im vor

und

und nach geben haben, und des besagt werden, nach denselben Briefen; und richten wir daz nicht gen demselben unserm Hrn in der Zit, als dieselben Brief sprechent, daz alle unser und unseres Stifts Amptlüt, Mann, Burgmann, Land und Lüde, unserm Capitel ze Meintz oder dem merern Teil under in ze Stund und unberzogenlich nach derselben Zit, warten und gehorsam sin, und uns nicht, als lang bis wir demselben unserm Hrn dem Keiser, dem Capitel oder dem merern Teil under in gerichten den Bruch, den wir dem Keiser getan haben, und alles daz in die weil geburt, unsern Vorgen. Hrn, von unsers Versümnüzz wegen ze tun, wan öch daz selb unser Capitel dem egen. unserm Hrn dem Keiser daz Versoumnüzz ervollen muz von unsern wegen; und des ze mererer Sicherheit, heizzen und Gebieten wir mit diesem selben Brief allen unsern Amptlüden, die wir jezu han oder hernäch gewinnen mügen, Mannen, Burgmannen, Landen und Lüden, das sie unserm vorgen. Capitel oder dem merern Teil under in wartten und gehorsam sin zu den vorgenanten Stükken, alz dikk alz daz gebürt und notgeschiht. Wann öch wir Gerichten gen demselben unserm Hrn dem Keiser und unserm Capitel oder dem merern Teil under in als Vorgeschriben ist, so sulln uns dann dieselben unser Amptlüde,

Mann,

Mann, Burgmann, Land und Lüde wider Gehorsam sin als vor, ôch alz dikk als des not beschiht; und heizzen ôch unser Vorgen. Capitel, so des not beschiht, als Vorgeschriben ist, daz si mit Dienst verbunden sin, unserm Vorgen. Hrn dem Keiser in aller der Wise alz wir verbunden waren. Auch sollen alle Brief und Verbuntnüzz, die wir und unser Capitel under ein gegeben und getan haben, in irer Kraft und Macht unverwandelt beliben, an als vil, als in disem Brief begriffen ist. Und darüber ze Urchund geben wir disen Brief versigelten mit unserm Insigel; der geben ist ze Frankinford, nach Crists Geburt druizehenhundert Jar, und in dem sehs und vierzigsten Jar, ain Sunntag nach Gedrudis.

XLV.

Ludwig Schenke von Schweinsberg bescheinet, daß ihm Kuno von Falkenstein die dem Erzstifte Mainz zugehörige Burg Wenegeberg bey Amöneburg versetzt habe. 28. Jänn. 1349.

(Aus dem Originale.)

Ich Ludewig Schenke von Swensberg Knecht bekennen, und tun Kunt allen Luden, die diesen Brief sehen adir heren lesin, daz der edel Man min Herre Her Cüne von Falkenstein

stein Dumprobist unde Vormunder des Stiftis zu Mentze mit Wizzen und mit Willen des Erwirdegin in Gotte Vadirs und Herrn mins Herren Hrn Heinrichs Erzeb. zu Mentze, mir unde minen rechten Erben daz Hus, daz da heizzet, der Wenegeberg zu Ameneburg um fünf und zwenzig Phunt Heller Geldes alle Jar virsatzt hat unde virsetzet an desim Brive, in aller der mazze, als der Brief sprechet, der hie nach von Worte zu Worte geshriben stet. Wir Cůne von Falkinstein Dumprobist unde Vormunder des Stiftis zu Mentze bekennen und tun Kunt allen Lüten, daß wir mit Wizzen und mit Willen des Erwirdegin in Gotte Vadirs unde Herrn ynseres Herrn Hrn Henrichs Erzebisschoves zu Mentze virsatzt han und virsetzen an disim Brive dem strengin Manne Ludewige Schenken von Swensberg unde sinen rechten Erben unser Hus, daz da heizzet, der Wenegeberg Ameneburg und fünf unde zwenzig phunt Heller geldes, alle Jar an die wir yn wisen uff unsern Zehenden zu Falkenhan und die Wisen zu Glene vor Nunhundert phunt Heller Ameneburgescher werunge, die der Stift von Mentze yme schuldig was, an Schaden und an Unluste, da er dem Stifte gegen Duringin und zu Salrza zu zwein malen mit sinen Frunden gedynet getruweslich hatte, und er auch daz Gelt vor unsirn

Burg-

Burgmannen unde den Scheffen zu Ameneburg kuntliche berechent hatte also bescheidenliche, wann wir oder wer den Stift zu Zyden inne hat, dem vorgen. Ludewige oder sinen Erben geben unde bezaln die vorgenannten Nunhundert phunt Heller, so sollen sy uns und dem Stifte oder wer den Stift zu Zyden inne hat, die vorgenannten fünf und zwanzig phunt Heller Geldis ledig und los wider geben ane allerlei widerrede und die bezalunge solln sy nemen zu Ameneburg, und wir sollen ynen das Gelt geliden eine Mile Wegis von dannen vor allen den die durch uns tun unde lazzen wollen, ane Geverde. Auch ist geret, daz sy von dem vorgenannten Huse dem Stifte oder sinen untertanen und mit Namen den von Ameneburg keinen Schaden tun sollen oder lazzen geschehen. Auch sal daz vorgenannte Hus uns und dem Stifte offen sin, zu allen unsern und des Stiftis noden, uns daruz und daryn zu behelfin wider allermenlichen. Auch sollen die Burgman uff dem selben Huse, Wechter und Portener yme Hulden zu sime Gelde und uns und unsirm Stifte zu unserm Huse. Auch sollent alle Brive, die er hat ubirschickt oder Anspruche zu dem Stifte dot sin unde keine macht haben. Auch ist geret, daz unser Kelner zu Ameneburg mit dem vorgenannten Ludewige oder sinen Erben den vorgenannnannten Zebenden unde Wisen verlihen, bestelln unde bekostigen solln alle Jar und sollen die Frucht und Hauwe zu Ameneburg in eine gemeine Hant legen, da unsre Kelner hyn küset und sal daz ligen zuschin der erne und unser Frauwen Dag Purificatio, seiz danne daz unsir Kelner oder wir von des Stiftis wegin yn gebent die funf und zwenzig phunt Heller, so sal die Frucht und daz Hauwe unsir ledekliche sin. Geschehe des abir nit binnen derselben Zyt, so mag er odir sin Erben damite tun waz yne eben kamet. Wanne iz ir danne sin sal zu irme nütze. Iz ist auch geret, wanne wir adir wer den Stift zu Zyden inne hat, dem selben Ludwige oder sinen Erben an den vorgenannten nünhundert phunden geben unde bezalen drühundert phunt Heller, so sallen die vorgeschriben fünf und zwenzig phunt Geldis los sin, und sollen sy daz Hus mit der Gülde, die den Portenern unde den Wechtern gevellet, behalden zu Phande vor die andern seshundirt Phunt in aller der Wise als vorgeschriben stet. Auch sal unsir Kelner zu Ameneburg yn geben als vil Gulde als man den Wechtern und Portenern biz her gegeben hat das Hus zu bewachen von dem Zehinde zu Burbach. Were es auch, daß der vorgenannte Ludewig abe ginge von Todis wegin oder gefangin wurde, daz Got virbiede, so so sollen die Burgman uff dem Huse, Wechtere und Portener sinen Erben nicht gehorsam sin, sie inhaben danne dise Artikele und Stucke auch vor globit unde gesworen in aller der Wise als vorgeschriben stet. Alle dise vorgeschriben Stucke und Artickil hat der vorgen. Ludewig in gutten truwen globit und zu den Heiligin gesworen vor sich und sine Erben stete und veste zu haldene ane allerley argelist unde Geverde. Des zu Urkunde ist unsir Ingesigel an disen Brief gehangin, unde wir Henrich Erzeb. zu Mentze bekennen, daz alle dise vorgen. Rede und Stuke mit unsern Wizzen und Willen geschehen sint, und han des zu Urkunde unser Ingesigel mit Cůnen von Falkinstein unsers Vormunders vorgenannt Ingesigel an diesen Brief tun henken. Auch han wir der fünf Vormunder gemeine Vormundschaft Ingesigel zu Gezugnüsse aller diser vorgeschriben Stucke an disen Brief tun henken. Der gegeben ist zu Frankinfort uff den mittwochin vor unsir Frauwin tag lichtmesse nach Christus geburt druzenhundert Jar in dem nün und vierzegisten Jare. Auch ist geret, daz ich Ludewig vorgenennt oder mine Erbin keinen Portener oder Wechtere uff das vorgen. Hus setzen sollen, di haben dann vor minen vorgen. Herrn unde dem Stifte zu ireme Huse, und mir und minen Erbin zu unserm Gelde in gut-

 ten

ten Truwen globit und zu den Heiligin gesworen, in aller der Mazze als vorgeschriben stet; alle dise vorgeschriben Stucke und ir ygeligis by sunder han ich Ludewig vorgenannt vor mich und alle min Erbin in gutten Truwen gelobit und zu den Heilgin gesworen, stete und veste zu haldene ane allerlej argelist und Geverde. Des zu Urkunde han ich mein Ingesigel vor mich und alle mine Erben an disen Brief gehangin, der gegeben ist des Dagis unde des Jaris als vorgeschriben stet. a)

XLVI.

Das Stadtgericht zu Mainz fodert jederman zu den ungeboden Dingen, dreimal des Jars 1356.

(Aus dem Originale.)

Allerinenlich sal wissen, das Heintze Schriber der Fürspreche stund an offen Gerichte of dem Hofe zu Mentzen, und gerte an einem gemeinen Orteil zu irfaren, yme und aller menlichem, Sint dem male, das zu dreu malen in dem Jare, drü offen ungeboden Ding sint zu Mentzen, die man alle Jar

a) Aus dem Original von Pergament, mit dem daran hangenden jedoch verletzten Insigel des Schenke von Swensberg.

Jar und zu jeglicher Zit in allen Parren kündiget und offenbart, mit den Geschworn des Gerichtes, of das altermenlich, er si geistlich oder werntlich zu den ungeboden Dingen an Gerichte zu Mentzen komme, und da zuhöre, ob yman kein sin Gut iht rüre, daz er das Verantworte, wer die selben dri Benne gewinnet, war übir das ist, ane alle Ansprache, von einem ungeboden Dinge in das ander, und von dem andern in das dritte, und das besait und besigelt wirt, und dez Gerichtes Briefe mit eiden darüber gegeben werdent, ob yman darnach er si geistlich odir werntlich, die Benne und Briefe abe gewerffen möge, oder wider die Benne ussit behalden oder gereden möge, das den Bennen schedelich si. Dis Orteil wart gegeben den erbern Luden, Jacob Bonachen, Pedirmanne zum Gensefleische, Jekeln under den Sekelern, und Petschen under den nidernscharn den Scheffen zu Mentzen, die namen sie einen Berat, und quamme darnach an offen Gerichte für die erbere Lüde, Hrn Wilhelmen von Sauwelnheim den Camerer und für Schultheizzen Rudolfen zu Mentzen, da sie zu Gerichte sazzen, des Samestags nach dem achtzehen Dage, *a)* da auch geinwertig und bi was Richter Heinrich, Richter Wilkin, Richter Jacob und andere erbere Lude vil

a) Den 16ten Jänner.

vil und gnug, und brachten das Orteil, in das sie sich irfarn haben und gewiset sin, von vil erbern und wisen Luden, und sie auch selbir ein recht dunke, wer sich zu Mentzen bestediget mit dreu Bennen zu ungeboden Dinge, er si geistlich oder werntlich von eyme ungeboden Dinge in das ander, und von dem andern in das dritte, und Jme die Benne vollengent, und nit versprochen werdent, und dez Gerichtes besaite und besigelte Brife mit Eiden dar über gegeben werdent, das man die Benne und Briefe billiche fest und stede halden solle mit allen fürworten, als sie gewonnen sint, und das nieman wider die Benne möge sin, noch nieman, er si geistlich oder werntlich, of keines mannes Gut, dar über er sich also bestedigt hat, unsint behalden solle noch enmöge, danne das die Benne vollengang sollen haben mit allen fürworten, als sie gewonnen sint. Dis Urteil quam über den dritten Man, und hatte man dez die Volge mit Eiden ane alle widersprache, als ein recht was und ist. Und hat dis Schultheis Rud. Alles mit Eiden besait, vor dem vorgen. Hrn Wilhelm Camerer, und gab darüber Richter Jacob der vorgen. das Orteil. Actum & publicatum anno Dni Mill. CCCL sexto & diebus superius annotatis.

XLVII.

XLVII.

Erzbischof Adolf verspricht dem Ulrich von Kronberg, sich ohne dessen Willen mit Ludwig von Meissen nicht zu versönen, 1374. den 2ten August.

(Aus der Originalurkunde.)

Wir Adolff von Gots Gnaden Bischoff zu Spir und Vormunder des Stiftis zu Mentz bekennen offenlich mit diesem Briefe, daß wir Ulrich von Cronenberg Vitztum in dem Ringkau und lieben Getreuen geridt und globet, und globen und redin in guten Truwen in diesem Briefe, daß wir uns mit Hrn Lodewigen von Missen Bischoff zu Babemberg nicht richten oder sünen sullen noch enwollen in keinewys von dem Stifte zu Mentz zukomen ane alle Geverde, iz yn sy dan mit des vorgen. Ulriches Willen und Verhengnisse. Des zu Urkunde han wir unser Farmudeschaft Insigel an diesen Brieff gehangen, der geben ist zu Wiher uff den Mittewochen nach sant Peterstag ad vincula. Anno Dni Millesimo trecentesimo septuagesimo quarto.

XLVIII.

Lehenrevers
über das Mainz—Oppenheimer Marktschiff.
2ten März 1395.

(Aus der Originalurkunde.)

Ich Peder Bruderthins seligen Son Burger zu Mentze, bekennen vor mich und meinen Bruder Hennen, alsoliche lehen, alse wir von unserme gnedigen in Gotte Vater und Herren Cunrad Erzebischof zu Mentze han intphangen, und mir geluwen hat, mit Namen das Mentzer Martschiff, daz an dem Fischmarte plegit zu halden an dem Fritage, alle Woche, und gein Oppenheim geet zu Marte, und an deme Samestage widder her abe, mit aller der Friheide, und mit allem alten Rechte, alse von Alder her rurret. Des zu Orkunde so han ich Peder vorgenante myn Ingesiegel an diesen Brieff gehangen. Datum Anno Domini Millesimo trecentesimo nonagesimo quinto, feria tercia post Dominicam *Invocavit.*

XLIX.

XLIX.

Schreiben des Kurfürsten Anselm Franz an den Kapuziner Martin von Kocheim, als erzbischöflichen Missionar im Obererzstift, worin er demselben befiehlt, wie die Mängel in den Pfarreien zu verbessern seyen. Vom 4ten März 1683.

Anselm Franz von Gottes Gnaden Erzbischof zu Mainz, des heil. Römischen Reichs durch Germanien Erzkanzler und Churfürst ꝛc. Geistlicher lieber Andächtiger.

Wir haben ob deiner erstatteten Relation über deine bei dir aufgetragenen Mission in unserm Obererzstift gehabten Verrichtungen ersehen, was ein und anders Orts sich für Mängel befinden und wie dieselbige zu verbessern seyn mögten. Nun gereicht uns deine bishero bei dieser Mission bezeigter unverdrossener Fleiß und Eiffer zu gnädigstem Gefallen, und wollen uns versehen, du werdest darin noch ferner fortfahren, auch nicht nachlassen, dasjenige zu befördern, was zu mehrerer Ehre Gottes und der Unterthanen Seelenheil in einige Wege gereichen kann, und unsere Dir aufgetragene Kommission erfordert. Zu welchem Ende wir denen besondern Mängeln Rath zu schaffen und zu remediren nicht unterlassen werden.

Wie nun für das erste zu vernehmen ist, daß in keiner Filialkirch jemals einige christliche Lehre gehalten werde, also ist unser Befelch, du wollest diejenige Pfarrer, welche einige Filial neben ihrer Pfarre zu versehen haben, dahin Kraft dieses anweisen, daß sie in denenselben die Jugend nicht ferner negligiren, sondern selbige zum wenigsten jeweils auf den Feiertägen in der christlichen Lehre den nöthigen Unterricht geben, und also für das Heil deren ihnen anvertrauten Selen allenthalben nach Möglichkeit sorgen mögen. Und weilen wir

Zweytens vernehmen, daß sich einige Pfarrer weigern sollen wegen der Bruderschaft *Venerabilis Sacramenti* monatlich eine einige Messe zu lesen; ein jeder Pfarrer aber vermöge der Kirchenordnung schuldig ist, wochentlich zwo Messen zu halten, so wollest denenselben bedeuten, daß sie anstatt deren zwo Messen, welche sie wochentlich zu halten schuldig, hinführo eine in der ersten Woche eines jeden Monats zu angezeigtem Ende wegen der Bruderschaft lesen sollen.

Was Drittens die Kirchengefälle betrift, damit selbige in richtigem Gang und esse erhalten werden, ist unser Befelch hiermit, daß unsere Beamten den zeitlichen Kirchenmeistern zu Einbringung solcher Kirchengefälle gleichmässige Handbiethung thun sollen, wie

bey

bey Eintreibung der Schatzung zu geschehen pflegt. Zu welchem Ende du denenselben hiervon nothwendige Nachricht zu geben, auch die Kirchenmeister sich bey unsern Beamten auf bedürfenden Fall jedesmal anzumelden, zu erinnern hast. Nachdem auch

zum Vierten verspüret wird, daß unsere Unterthanen meistens die Sonn- und Feyertäge ihren Geschäften nach über Feld gehen, wodurch sie den Gottesdienst zu versäumen sich gleichsam fürsetzlich in Gefahr setzen, welches in alle Wege verbessert und abgestellt werden muß: so wollest sowohl deines Orts, als durch die Pfarrer dargegen, und daß ohne des Pfarrers Erlaubniß auf dergleichen Täge niemand über Feld gehe, ernstliche Ermahnung thun; auch die Uibertretter mit einer Kirchenstrafe unnachläßig ansehen.

Wir werden ferner zum Fünften die Verordnung thun wollen, daß unsere Unterthanen an Sonn- und Feyertägen mit Jagd- und andern Fronen sollen verschont bleiben.

Wobey aber Sechstens die ernstliche Ermahn- und Anweisung geschehen soll, daß unter währendem Gottesdienst sowohl vor als nachmittags sich niemand in Wirtshäusern Spielplätzen finden lassen möge.

Demnach auch Siebentens wahrgenommen wird, daß unsere Beamten wegen Abhörung der Kirchenrechnungen von denen

Kirchen, so ohne das geringes Einkommen haben, einen Reichsthaler oder Gulden hinwegnehmen, wodurch die Renten zum Nachtheil der Kirchen um so mehr geschmälert werden, so wollen wir geschehen lassen, auch hiermit befohlen haben, daß bey dergleichen armen Kirchen zu Ersparung der Kosten, die Rechnungen allein durch den Ortspfarrer und Schultheisen mögen abgehört werden.

Und wollen wir uns zu dir schließlich gnädigst versehen, du werdest obangeregten Mängeln und Mißbräuchen, dieser unser Anordnung gemäß, zu remediren dir aufs Beste angelegen seyn lassen. Allermassen wir nicht allein unserm Kommissario zu Aschaffenburg rescribirn, dir auf bedarfenden Fall alle Handbietung zu thun, sondern auch zugleich unsern Kellern befehlen, die Schultheisen auf den Dörfern dahin anzuweisen, daß sie die Unterthanen auch ihres Orts bey deiner Ankunft zu Anhörung der christlichen Lehre ermahnen und anhalten, und gegen die, so ohne erhebliche Ursache beschäftigt ausbleiben, die durch dich anzusetzende Kirchenstrafe exequiren. Nicht weniger auch denen Pfarrern zu Einbringung der Kirchenstrafe jedesmal auf Begehren schleunigst an Handen gehen, und also die Kirchenzucht möglichst mithanthaben helfen sollen. So wir dir nachrichtrichtlich nicht verhalten wollen, und seind dir benebens mit Gnaden wohl bewogen. Mainz den 4ten März 1683.

(L. S.) Anselmus Franciscus
Archiep. Mogunt. El.

L.

Das gelehrte Mainz.

(VIte Fortsetzung.)

140.) Bartholomäus Holzhauser.

(Gest. 1658.)

Ein in dem gräfl. von Fuggerischen Dorfe Langenau in Schwaben im Jahr 1613 gebürtiger Priester, der sich durch die Errichtung eines neuen Instituts gemeinschaftlich lebender Weltgeistlichen (Institutum Clericorum sæcularium *in communi viventium*) und durch seinen tugendhaften Lebenswandel sehr berühmt gemacht hat. Seine Studien machte zu Augsburg, Neuburg und Ingolstadt: ward im Jahr 1639 Priester, 1640 Lizentiat der Theologie, und erhielte sodann im Erzstifte Salzburg ein Kanonikat samt der Pfarrei im Kollegiatstifte zu Tittmoning. Im Jahr 1642 beförderte ihn der Bischof von Chiemse zum Pfarrer und Dechant des

St.

St. Johannsstiftes zu Leoggenthal in Tyrol und machte ihn zugleich zu seinem Vikar für die dasige Gegend seines Bißthums. Diese Stellen verwahr er mit vielem Ruhm und während dieser Zeit gelang es ihm auch, die Einführung seines Instituts in einigen Bißthümern zu bewirken. Der Kurfürst Johann Philipp von Mainz, der auf dem Wege zum Reichstag nach Regensburg 1653, durch Umsturz des Wagens sich beschädigt und deßwegen die Bäder zu Gastein an der Salzburgischen Grenze besucht hat, bekam auf dieser Reise von dem Institut nähere Einsicht, und ward von dessen Nützlichkeit so sehr überzeugt, daß er dasselbe nicht allein zu Wirzburg und sodann zu Mainz einführte, sondern auch den Holzhauser selbst in das Erzstift berief und denselben im Jahr 1655 zum Pfarrer und Dechant zu Bingen beförderte. Er starb allda mit dem Ruf der Heiligkeit am 20ten May 1658, und ward in der dasigen Kirche beerdigt, mit folgender Grabschrift:

Venerabilis vir Dei servus
Bartholomæus Holzhauser,
Sacræ Theologiæ Licentiatus,
Ecclesiæ Bingensis Pastor & Decanus,
Clericorum sæcularium in communi viventium
In superiori Germania restitutor,
Obiit Anno MDCLVIII. XX. Maji.

Holz=

Holzhausers Institut, das von seinem Vornamen die Benennung der Bartholomiter erhalten hat, fand bald so vielen Beifall, daß es noch bey seinen Lebzeiten in den Erz- und Bißthümern Mainz, Salzburg, Wirzburg, Freisingen, Regensburg, Chur, Chiemse rc. und nach seinem Todt zu Posen in in Polen, zu Gran in Ungarn, zu Prag, Passau und andern Orten eingeführt worden ist. Der eigentliche Zwecke dieses Instituts gienge dahin, daß die zur Selsorge angestellten Weltgeistliche beysammen wohnen — blos männliche Bedienten haben — die ihnen als Geistlichen zukommende Einkünfte als gemeinschaftliches Eigenthum besitzen — und unter der Aufsicht der besondern Obern des Instituts stehen sollten, um hierdurch in Stand gesetzt zu werden, ihr eigenes und des Nebenmenschen Selenheil besser befördern zu können. In den nachfolgenden Zeiten bekame jedoch dieses vortrefliche Institut allmählig eine andere Gestalt: denn als die Vorgesetzten desselben im Jahr 1680 und 1688 die päbstliche beståttigung erhalten hatten, und anfiengen einen General Präses zu Rom anzustellen, wodurch das Institut, gleich dem Jesuiten Institut, das auch anfangs vom heil. Ignaz als ein weltgeistliches Institut errichtet worden, zu einem Orden auszuarten schiene, so ergriffen die deutschen

Bi-

Bischöfe um dieses zu verhindern, andere Maßregeln, indeme der von Wirzburg und einige andere das Institut aufhoben, andere aber dasselbe so sehr beschränkten oder umänderten, auch zum Theile dessen Glieder durch einen besondern Eide an die Bischöfliche Unterwürfigkeit anhefteten, daß zuletzt ausser dem Namen, der langen Kleidung a), gewissen Gebetsformeln und an-

a) Bisher trugen die Weltgeistlichen nach alter deutscher Sitte im gemeinen Leben kurze Kleidung gleich andern Leuten, nur muste dieselbe modest und anständig seyn, und deswegen wählte man meistens die schwarze oder die braune Farbe, und blos bey der Haltung des Gottesdienstes bediente man sich des Talars oder des langen Rockes, als der eigentlichen Kirchenkleidung, bis Holzhauser denselben mit einiger Abänderung und mit Knöpfen nach Italianischer Art bey seinem Institut als eine gewöhnliche Kleidertracht einführte, gleichwie die Jesuiten sich diese Tracht, jedoch ohne Knöpfe auf Spanische Art, schon vorhin eigen gemacht hatten. Die dermalen übliche von schwarzem Taffet mit einem weissen Bande eingefaßte sogenannte Klerikal Krägen sind erst nach des Holzhausers Zeiten eingeführt worden: jedoch mag der weisse Umschlag um den schwarzen Halskragen, den Holzhauser, wie seine Abbildungen beweisen, zu tragen pflegte, zu diesen langen Krägelchen Anlas gege-

andern zufälligen Dingen, nichts von dem Wesentlichen des Instituts mehr übrig geblieben ist. Die hauptsächlichste und bis auf unsere Zeiten fortdauernde Wirkung dieses Instituts ist die Errichtung der Seminarien, die ohngeachtet der vielen heilsamen Schlüsse der Trientischen und anderer Kirchenversamm-

---

gegeben haben. Denn wenn man die Porträte der Weltgeistlichen in nachfolgenden Zeiten in dieser Rücksicht betrachtet, so wird man finden, daß dieser Umschlag von Zeit zu Zeit immer mehr verlängert worden ist. Der Stoff daran bliebe auch lange von leinen Tuch, hernach wurden sie von Flor und endlich von Taffet gemacht. In Ansehung der Farbe wurde eine gleiche Veränderung gemacht, so daß man von der weissen zur blauen und endlich zur schwarzen mit einer weisser Einfassung geschritten ist. Mit den jetzt gebräuchlichen Chorröcken von weissem Leinentuch hat es eine änliche Bewandniß. Anfangs waren es nichts als gekräuselte weisse Halskrägen, deren sich die Weltgeistlichen blos über dem Talar und bey Gottesdienstlichen Verrichtungen, wie jetzt, bedienten: von Zeit zu Zeit wurden aber diese Krägen immer verlängert, so daß sie jetzt den halben Leib bedecken, und wenn man mit dem Verlängern in dem Verhältniß fortfärt, wie es noch seit 20 bis 40 Jahren geschehen ist, so werden sie zuletzt bis auf die Fußsohlen reichen.

sammlungen bis dahin in Deutschland nicht recht gedeihen wollten, dermalen aber theils unter dem Namen des Instituts, theils ohne diesen Namen gleichermassen in blühendem Zustande sind.

Er hat folgende Schriften hinterlassen:

1) Visio pollutorum in inferno; oder von den Strafen der Sünden. Er hat es schon während seiner Studierjahren zu Ingolstadt geschrieben.
2) Visiones variæ. Sie kamen zum Vorschein, als er noch zu Leuggenthal war.
3) Tractatus de humilitate. Er hat es zu Ingolstadt in jüngern Jahren geschrieben, ward aber erst im Jahr 1663 auf Befehl des Kurfürsten Johann Philipp gedruckt, und nachher mehrmalen aufgelegt.
4) Abhandlung von der Liebe Gottes.
5) Tractatus de discretione spirituum. Es ward zu Rom 1682. Zu Wirzburg 1684. Zu Mainz 1737. und sonst mehrmalen gedruckt.
6) Constitutiones cum Exercitiis Clericorum sæcularium in commune viventium. Dieses Werk hat sehr viele Auflagen zu Kölln, Mainz, Wirzburg, Rom, Dilingen und anderswo erhalten, und wird als ein gewöhnliches Buch in den Priester Seminarien gebraucht.

7)

7) Instructiones de via perfectionis & principiis practicis pro Instituto clericali. Es ward zu Rom 1682 und 1684 und anderstwo aufgelegt.

8) Constitutiones pro spirituali & temporali directione ejusdem Instituti. Diese Constitutiones sind aus den vorhergehenden Institutionibus de via perfectionis &c. gezogen und besonders gedruckt worden.

9) Corpus & systema Instituti, ubi omnia illa describuntur, quæ vitam Clericalem concernunt, quoad exercitia, praxin & directionem.

10) Synopsis Corporis & systematis Instituti.

11) Interpretatio Apocalypsis usque ad Cap. XV. v. 5. Sehr oft ist dieses Werk abgeschrieben worden, bis es endlich im Jahr 1784 zu Bamberg zum erstenmal im Druck erschien, mit vorgedruckter Biographie des sel. Holzhausers.

Conf. *Vita Barthol. Holzhauser*, Ingolstadii 1723 edita. Item *Biographia ejusdem*, Bambergæ 1784.

141) Joh. Philipp von Vorburg.

(Gest. 1660.)

Von Geburt ein Schweizer aus Solothurn und Probst zu Münster im Bißthum Basel, kam nach Mainz und ward allda kurfürstlicher geheimer Rath. Im Jahr 1646 ist er als Fürstl. Wirzburgischer Gesandter auf dem Friedenskonvent in Westphalen gewesen. Er hat geschrieben:

1) Encyclopædia juris Publici.

2) Historia Romano-Germanica ab orbe condito usque ad Carolum Calvum sive annum 877. Tomis XII. in folio Francofurti ab an. 1645 usque 1660 edita.

3) Historia Ottonum Imperatorum, sive historiæ Rom. Germanicæ Tomus XIII. ab an. 936 usque 1003. Francofurti 1709 in folio. Conf. JOECHER *in Lexico*, HAMBERGERI *Directorium historicorum* pag. 18. & 159. *Theatrum Europ.* Tom. V. pag. 818.

142) Johann Strein.
(Gest. 1662.)

Ein zu Walthürn im Jahr 1684 gebürtiger Jesuit, der an verschiedenen Orten mit Rühm gelehret hat, und endlich als Kanzler der Universität zu Bamberg im Jahr 1662 gestorben ist. Seine Werke sind:

1) Anatomia juris utriusque. 2) Comment. in Regulas juris Pontificii. 3) Bericht von dem Wunder des Bluts Christi zu Walthürn. 4) Die Himmelsleiter und Prozessionen nach Walthürn. 5) Zodiacus spiritualis. 6) Seine Chronologia omnium Ordinum religiosorum ist noch nicht gedruckt worden. Conf. *Joecher*. Item *Alegambe* in Biblioth. script. Soc. J.

143)

143) Melchior Cornäus.

(Gest. 1665.)

Ein zu Brilon in Westphalen gebürtiger Jesuit, der viele Jahre lang zu Mainz Professor der Theologie gewesen und viele Bücher allda zum Druck gegeben hat. Er schrieb:

1) Araneus argenteus, h. e. Joa. Georgius Dorschæus Prædicans scopis theologicis detersus. Mog. 1646.

2) Judicium æquitatis delatum academicis argentinensibus circa malam fidem Dorschæanam. Ib. 1647.

3) Animadversiones in Anti Becanum Joa. Crocii Professoris Casselensis.

4) Examen judicii Joa. Georgii Dorschæi.

5) Cornu ignoratiæ Dorschæanæ.

6) Miracula Ecclesiæ catholicæ defensa contra Prædicantem Argentinensem.

7) Quæstio, an verum sit illud; aut non Papista aut non Christianus.

8) Judicium iniquitatis Dorschæanæ repulsum & vota monastica vindicata.

9) Aristoteles redivivus Romano - Catholicus.

10) Aristotelis redivivi pars altera de communione sub utraque specie.

11) Protestatio fidei catholicæ vindicata.

12) Kurze Widerlegung zweier Kalvinistischen Prädikanten.

13) Das Laster der beleidigten Majestät von Joh. Konrad Danhauer begangen.

14) Abhandlung von der Kirche, aus dem französischen des Franz Venoni übersetzt.

15) Curriculum Philosophiæ Peripateticæ, uti nunc in scholis decurri solet.

16) Manes Lutheri & Calvini judicati.

17) De anima separata.

18) Ens rationis Luthero-Calvinicum.

19) Die papierne Mauer des Fegfeurs.

20) Aristotelis redivivi Pars III de Primatu Papæ.

21) Scriptum est, Purgatorium esse &c.

22) Anticrocius, sive animadversio theologica iterata in Joannem Crocium.

23) Adhortationes in sex festa Deiparæ. Et alia quædam. Conf. *Sotwell*, *Harzheim &c.*

144) Joh. Salentin Faust von Stromberg.

(Gest. 1666.)

Ein Doktor der Rechte und Kurmainzischer Rath, hernach Reichs-Kammergerichts Beisitzer zu Speier, der eine Abhandlung de Criminibus hinterlassen hat. *Joecher.*

145) Leonhard Walz.

(Gest. 1666.)

Gebürtig zu Obernburg am Main, ward Benediktiner zu Seligenstadt, und Pfarrer allda und in dem umliegenden Orten, muste als

als solcher von den schwedischen Soldaten vieles Ungemach ausstehen; hernach ward er Prior des Klosters und im J. 1653 Abt allda, und starb am 16ten May 1666. Er hat eine Geschichte geschrieben, von deme, was sich vom J. 1631 bis 1648 zu Seligenstadt zugetragen hat.

146) Ludwig von Hoernigk.

(Gest. 1667)

Ein zu Leipzig gebürtiger Doktor der Philosophie, der Arznei und der Rechte, ward zuerst Stadtphysikus zu Frankfurt, hernach Solms Rödelheimischer Rath und Amtmann. Da er zu Frankfurt und zu Rödelheim in Religionsstreitigkeiten verwickelt wurde, gienge er im Jahr 1647 nach Mainz und sodann nach Wien, wo er das katholische Glaubensbekänntniß öffentlich annahm. Er ward allda Kaiserlicher Rath, und Comes Palatinus Cæsareus, kam im Jahr 1652 nach Mainz, ward allda Professor der Arzneikunde, Kurfürstlicher Hofrath und im Jahr 1658 Rektor der dasigen Universität. Er war auch Päbstlicher Bücherzensor und Kommissarius, und hat sich nicht allein als Arzt sondern auch als Rechtsgelehrter vielen Ruhm erworben. Er starb zu Mainz am 2ten August 1667 und ward zu St. Emmeran beerdigt. Auf desselben Grabstein sind folgende Worte eingehauen:

Sepulchrum Ludovici von Hornigk & suorum.

Jacent hic sequentes:

Maria Elisabetha von Hornigk nata $\frac{22}{12}$ Nov. 1633. collapsu partis ædium perempta $\frac{20}{10}$ Martii 1658.

Schudt in seinen jüdischen Merkwürdigkeiten gedenket seiner als eines grossen Judenfeindes, und in PAULINI *Dissertat. curiosis* pag. 9. findet man von diesem Hoernigk ein Diplom, worin er einen Schulmeister zu Kreuznach zu seinem Vikar seines Pfalzgräflichen Amtes gemacht hat.

Er hat folgende Schriften herausgegeben: 1) Tractatus de Commissariis & commissionibus. 2) Stella Notariornm. 3) De regali Postarum jure. 4) Beständige in jure & facto festgegründete Abfertigung Nürnbergischer vermeinter Refutation das Kaiserliche freie Postwesen und dessen angehörige Personen betreffend. 5) Vom Schwalbacher Sauerbrunnen. 6) Ein A B C von Medicastris. 7) Epistola de qualitatibus Camphoræ, welche in *Greg. Horstii* observationum libris quatuor posterioribus stehet. 8) Der Würgengel, oder Abhandlung von der Pestilenz. 9) Antwort auf die Frage: ob die Composition und Präparation der Arzneien den Materialisten und Trochisten zu gestatten sey? 10) Vier Fragen die Apotheker und Materialirialisten betreffend, samt deren richtigen Beantwortung. 11) Medicaster Apella, oder der Judenarzt. 12) Politia medica. 13) Eine deutsche Uibersetzung von Petri Rostinii Abhandlung von den Franzosen, aus dem Italianischen. 14) Das nachher berühmt gewordene Lied: Mein Wallfart ich vollendet hab rc. ist auch von ihm.

Conf. JOECHER in Lexico. Lersner in der Frankfurter Chronick B. I. S. 60. und B. II. S. 223 in Anhange. FREHER *in Theatro virorum eruditorum* p. 654. Wetzel in der Lebensbeschreibung der vornehmsten Liederdichter B. I. S. 443 und B. III. im Vorbericht. KNODT in *Catal.* Rectorum Univ. Mogunt. pag. 104.

147) Ferdinand Hauck.

Ein zu Amorbach im Mainzischen gebürtiger Barnabit, der viele Jahre hindurch Prediger zu Wien und zu Prag, auch apostolischer Missionar in Schlesien gewesen ist, und sich durch seinen unermüdeten Fleiß für das Selenheil der Menschen berühmt gemacht hat.

Er hat folgende Schriften zum Druck befördert: 1) Unterricht für die Pfarrer, aus dem Concilio zu Trient, Päbstlichen Bullen rc. 2) Die Herrlichkeit edeler Franken, oder Beschreibung der Fränkischen Völker.

3) Officina Sagittaria. 4) Pharetra divini Amoris. 5) Gebeter bey der heil. Messe, in drey Sprachen.

148) Georg Mentz.

(Gest. 1672.)

Ein zu Amöneburg im Mainzischen im Jahr 1602 gebürtiger Jesuit, der viele Jahre lang die Philosophie und Theologie zu Achaffenburg, Bamberg und Mainz gelehret hat, auch zu Mainz Rector des Jesuiten Collegii gewesen ist. Er starb am 30ten Oct. 1672.

Folgende Bücher hat er geschrieben: 1) Opus quadripartitum, sive meditationes in Psalmos Davidis & Cantica unter dem Titul favus distillans. 2) Psalmorum Davidis & Canticorum divini officii argumenta brevia. 3) Ars patiendi & compatiendi.

Ferner hat er aus dem Französischen ins lateinische übersetzt: 4) Regulæ Salesianæ, sive norma christiane vivendi ex Libris *Francisci de Sales*. 5) *Nicolai Causini* Dies christianus. 6) *Christiani Mayeri* Compendium industriarum spiritualium,

Conf *Jöcher* im gelehrten Lexicon. *Alegambe* in Biblioth Script. Soc. Jesu. *Wolfii* Biblioth. hebraica.

149) Joh. Christian von Boineburg.

(Gest. 1673.)

Er war gebürtig zu Eisenach im Jahr 1622, nahm im Jahr 1656 die katholische Religion an, ward nachher Kaiserlicher geheimer Rath, auch Kurmainzischer Obermarschall und Staatsminister. Im Jahr 1664 fiel er in Ungnade und muste eine fünf monatliche Gefangenschaft ausstehen. Seine Befreiung erhielte er unter dem Bedinge, an keine Rache zu gedenken; und lebte nachher von Staatsgeschäften entfernt, ein stilles Leben auf seinen Gütern und zu Frankfurt.

Er hat folgende Werke geschrieben: 1) *De usu errorum in republica*, welches noch nicht gedruckt ist. 2) Vertheidigung der Kurmainzischen Gerechtsamen bey der Krönung eines Kaisers. 3) Epistolæ ad *Joannem Conradum Dietericum*, welche Rud. Mart. Meelführer 1703 zu Nürnberg hat drucken lassen. 4) Desselben Briefwechsel mit dem berühmten Conring, ist in neuern Zeiten zu Hannover in zwey Bänden erschienen. Von seinen übrigen Briefen kann man auch viele in des berühmten Leibnizens Briefwechsel antreffen. Conf. *Joecher* im Gelehrten Lexicon. Die *Acta Eruditorum*. Das allgemeine historische Lexicon. Item im ersten Bande dieser Beyträge S. 64 rc.

150) Johann Steeb.

(Um das Jahr 1673.)

Ein Doktor der Arzneigelehrtheit und berühmter Scheidekünstler zu Mainz, der folgende Bücher geschrieben hat:

1) *Dulcedo de forti*, seu Elixir solis & vitæ, veram per dulcem liquorem auri solutionem, atque ita auri potabilis genuinam præparationem repertam. 2) Cœlum Sephiroticum Hebræorum. 3) Auch versprach er *Novam Atlantis Insulam seu hieroglyphicam antiquorum Philosophiam* herauszugeben, ist aber darüber gestorben, wovon aber das Jahr nicht bekannt ist. Conf. *Joecher*.

151) Heinrich Risselbach.

(Gest. 1673.)

Ein zu Lorchhausen im Rheingau im Jahr 1600 gebürtiger Minorit, der aber hernach den Orden verlassen hat. Denn als er im dreissigjährigen Krieg eine Zeitlang als Feldprediger gestanden, vergienge ihm die Lust zum Klosterleben, und veränderte im Jahr 1635 sein Glaubensbekänntniß zu Basel. Er wurde allda Präzeptor am Gymnasium und hernach Professor der Physick. Auf der Universität hielte er unterschiedliche Disputationen aus der Physik und Philosophie, und ließ auch sein Glaubensbekänntniß durch den Druck bekannt machen. Er starb im Jahr 1673.

152) Placidus Fleck.

(Gest. 1674.)

Ein Benedictiner im Kloster Amorbach, war zu Königshofen im Wirzburgischen im Jahr 1616 gebürtig; ward bald Lector im Kloster und 1639 Abt desselben. Im Jahr 1640 gab er ein Statutenbuch für seine Mitbrüder heraus, und hernach ein anderes für die Novizzen. Auch hat er eine kurzgefaßte Kirchengeschichte nebst vielen theologischen und geistlichen Werken hinterlassen, die aber nicht zum Vorschein gekommen sind. Conf. GROPP. *Historia Amorbac.* pag. 114.

153) Wolther Henriquez von Strevesdorf.

(Gest. 1674.)

Gebürtig zu Neuß im Erzstift Kölln aus dem Spanischen adelichen Geschlechte der Henriquez, gienge im Jahr 1603 in den Augustiner Orden zu Kölln, ward Doktor und Professor der Theologie allda, wie auch Prior, Visitator und general Kommissarius des Ordens in Sachsen und Thüringen. Im Jahr 1635 ward er vom Kurfürsten Anselm Kasimir von Mainz zum Weihbischof zu Erfurt ernannt, muste aber diese Stadt, als sie von den Schweden besetzt wurde, bald wiederum verlassen. Er kam derhalben nach Kölln zurück und ward zuerst Probst zu Geisling, und versahe im Jahr 1639 zu Lüttig

die

die Stelle eines Weihbischofs: nachher aber dieselbe bald zu Erfurt, bald zu Mainz. Mittlerweile ward er Probst im U. l. F. Stift zu Erfurt, wie auch Kanonikus und Scholaster zu St. Peter in Mainz. Er war auch seit 1656 Kanzler der Universität zu Mainz und im Jahr 1669 Rektor derselben.

Er starb zu Mainz im Jahr 1674 im 87ten Jahr seines Alters, und ward in der Augustiner Kirche beerdigt, wobei ihm Godfried Volusius eine Leichenrede gehalten hat. Folgende Grabschrift hat er sich selbst aufgesetzt:

Ad Lectorem.

Quid agam requiris? Tabesco.
Scire, quis sim, cupis? Fui WOLTHERUS vapor & fumus.
Vitæ quæ fuerint condimenta, flagitas? Rogas?
Labor, dolor, luctus, servire aliis, sustinere invidias.
Aemulationes, despectus, degradationes, persecutiones non curavi.
Quos habui charos, plerosque sepelivi.
Raro, subinde tamen, amicum sincerum vel candidum videre experirique dignus fui.
Fictos, dolosos, mel ex ore spumantes, in corde venenum habentes nactus pluries fui.

Siste

Siste Viator!

Nil stabile sub sole esse cogita.
Hic, opta, cineres placida cum pace quiescant,
Atque mihi siquidem sit requies animæ:
Ora quæso, Deum optimum maximum.

Folgendes Grabmal hat er aber in der Augustiner Kirche wirklich erhalten:

Hic tectus Reverendissimus ac perillustris Dominus *Woltherus Henriquez* a *Strevesdorf* ex Ord. Eremit. S. Augustini, Episcopus Ascalonitanus, Suffraganeus Moguntinus, Collegiatarum Ecclesiarum B. M. V. Erfurti Præpositus & S. Petri Moguntiæ Scholasticus, Universitatis Moguntinæ Cancellarius, S. Theologiæ Doctor, natus anno 1588. Obiit 7. Maji 1674. Vir plenus dierum, utpote annorum 86.

Hæcce Nepos Patruo posuit monumenta superstes, *Ferdinandus Henriquez* à *Strevesdorf*, Protonotarius Apostolicus, insignis Ecclesiæ S. Victoris respective Custos & Canonicus Capitularis. Talia Confratri, Benefactori atque Patrono, fratres & cuncti solvite vota patres.

Auch ist zu Kölln zu seinem Andenken ein *Elogium funerale* damals herausgegeben worden, welches man in des SEVERUS *series Propontificum Mogunt.* pag. 55. lesen kann.

Folgende Schriften hat er herausgegeben.

1)

1) Defensorium D. Thomæ Aquinatis, ab Aegidio Romano olim compositum. Colon. 1624. 2) De Sodalitate Cincturatorum. 1628. 3) Explicatio Missæ 1620. 4) Exercitium hebdomadale de vita, passione & resurrectione Domini 1630. 5) Tractatus de Jure & justitia. Colon. 1632. 6) *Lampas salutis*, qua illuminatur Parochus ruralis, quommodo sacramenta in articulo mortis administrare queat. Colon. 1651. 7) Emunctorium ellychniorum impuriorum lampadi salutis male applicatorum. Mogunt. 1651. 8) *Primas Magdeburgensis*, hoc est, Series Archiepiscoporum & Primatum Magdeburgensium usque ad GUILIELMUM *Austriacum*. Accessit refutatio historiæ UDONIS. Coloniæ. 9) Noch einige andere Schriften, als Casus conscientiæ &c. hat er hinterlassen, die aber nicht zum Vorschein gekommen sind.

Conf. JOANNIS *Rer. Mogunt. II.* pag. 450. SEVERUS in serie *Propontificum Mogunt.* pag. 32 & 55. KNODT in Catalogo *Rect. Univ. Mogunt.* pag. 107. HARZHEIM *de doctis Colon.* & alii.

154) Peter von Walenburg.

(Gest. 1675.)

Einer der berühmtesten Gelehrten seiner Zeit; war gebürtig zu Roterdam, und kam mit seinem Bruder Hadrian während den Re=

Religionsunruhen nach Kölln. Im Jahr 1648 ernannte ihn der Kurfürst Johann Philipp von Mainz zu seinem Weihbischof, und ward zum Bischof von Mysien geweihet. Von demselben Kurfürsten erhielte er nachher die Dechanei im St. Petersstift und ein Kanonikat zu St. Victor. Nach dem Todt seines Bruders Hadrian erhielt er im Jahr 1670 dessen Stelle als Weihbischof samt der Domprabende zu Kölln, und legte alle seine Stellen zu Mainz nieder. Er starb zu Kölln 1675 im 65ten Jahr seines Alters, und ward allda in der St. Johanns Pfarrkirche beerdigt.

Er hat viele Werke geschrieben, wovon der gröste Theil unter seinem und seines Bruders Hadrians Namen im Jahr 1669 und 1671 zu Kölln in zwey Bänden herausgekommen ist. Sie bestehen in Folgenden:

1) Einfältiger Katholischer, das ist, eine Weise, wie ein jeglicher einfältiger Katholischer auch Ackersmann, so lesens erfahren, seinen katholischen Glauben aus heiliger Schrift gegen alle Ketzer vertheidigen könne. 2) Examen principiorum fidei. 3) *Methodus Augustiniana* defendendi fidem. 4) Professio fidei catholicæ illustrata. 5) Tractatus de articulis fidei necessariis. 6) De Instrumentis fidei. 7) De Probatione fidei perpetua per testes. 8) De testimoniis seu traditionibus Christianis. 9) De Proscriptione.

10)

10) De Missione Protestantium. 11) De Ecclesiæ unitate & Schismate. 12) Compendium controversiarum particularium. 13) De descensu Christi ad inferos. 14) De Ecclesia. 15) De Sanctis. 16) De Purgatorio. 17) De Eucharistia. 18) De Justificatione. 19) De Meritis. 20) Censura doctrinæ fidei ex S. Scriptura. 21) Refutation des Dialogues de Mons. Drelincourt. 22) Den eevoudigen Catholyk. 23) Schipreys van den gelovigen Thomas. 24) Tractatus de homine naturali. 25) De homine spirituali. 26) *Veronii* Regula fidei catholicæ. 27) Motiva, quibus Protestantibus ostenditur, quam sit periculosum vitare communionem Ecclesiæ Catholicæ. 28) Die verlohrne Kirche der lutherischen, so wieder ans Licht gebracht worden durch Joannem Schuræum.

Conf. SEVERUS *Propontifices Mogunt*, pag. 33. *JOANNIS Rerum Mogunt.* T. II. pag. 451. *HARZHEIM*, *JOECHER* & alii.

155) Vitus Ebermann.

(Gest. 1675.)

Ein im Bambergischen im Jahr 1597 gebürtiger Jesuit. Er trat 1620 in den Orden, war 27 Jahre lang Professor zu Mainz und zu Wirzburg, wie auch Vorgesetzter im päbstlichen Seminarium zu Fulda. Hernach wohnte er zu Mainz und starb allda am 8ten April 1675. Fol-

Folgende Schriften hat er herausgegeben. 1) *Bellarmini* controversiæ vindicatæ contra varios. 2) Parallela Ecclesiæ veræ & falsæ. 3) Justa expostulatio cum Lutheranorum Doctoribus, Antichristianismum Romanæ Ecclesiæ affingentibus. Ferner hat er in vier Bänden zusammen drucken lassen, mehrere Werke wider Georg Calixtus, Conring, Borcholt und Musäus, nämlich 4) Anatomia Calixtina. 5) Irenici Anticalixtini partes duæ. 6) Irenicon catholicon *Helmstadiensi* oppositum. 7) Examen examinis *Conringiani*. 8) Interrogationes apologeticæ ad *Hermannum Conringium*. 9) Bellarminus vindicatus a cavillis *Guil. Amesii*, *Joh. Gerhardi* & aliorum. Conf. ALEGAMBE *Biblioth. scriptorum Soc. Jesu*. JOECHER Gelehrten Lexicon 2c.

156) Samuel Ben Chanoch.

(Um das Jahr 1678.)

Ein jüdischer Oberrabbinner zu Mainz, der im vorigen Jahrhundert gelebt, und Reden über das Gesetze der Hebräer geschrieben hat, welche 1678 zu Antwerpen und 1702 zu Venedig gedruckt worden.

157) Godfrid Adolf Volusius.

(Gest. 1679.)

Er war gebürtig zu Hanau, und allda gleich seinem Vater, eine Zeitlang Prediger. Als er aber durch das lesen katholischer Bücher seine Meinungen in Religionssachen geändert und eine Predigt darnach gehalten hat, so ward er zur Verantwortung gezogen, der er durch die Ergreiffung der Flucht ausgewichen ist. Er kam hierauf nach Mainz, legte das katholische Glaubensbekänntniß ab, gienge sodann nach Rom Studien halber ins deutsche Kollegium, und erhielte bey seiner Zurückkunft im Jahr 1642 die Pfarrei zu Heppenheim an der Bergstrasse. Er ward sodann Doktor der Theologie, 1645 Pfarrer und Prediger in der Domkirche zu Mainz, 1646 Scholaster im Stift zu U. L. F. und zu St. Moriz, und endlich 1676 Weihbischof zu Mainz (*Episcopus Diocietianopolitanus*) wie auch Rektor der Universität zu Mainz. Er starb zu Mainz am 17ten März 1679 im 62ten Jahr seines Alters, ward in der Stiftskirche zu U. L. F. beerdigt, und hat allda im Chor ein Grabmal mit folgender Inschrift:

D. O. M.
Hic jacet & tacet,
qui
Stabat & clamabat
in
Cathedra Moguntina
annis
ter denis & ultra,
gente Theutonicus,
Patria Hanovicus,
Munere Parochus,
Nomine
GODEFRIDUS ADOLPHUS
VOLUSIUS
Gradu
Doctor Theologus,
Dignitate
Episcopus Diocletianopolitanus,
Merito
Peccator Maximus.

(Hucusque ipse sibi posuit.)
Chare Viator, sis proximi amator,
Ne hinc discedas, quin ei voveas
Requiem æternam. Amen.

Unter seine herausgegebene Schriften gehören; 1) Aurora pacis religiosa. Mogunt.

 1665.

1665. 2) Castigationis catholicæ ad *Samuelis Maresii* Dissertationem, partes tres. Mogunt. 1667. 3) Calvinismi fugiendi consilium maturum. Mogunt. 1693. Dieses ist eine Apologie wegen seiner Entweichung aus Hanau. 4) Conciones catecheticæ. 5) Catechismus biblicus. 6) Medulla Ecclesiasticorum. Nebst einigen andern.

Conf. SEVERUS *de Parochiis urbis Mogunt.* pag. 10. *& in serie Propontif. Mog.* pag. 33. JOECHER im gelehrten Lexicon. KNODT *in Catal. Rectorum Univ. Mog.*pag. 109. JOANNIS Tom. II. pag. 452 & 683.

158) Johann Joachim Becher.

(Gest. 1682.)

Im Jahr 1635 zu Speier von armen Eltern gebohrn, studirte zuerst Theologie, hernach Mathematik, sodann Arznei und mit besonderm Fleisse die Chimie. Auch in andern Wissenschaften, als Jurisprudenz und Staatskunst suchte er sich ziemliche Känntnisse zu erwerben. Im 25ten Jahr seines Alters kam er nach Mainz, nahm das katholische Glaubensbekänntniß an, und war vom Jahr 1660 bis 1666 Professor der medizinischen Institutionen und des Kurfürsten Johann Philipp Leibarzt. Von Mainz kam er zuerst in Kurbaierische und bald hernach in kaiserliche Dienste, und war einige Zeit Kam-

Kammer- und Kommerzrath zu Wien. Hierauf ward er geheimer Rath bey dem Grafen Friderich Casimir von Hanau, den er auf den Gedanken brachte, ein Königreich in Amerika zu errichten, das Anfangs den Namen einer deutschen Kolonie führen sollte. Er schloß auch wirklich einen Kauf mit der Westindischen Kompagnie in Holland, vermöge dessen der Graf in Südamerika auf der Küste von Guiana zwischen dem Oronock und dem Amazonenflusse einen Strich Landes zu Lehen erhielte. Als aber endlich der Graf die Thorheit seines Unternehmens einsehen gelernt, fiel Becher in Ungnade, lebte zu Harlem im Elende, und starb endlich zu London im Jahr 1682. Er war ein unruhiger Kopf, Kaltsinnig in der Religion, hatte den Kopf voller Projekte, sprach immer gros davon, und führte ein sehr mißvergnügtes Leben. In der Scheidekunst hatte er vorzügliche Känntnisse, so daß er für einen der grösten Chimisten geachtet wird.

Er hat viele Werke geschrieben, worunter gehören: 1) Clavis convenientiæ linguarum. 2) Methodus didactica cum appendice practica. 3) Organon philosophicum 4) Närrische Weisheit und weise Narrheit. Dieses Werk hat er auf der See während dem Sturm geschrieben. 5) De nova temporis dimetiendi ratione. 6) Oedipus chymicus, seu

seu institutiones chymicæ prodromæ. Ist auch ins Deutsche übersetzt und gedruckt worden. 7) Physica subterranea. 8) Duumviratus hermeticus. 9) Parnassus medicinalis illustratus, oder Thier-Kräuter- und Bergbuch, welches er meistens ausgeschrieben hat. 10) Epitome institutionum Sennarti. 11) Phychosophia. 12) Lumen trinum. 13) Wagschale des menschlichen Glücks und Unglücks. 14) Von Erzeugung, Production und Gutmachung der Metalle. 15) Regeln und Gesetze der christlichen Bundsgenossenschaft. 16) Politischer Discurs von den eigentlichen Ursachen des Auf- und Abnehmens der Städte, Länder und Republicken. 17) Novum Organon philologicum pro verborum copia in quavis re acquirenda. 18) Theses chymicæ de veritate & possibilitate transmutationis metallorum. 19) Chymischer Glückshafen. 20) Laboratorium portatile. 21) Centrum mundi concatenatum. 22) Alphabetum minerale & concordantia mercuriorum lunæ. 23) Trifolium hollandicum, oder drey neue Erfindungen, bestehend in einer Seidenmühle, Wassermühle und Schmelzwerk, so er aus dem Holländischen übersetzt hat. 24) Der kluge Hausvater, verständige Hausmutter, vollkommener Landmedicus, und erfahrner Roß- und Vieharzt. 25) Chymisches Laboratorium. 26) Experimentum physicum novum

vum de metallorum generatione & transmutatione, seu supplementum ad Physicam subterraneam. 27) Medicinische Schatzkammer. 28) Chymischer Rosengarten. 29) Politischer Discurs von Kommerzien. 30) Bericht von der Landschaft Guiana. 31) De minera arenaria perpetua. 32) De horologiis.

Auch hat er unterschiedliche chymische, mathematische und mechanische Instrumente erfunden. Im Jahr 1719 sind seine Werke zusammengedruckt zu Nürnberg erschienen. Conf. BUCHER Nachrichten von dem Leben und den Schriften Bechers. *Joecher* im gel. Lexicon. Item Beschreibung der Grafschaft Hanau-Münzenberg, S. 112 und andere.

159) Jakob Milendunk.

(Gest. 1682.)

Gebürtig zu Kölln im Jahr 1612, ward Karmelit 1627, und Prior zu Mainz 1650. Er befördert die Ordensreformation in seinem Kloster zu Mainz, wird zum Geschichtschreiber des Ordens ernannt, und verwendet sich mit ungemeinem Fleiß für die Aufklärung der Ordensgeschichte der Rheinischen Provinz. Er starb zu Boppard am 20ten März 1682 und hat die von ihm zusammengeschriebene Nachrichten in drey Bänden hinterlassen, unter dem Titul: 1) Chronicon Provinciæ rhenanæ Carmelitarum. 2) Chronicon cujuslibet cœnobii particularis. 3) Catalogus Alphaphabeticus virorum illustrium & scriptorum Provinciæ suæ. Aus diesen Werken sind durchgehends die Nachrichten genommen, welche ich in diesen Beyträgen von gelehrten Männern aus dem Karmeliterorden gegeben, dabey aber die Quelle anzuführen vergessen habe. Conf. HARTZh. *Bibl. Colon.*

160) Ludwig Konrad Jakobi von Ehrenkron.

(Nach 1687.)

Ein Doktor der Arznei zu Mainz, der eine Anatomiam hydrologicam des Wiesbades im Jahr 1687 zu Mainz herausgegeben hat.

161) Mathias Honkamp.

(Um 1690.)

Ein Kanonikus im Stifte zu U. l. F. zu Mainz, der zu Gondorf an der Mosel im Erzstift Trier gebürtig gewesen. Er lebte noch im Jahr 1690, und hat durch den Druck bekannt gemacht: 1) Apologia S. Scripturæ & Ss. Patrum, contra *Richardum Simonium* & Theologos Batavos. 2) Commentarius in Matthæum Evangelistam. 3) Examen supra librum quendam R. P. Simonis Oratorii Ordinis, cujus hic in fronte titulus: *La Critique du vieux Testament &c.* Item de libro Theologorum quorandam Hollandiæ, cujus hæc inscriptio: *sentiments de quelques Theologiens de Hollande &c.* Moguntiæ 1688.

162)

162) Friderich Steill.

(Um das Jahr 1693.)

Ein zu Bingen gebürtiger Dominikaner, der die meisten deutsche und spanische Universitäten besucht und überall Nachrichten, welche die Geschichte seines Ordens erläutern, mit vielem Fleisse gesammelt hat. Er gab auch zwey Werke heraus, nämlich 1) Leben der Heiligen, seligen und frommen Diener beiderley Geschlechts aus dem Prediger Orden. Kölln 1676 in 4to. 2) Ephemerides Dominicano-Sacræ II. Bände, Dilingen 1692.

Conf. ECCHARD *de scriptoribus ordinis S. Dominici.* JOECHER im gelehrten Lexikon.

163) Dominikus Schönig.

(Gest. 1693.)

Ward gebohrn zu Klingenberg im Jahr 1646, studirte zu Wirzburg und trat in den Benediktiner Orden zu Amorbach im Jahr 1666. Nachher ward er Professor in der Abtei Neresheim in Schwaben, bey seiner Ruckkehre aber Pfarrer zu Grosgrotzenburg ohnweit Steinheim am Main, welche Stelle er bis an sein Ende 1693 begleitet hat.

Bey Gelegenheit öffentlicher Disputationen, die unter seinem Vorsitze zu Neresheim sind gehalten worden, hat er folgende Abhandlungen herausgegeben: 1) *Trias Philoso-*

losophia, complectens præcipuarum difficultatum in triplici Philosophia, nimirum rationali, naturali & transnaturali occurrentium resolutiones. Dilingæ 1675. 2) *Cymba Theologica* referta variis conscientiæ casibus, præcipuam Theologiæ moralis materiam tangentibus. Dilingæ 1676. 3) Dissertatio Theologica de natura Theologiæ & de Deo uno. Ib. 1679.

164) Ambrosius Schönhard.

(Um das Jahr 1693.)

Ein Jesuit zu Mainz und zu Breslau, der folgende zwei Werke geschrieben hat: 1) Geistliche Vorratskammer über die Sonn- und Festtags-Evangelien, zwei Theile. 2) Geistliches Kleinod-Kästel, ebenfalls in zwei Theilen. *Joecher.*

165) Johann Philipp Brahm.

(Gest. 1697.)

Ein zu Mainz gebürtiger Karmelit, der in der Geschichte und Diplomatik grosse Känntnisse besessen hat. Von seinen Vorgesetzten wurde er zum Geschichtschreiber der Rheinischen Karmeliter Provinz ernannt, und in durchforschung und Aufzeichnung der Alterthümer war er unermüdet. Er starb zu Tönchesstein ohnweit Andernach am 19ten Jänner 1697 und hinterließ ein Werk, das den Titul führt: *Archivilogium Rhenano-*

Car-

Carmelitarum. Auch hat er beinahe alle Archiven der Klöster seiner Provinz in Ordnung gebracht und mit Register versehen. Conf. HARZHEIM *in Biblioth. Colon.*

166) Lucius von Königstein.

(Um 1698.)

Ein zu Königstein gebürtiger Kapuziner, der viele Jahre hindurch mit vielem Beifall gepredigt und eine Sammlung seiner Predigten durch den Druck bekannt gemacht hat.

167) Albert Oswald.

(Um das Jahr 1699.)

Ein zu Mainz gebürtiger Dominikaner und Doktor der Theologie. Er gab ein *Spicilegium philosophicum collectum ex agro Thomistico* zu Kölln 1697. in zwey Bänden heraus, und kam nachher nach Rom, wo er auch gestorben ist. Conf. ECHARD *de scriptoribus Dominicanorum.*

168) Johann Crafto Hiegell.

(Um das Jahr 1704.)

Ein Mainzer Doktor der Arzneikunde, der zuletzt nach Koblenz gezogen und allda gestorben ist. Er gab im Jahr 1697 ein kleines Buch mit Kupferstichen heraus, unter dem Titul Collectaneorum naturæ, artis & antiquitatis specimen primum, antiquitatis sive

sive urnæ sepulchralis nuper extra urbem Moguntinam erutæ descriptio. Ich habe es oben (Band II. Heft III.) von neuem auflegen lassen.

169) Christian Hartmann.

(Gest. 1705.)

Ein zu Limburg an der Lahne gebürtiger Jesuit, der zu Mainz Professor gewesen und allda im Jahr 1705 gestorben ist. In demselbigen Jahr hatte er eine Beschreibung der Stadt Mainz unter dem Titul: *aurea Moguntia brevi synopsi delineata* zu Mainz herausgegeben.

170) Magnus Gramblich.

(Gest. 1707.)

Ein zu Hainstadt im Jahr 1650 gebürtiger Benediktiner im Kloster zu Amorbach. Er ward allda Professor, hernach Prior, und starb als Pfarrer zu Buchen im Jahr 1707. Er hat ein Buch im Jahr 1677 herausgegeben, unter dem Titul: compendiosa præcipuarum ex Aristotelis Philosophia deprompptarum difficultatum enodatio.

171) Martin von Kochem.

(Gest. 1712.)

Ein zu Kochem im Kurtrierischen gebürtiger Kapuziner, der zuerst Lektor, hernach Prediger geworden und meistens zu Mainz ge-

gewohnet hat. Durch seine Predigten und besonders durch seine herausgegebene geistliche Schriften, erwarb er sich einen so grossen Ruf, daß ihn der Kurfürst Anselm Franz von Mainz zum Visitator der sämtlichen Pfarreien im Obererzstift bestellte. a) Bey diesem Geschäfte ließ er sich die Bewohner der rauesten Gegenden vorzüglich angelegen seyn, scheuete dabey kein Ungemach und lebte so nüchtern, daß er sich auch aller Fleisch- und Fischspeisen enthielte. Bis an sein Lebensende war er mit lesen, schreiben, beichthören, predigen rc. unaufhörlich beschäftigt, und starb zu Waghäusel ohnweit Speier am 10ten Sept. 1712.

Seine Schriften sind Zahlreich und haben meistens viele Auflagen erhalten. Er suchte dieselben dem Begriffe des gemeinen Volks und besonders der rohen Landleute anzumessen, wobey er sich aber nicht selten nidriger Ausdrücke bedienet und die Geschichte nach Art der alten und neuen Romanendichter mit den Bildern seiner lebhaften Vorstellungskraft ausgefüllt hat. Denn daß der P. Martin die besten Geschichtschreiber der Kirche z. B. den Eusebius, Sozomenus, Beda, Bzovius, Baronius, Raynaldus und viele andere fleissig gelesen und benutzt habe, und besser in der Kirchengeschichte bewandert gewesen, als

a) Sieh oben Urkunde XLIX. S. 295.

als man gewöhnlich von ihm urtheilt, davon geben seine historische Werke, bey all ihren grossen Mängeln, einen hinlänglichen Beweis.

Unter seine Schriften gehören: 1) Die christliche Lehre: oder Catechismus für die Jugend auf eine leichte Art zu erlernen. Kölln 1666. 2) Leben Christi und seiner heiligen Mutter Maria. II. Bände Frankfurt 1691. 1708. 1710 rc. 3) Exempelbuch von den wunderbaren Gerichten Gottes, und Bekehrung der Unglaubigen. IV. Bände Dilingen 1693. 4) Kirchengeschichte nach Baronius, Bzovius und Raynaldus, bis auf das Jahr 1100. II. Bände Dilingen 1693. 5) Der Myrrengarten, oder Betrachtungen von dem Leiden Christi. Kölln 1693 rc. 6) Ablasbüchlein, oder Unterricht vom Ablas. Dilingen 1693 1715 rc. 7) Liber exorcismorum & pro infirmis. Frankfurt 1695. 1707. 8) Krankenbuch, oder Unterricht bey den Kranken. Frankfurt 1695. 1707 rc. 9) Goldener Himmelsschlüssel. Ein Gebetbuch. Frankfurt 1695. 1701. 1710 rc. 10) Affecten bey der heil. Meß. Augsburg 1697 rc. 11) Geberbuch für die Soldaten. Augsburg 1698. 12) Auslegung der heil. Messe und ihrer Ceremonien. Augsburg 1698. 13) Gebether bey der heil. Messe. Augsburg 1698. 14) Liliengarten, ein Gebetbuch. Kölln

1699.

1699. 1706. 1715 ꝛc. 15) *Medulla Missæ*, sive fusior explicatio præstantiæ & fructuum Ss. Missæ Sacrificii. Coloniæ 1699. 1716. ꝛc. 16) Der Distelgarten, ein Gebetbuch. Kölln 1699. 1710 ꝛc. 17) Gebetbuch für die heil. Charwoche. Augsburg 1704. 18) Weltlicher Leuthe Meßbuch. Kölln 1704 ꝛc. 19) Zehntägige geistliche Uibungen für die Layen. Augsburg 1705. 20) Legende der Heiligen, oder auserlesene Leben der Heiligen Gottes ꝛc. Augsburg 1705. 1715. ꝛc. 21) Der Palmgarten, ein Gebetbuch. Mainz 1707. 22) Der geistliche Baumgarten. Mainz 1709. Heidelberg 1711. ꝛc. 23) Gebetbuch der heiligen Gertrudis und Mechtildis. Mainz 1709. 1711 ꝛc. 24) Neue geheimnißreiche Goldgruben. Mainz und Kölln 1709. 25) Von den Vollkommenheiten und Eigenschaften Gottes. Mainz 1707. 26) Exempelbuch nach Alphabetischer Ordnung, mit vielen moralischen Lehren und Beyspielen. Augsburg 1712. 27) Vom Antichrist, eine Erzählung. 28) Instructio pro Confessariis. 29) Gebether zum heil. Anton von Padua ꝛc. Conf. HIEROTH. *Provinc. Capuc. rhenana.*

172) Peter Ubach.

(Gest. 1712.)

Ein Mainzer Karmelit, der die Liebe gegen seine Mitmenschen besonders dadurch ge

zeig

zeigt hat, daß er zur Pestzeit die Stelle des verstorbenen Pfarrers zu Rüdesheim mit vieler Thätigkeit vertreten hat. Er hat einen Band Predigten auf alle Sonn- und Feyertage herausgegeben.

173) Löw Enosch.

(Gest. 1714.)

Ein Oberrabiner zu Mainz, der hernach nach Metz gekommen und allda im Jahr 1714 gestorben ist. Er hat geschrieben eine Auslegung über Asara Maaramoth, unter dem Titul: die Hand des Judas. Conf. WOLFFII *Biblioth. hebraica.*

174) Franz Blöchinger.

(Gest. 1715.)

Gebürtig zu Miltenberg 1658, ward 1678 Benediktiner zu Seligenstadt, hernach Doktor der Theologie und im Kloster Professor derselben: sodann Pfarrer zu Seligenstadt, 1688 Prior im Kloster, nachgehends Pfarrer zu Steinheim und im Jahr 1696 Abt zu Seligenstadt. Er war auch Kaiserlicher und Kurmainzischer geistlicher Rath, und starb am 17ten Sept. 1715. Drey Bände seiner Predigten hat er durch den Druck bekannt gemacht, unter den Aufschriften: 1) Die Tugendtafel. 2) Die geistliche Steingrube. 3) Puteus aquarum viventium. Er hat das be-

besondere Verdienst, daß er den durch seinen Prodromum Chronici Gottwicensis so berühmten Gotfrid Bessel im Jahr 1697 als Professer der Philosophie in sein Kloster aufgenommen und ihn im nachfolgenden Jahr dem Kurfürsten Lothar Franz empfolen hat.

175) Lothar Franz Fried.

(Um das Jahr 1716.)

Ein Jude, der zu Anfang des XVIIIten Jahrhunderts zu Mainz getauft worden. Er hieß vorhin Joseph Marx und erhielte vom Kurfürsten Lothar Franz seinen neuen Namen. Im Jahr 1715 ließ er ein Buch in 4to zu Mainz drucken, unter dem Titul: neupolirter und wohlgeschliffener Judenspiegel. Conf. WOLFII *Biblioth. hebr.*

176) Georg Ferdinand Honkamp.

(Gest. 1718.)

War gebürtig zu Gondorf an der Mosel im Kurtrierischen im Jahr 1657., ward zu Mainz Lizentiat 1690 — ordentlicher Professor 1695 und Doktor der Rechte 1697, auch Rektor der Universität 1711. Er starb im Octob. 1718 und ward nach St. Emmeran begraben. Unter seinem Vorsitze sind folgende Schriften und Dissertationen zu Mainz herausgekommen:

1) De privilegiis & pignoribus 1702. 2) De officio judicis 1705. 3) De fidejussoribus 1707. 4) De interdictis & extraordinariis actionibus 1708. 5) De materia testamentaria 1709. 6) De jurisdictione 1710. 7) De mutuo & usuris 1711. 8) De rebus creditis 1711. 9) De effectibus amoris jurid. 1711. 10) De ultimis voluntatibus in genere & in specie 1711. 11) De dispensationibus & privilegiis 1713. 12) De obligationibus & actionibus 1715. 13) De testamento ad pias causas 1716. 14) De clausula codicillari 1717. 15) De jure protimiseos 1717. 16) De obligationibus in genere & in specie 1717. 17) De ultimis voluntatibus in genere 1717. 18) De senatus consultis 1718. 19) *Reipublicæ lex*, seu tractatus ex fontibus juris canonici, publici & civilis desumptus, cum annexis problematibus & curiosis quibusdam quæstionibus juridicis 1718. 20) De legibus 1718.

Conf. WALDMANN biogr. Nachr. von Mainzer Rechtsgelehrten, S. 2. KNODT *Catal. Rect. Univ. Mogunt.* pag. 122.

177) Benignus von Lohr.

(Gest. 1719.)

Ein zu Lohr am Main gebürtiger Kapuziner, der zuerst Lektor, sodann Quardian und Definitor im Orden geworden, durch seine

Pre-

Predigten aber sich Ruhm erworben hat. Er starb zu Mainz am 19ten April 1719, und hat folgende Schriften hinterlassen:

1) Auslegung des 118ten Psalm, in 200 moralischen Gesprächen. Frankfurt 1684. 2) Sonn- und Feyertags Predigten auf das ganze Jahr II. Bände. Dilingen 1692. 3) Polemischer Katechismus ꝛc. Kölln 1716. Noch mehrere Werke hat er geschrieben, die aber im Drucke nicht erschienen sind, sondern in der Bibliothecke der Kapuziner zu Mainz aufbewahrt werden. Eins davon ist eine Geschichte der Kapuziner, und die übrigen betreffen die Statuten, Verfassung und Regierungsart des Kapuziner Ordens. Conf. HIEROTHEUS *in hist. Prov. Rhenana* cap. 2. &c.

178) Arnold Leonardi.

(Gest. 1720.)

Ein berühmter Karmelit zu Mainz, der stufenweise Lektor und Prior des Mainzer Klosters, sodann viermal Provinzial, zu Rom General Assistent, und Päbstlicher Rath bey der Klösterkommission, und zu Mainz Kurfürstlicher geistlicher geheimer Rath geworden ist. Durch seine Bemühungen wurde der jetzige Bau des Karmeliter Klosters zu Mainz im J. 1710 angefangen und fortgeführt, auch die Klöster und Kirchen zu Worms, Kreutznach, Beilstein und andere theils neu gebauet, theils wieder hergestellt. Er starb zu Mainz am 31sten Jul. 1723. und hinterließ folgende zum Druck beförderte Schriften: 1) *Consultatio canonica de Coadjutoria perpetua*, welche er im J. 1695 herausgegeben und dem damaligen Hrn Koadjutor Lothar Franz von Schönborn zugeeignet hat. Im Jahr 1748 ist sie nochmals gedruckt worden. 2) Vita & miracula S. Josephi. Mog.

179) Franz Rütger van HAREN.

(Gest. 1724.)

Gebürtig zu Berau in den Niderlanden, ward Doktor der Rechte und seit 1680 Professor der geistlichen Rechte zu Mainz, sodann erzbischöfl. geistlicher Rath, Kanonikus in St. Petersstift, Kanzler bey der dasigen Universität, wie auch päbstlicher Obernotar und Kaiserl. Hofpfalzgraf. Unter seinem Vorsitze kamen folgende Dissertationen zu Mainz heraus:

1) De foro competente 1702. 2) De tutelis 1704. 3) De usu possessionis & proprietatis 1705. 4) De usufructu 1707. 5) De judice male judicante 1707. 6) De rebus Ecclesiæ alienandis vel non; & de periculis & commodis rei venditæ 1709. 7) De sententia 1710. 8) De successione ab intestato 1711. 9) Materia promiscua ex toto

utro-

utroque jure 1711. 10) De peculio togatæ militiæ vel quasi castrensi 1711. 11) De fidejussoribus 1713. 12) De executione rei judicatæ 1715. 13) De præjudicio tacentis 1715. 14) De cambiis 1716. 15) De bancoruptoribus 1718. 16) De testamentis 1718. 17) De interventione 1719. 18) De mora 1719. 19) Quæstiones inaugurales juridicæ juris bivii 1720. 20) De remedio L. 2. Cod. de rescind. vendit. 1720. 21) De continentia causarum 1720. 22) De delictis 1722. 23) De libello 1722. Conf. WALDMANN biogr. Nachr. von Mainzer Rechtsgelehrten S. 1.

180) Salman oder Salomon *Ben Seew Wolf Voltiran.*

(Um das Jahr 1724.)

Ein Rabbiner und Vorsteher der jüdischen Synagoge zu Mainz, der eine Auslegung des Osterfestes, so sein Vater aufgesetzt, im Jahr 1722 mit Anmerkungen zu Offenbach in Folio hat drucken lassen. Er hat auch an einer Sammlung von Rechtsgutachten gearbeitet, die aber nicht zum Vorschein gekommen ist. Conf. *Joecher.*

181) Sanderat Breunig.

(Gest. 1725.)

Gebürtig zu Walthürn im J. 1657, ward Benediktiner zu Amorbach 1674, und Abt

 allda

allda 1713. Er hat vieles in Versen geschrieben, und unter andern eine Beschreibung der Stiftung des Klosters Amorbach, welche Gropp in seiner Geschichte des Klosters Amorbach hat abdrucken lassen. Conf. GROPP Histor. Amorbae. p. 118.

182) Bernard Nicola.

(Gest. 1732.)

Gebürtig zu Seligenstadt im J. 1678. ward 1697 Benediktiner im dasigen Kloster, und hernach Professor wie auch Pfarrer daselbst. Er schrieb eine *brevis relatio historica de fundatione monasterii Seligenstadiensis*, und starb am 28ten Sept. 1732.

183) Anton Klug.

(Gest. 1733.)

Er war im Jahr 1680 zu Seligenstadt gebohrn, ward 1699 Benediktiner zu Amorbach, hernach Pfarrer zu Götzingen, wie auch zu Amorbach, und dann zuletzt Prior dieses Klosters. Er hat die historische Nachrichten vom Kloster Amorbach mit vielem Fleiß gesammelt und dem Wirzburger Benediktiner Gropp mitgetheilt, der sodann die Geschichte dieses Klosters daraus verfertigt hat. Ferner hat er geschrieben: Nachrichten von dem Leben und Schriften des berühmten

ten Konrads von Wimpfen a), und durch die Bekanntmachung eines Fragments von einem uralten Kalender hat er einiges Licht in der Geschichte verbreitet. Conf. GROPP. *Histor. Amorbac.*

184) Johann Weinkens.

(Gest. 1734.)

Gebürtig zu Kölln im Jahr 1660, ward 1678 Benediktiner zu Seligenstadt und hernach Prior allda, und starb am 13ten May 1734. In der Poesie hat er sich solchen Ruhm erworben, daß er zum Kaiserlichen Dichter gekrönt worden ist. Unter seine Schriften gehören: 1) Eine Sammlung von Lobgedichten auf unterschiedliche Aebte seines und anderer Klöster 1707 in 4to. 2) Jubilæus eucharisticus 1709. 3) *Navarchia Seligenstadiana*, sive fundatio Abbatiæ Seligenstadiensis cum serie & historia Abbatum, epico carmine descripta. *Francofurti* 1713. 4) *Eginhardus illustratus* & contra quosdam vindicatus, adjectis *Eginhardi* epistolis & diplomatibus. *Ibid.* 1714. 5) Vera historia translationis Ss. Marcellini & Petri ex Roma in Seligenstadt anno 826 factæ, quam Egin-

 har-

a) *Conradus Wimpina a Fagis*, den ich oben B. III. S. 131. unter den Mainzer Schriftstellern angeführt habe.

hardus prosa scripsit quatuor libris, & heroico versu nunc cantat *Joan. Weinkens*, Poeta Cæsareus laureatus &c. *Ibid.* 1714. 6) De Buchemio Eginhardi patria. Handschriftlich hat er auch hinterlassen ein Werk in laudem senectatis, nebst einer Menge von allerhand Gedichten. Conf. BESSELII *Chronicon Gottwic.* Lib. IV. p. 863.

185) Cölestin Hamelius.

(Gest. 1734.)

Einer der berühmtesten Musikanten seiner Zeit, der zu Walthürn im Jahr 1662 gebohrn und im Jahr 1681 Benediktiner zu Amorbach geworden ist. In dem Kloster hat er sich vorzüglich der Tonkunst gewidmet, viele junge Leute im Singen, Klavierspielen und andern musikalischen Instrumenten unterrichtet, und eine grosse Anzahl damals sehr beliebter musikalischer Aufsätze verfertigt hat. Sechs solcher Werke von seiner Komposition hat er durch den Druck bekannt gemacht, nämlich:

1) 55 *Stella coeli* mit 1. 2. 3. 4. auch 5. Stimmen, mit und ohne Instrumenten.

2) Eilf *Miserere* zu 2. 3. 4. 5. Stimmen, mit dazugehörigen Instrumenten.

3) 167 *Introitus* bey der heil. Messe, durch das gantze Jahr, mit Kontrapunkt C. A. T.

B.

B. mit *Te Deum laudamus*, wechselweise figural und choral.

4) 14 Messen; 6 Pontifikaldinter zu 4 Stimmen, 5 Instrumenten und 4 Ripienen; 8 gelegenheitliche Messen zu 4 Stimmen, und 5 Instrumenten; und ein anderes mit doppelter Orgel und Chor.

5) 15 *Offertoria*, Sequenzen und Kommunionen zu 4 Stimmen und 5 Ripien Instrumenten.

6) 24 Arien mit einer Stimme und 5 Instrumenten. Gedruckt zu Mainz 1706. Er starb im Jahr 1734 im 72ten seines Alters.

186) Joh. Benedikt Schultheis.

(Um das Jahr 1734.)

Er war Pfarrer zu Mombach bey Mainz, und hat eine Lebensbeschreibung der Mainzer Heiligen herausgegeben, wovon JOANNIS *Rer. Mogunt.* Tom. II. pag. 725. Meldung thut. Das Jahr seines Todts ist mir nicht bekannt.

LI.
Nachtrag
zum
gelehrten Mainz.

1) RATLEICUS oder RADLEGIUS.
(Gest. 852.)

Ein zu Kölln gebürtiger Benediktiner, der zuerst Eginhards Schreiber, hernach Abt zu Seligenstadt, wie auch des Königs Ludwigs des Deutschen Geheimschreiber geworden ist. LUPUS *Ferrariensis* und der Erzbischof Raban geben Zeugniß von seiner grossen Gelehrtheit. Raban mit dem er in vertrauter Freundschaft stand, verfertigte eine Grabschrift auf denselben, und nennet ihn darin einen emsigen Liebhaber der Weisheit. Er hat die Erinnerungen des Erzengels Gabriel geschrieben, welche Eginhard verbessert und dem Kaiser Ludwig dem Frommen überreicht hat. Man findet sie unter Eginhards Werken. Auch schreibt man ihm ein Stück von den *Annalibus Metensibus* zu, die in des *du Chesne* Scriptor. Franc. stehen. Conf. ECCARDI *Comment. rer. Francic.* Tom. II. p. 423. MABILLON *in Analectis* Tom. IV. & FABRICII *Bibliotheca &c.*

2) ALTWINUS.

(In der Mitte des IXten Jahrh.)

Ein Benediktiner auf dem St. Albansberge bey Mainz und berühmter Schulmeister allda. Lupus von Ferrara rühmt dessen Gelehrtheit, und thut Meldung von seinen Schriften. Conf. MABILLON *histor. Benedictinorum.*

3) Adelbero.

(Im Xten Jahrh.)

Ein Mönch aus dem Kloster Hirschau, der im Jahr 910 zu St Alban bey Mainz Schulmeister geworden und diese Stelle mit vielem Ruhm bis zum Jahr 921 verwaltet hat. Auf Befehl des Erzbischofs Heriger ward er im J. 921 Abt zu Bleidenstadt. Er hat unterschiedliche Schriften herausgegeben, die aber mit der Zeit zu Grunde gegangen sind. Conf. TRITHEM. *in Chron. Hirsang.*

4) Egbert oder ECBERTUS.

(Gest. 1185.)

Ein deutscher Priester, der zuerst Kanonikus zu Bonn, hernach aber Benediktiner in dem hinter dem Rheingau in Hainrich gelegenen Kloster Schönau ward; und dieses zwar auf widerholtes Zureden seiner Schwester Elisabeth, die in dem dabey gelegenen Frauenkloster Abtissin gewesen, und im Jahr 1165

1165 allda gestorben ist. Im Jahr 1161 ward er nach Kölln berufen, um gewisse Ketzer, die man *Catharri* oder *Puri* nannte, und sich ganz rein zu seyn Vorgaben, von ihrem Irthum zurückzuführen. Da aber Egbert eben so wenig als die Uibrigen mit diesen Leuten ausrichten konnte, so wurden 5 Manns- und 3 Weibspersonen, die aus Flandern nach Kölln gekommen waren, von den weltlichen Richtern dem Scheiterhaufen übergeben. Im Jahr 1167 ward Egbert Abt zu Schönau und starb im Jahr 1185. Unter seine Schriften werden folgende gezählt: 1) Sermones XIII. adversus Catharros; sive contra hæreses lib. 1. 2) Tractatus super initium Evangelii S. Joannis: *in principio erat verbum &c.* 3) Tract. super *Missus est angelus.* 4) Super canticum *Magnificat.* 5) De Transitu seu obitu S. Elisabethæ sororis suæ. 6) Libri visionum & revelationum S. Elisabethæ. 7) Meditationes de Jesu & Maria. 6) Sermones per annum. 9) De laudibus Salvatoris nostri. 10) Epistolæ ad diversos. 11) Opusculum de laude Crucis. 12) Soliloquium seu meditationes. 13) Sermo panegyricus ad beat. M. Virginem.

Conf. TRITHEM. *in Catalogo & in Chron. Hirsang.* MABILLON. in edit. opp. S. Bernardi Vol. II. p. 687 HARZHEIM *in Biblioth. Colon.* Bern. PEEZIUS *in Bibliot h.*

lioth. ascet. Tom. VII. ZIEGELBAUR *histor. litter. Ord. S. Bened.* Tom. VII. & T. III. in Præfat. p. 499.

5) Heinrich Stero.

(Zu Anfang des XIVten Jahrh.)

Ein Benediktiner im ehemaligen Kloster St. Alban bey Mainz, der die Gesetze der Stadt Mainz zusammengeschrieben hat. Ich vermuthe, daß er der nämliche STERO seye, der vorhin im Kloster zu Nideraltach in Baiern gewesen und die Chronick vom Jahr 1266 bis 1300 fortgesetzt hat. Conf. FREHER *Script. German.* T. I. p. 553. CANISII *antiq. lect.* Tom. I. REUTER von den Albansgulden S. 61.

6) Wasmud von Homberg.

(Gest. 1402.)

Er war Dompfarrer zu Mainz und Inquisitor wider die Waldenser, wovon im Jahr 1392 sechs und dreissig Personen zu Bingen verbrannt worden sind. Er hat geschrieben eine Abhandlung *contra Beckardos, Lulhardos & Sueſtriones*, die in der ehemaligen Karthäuser Bibliotheck zu Mainz handschriftlich aufbewahrt wird. Conf. SEVERUS *de paroch. Mogunt.* pag. 5.

7) Heinrich Schultheis.

(Um das Jahr 1634.)

Ein Doktor der Rechte, der zuerst in Kurkölnischen Diensten im Herzogthum Westphalen gestanden, hernach aber des Kurfürsten Johann Suikard von Mainz, Rath im Eichsfelde geworden ist.

Er hat geschrieben: 1) Impugnatio *Adami Tanneri* sententiæ, quod a Deo Dæmon permittatur repræsentari. 2) Tractatus de Sagis denuntiandis. 3) Ausführliche Instruction, wie in Inquisitionssachen der Zauberey zu verfahren; ein Gespräch, worin der ganze Kriminalprozeß verhandelt wird. Kölln 1634 in 4to.

8) Bruno Neusser.

(Um das J. 1681.)

Ein Augustiner zu Mainz, der unterschiedliche Werke durch den Druck bekannt gemacht hat. Als: 1) De horis canonicis. Moguntiæ 1669. 2) Prodromus pro Augustino adversus Henricum de Noris. 3) Absolutissima Polyanthea, sive Theologia canonico-moralis. Fol. Mogunt. 1680. Conf. *Joecher*.

LII.

Commiſſarii in Spiritualibus HEINRICI A. M. per *Thuringiam* & *Haſſiam* Parochis mandant, ne fratres Minorum in ſuis privilegiis turbent. 25. Jun. 1338.

(Ex autographo.)

Nos LUPPOLDUS de *Bebinburg* Prepoſitus *Sancti Severi* Erfordenſis & CONRADUS de *Spigelberg* Canonicus Aſchaffenburgenſis eccleſiarum, Commiſſarii Reverendi in Chriſto Patris Domini Domini HEINRICI Sancte Maguntine ſedis Archiepiſcopi in Spiritualibus per *Thuringiam* & *Haſſiam* ſpecialiter deputati, univerſis & ſingulis Eccleſiarum parochialium rectoribus ſeu eorum vices gerentibus per *Thuringiam* & *Haſſiam* conſtitutis ſalutem in Domino.

Recognoſcimus & preſentibus profitemur, quod Religioſi viri *ordinis fratrum minorum* per *Thuringiam* conſtituti ſunt predicto Domino noſtro preſentati, quos & ipſe Dominus canonice ſibi preſentatos habuit & voluit eos gaudere omni libertate & gracia ſuorum privilegiorum, prout in publicatione generali coram Clero *Erfordenſi* convocato vive vocis oraculo declaravimus manifeſte. Ideo vos omnes & ſingulos rogamus, monemus & hortamur in Domino & nihilominus authoritate dicti Domini noſtri HEINRICI

RICI Archiepiscopi Maguntini vobis seriose injungimus ac mandamus, quatenus dictos fratres Domino nostro & nobis maxime devotos in vestris Ecclesiis ad proponendum verbum Dei & confessiones audiendas nec non ad legendum Missas suas & ad Elemosinas fidelium petendas juxta professionis sue statum generosius admittatis & insuper eos ob favorem Domini nostri predicti & ad nostram recommendationem vestris parochianis in suis petitionibus ac aliis suis negociis recommendatos fideliter habeatis. In quorum robur & evidenciam sigilla nostra presentibus sunt appensa. Datum in crastino die beati Johannis &c.

Anmerkungen. 1) Vorstehende Urkunde, die keine Jahrzahl hat, ist zwischen den Jahren 1329 und 1353, wo Heinrich *III* regiert hat, gegeben worden, weil die beyden Kommissäre Lupold von Bebenburg und Konrad von Spigelberg in diesen Zeiten, und nicht unter Heinrich *II* gelebt haben.

2) Da der trierische Erzbischof Baldewin das Erzstift Mainz bis in den Julius 1337 in Besitz gehabt und bis dahin auch sein Ansehen in Thüringen und Hessen behauptet hat, so ist nicht wahrscheinlich, daß vorstehende Urkunde vor dem Jahr 1338 erlassen worden.

3) Konrad von Spigelberg war schon im Jahr 1344 Probst zu St. Moritz zu Mainz. (GUDEN. *Cod. dipl. III.* pag. 924.) Die Urkunde muß also zuvor erschienen seyn, sonst würde er sich nicht blos Kanonikus zu Aschaffenburg genannt haben.

4) Schon zu den Zeiten Heinrichs *II.* (1286—1288) der selbst ein Minorit gewesen, und zuvor, genossen die Minoriten alle Freiheiten ihres Ordens im Erzbißthum Mainz: worin die Erzbischöfe Peter und Mathias dieselben bekanntlich sehr unterstützt haben. Es scheinet also, daß sie durch den Kurverweser Baldewin in der Ausübung dieser Freiheiten sind gestört worden, weil die Pfarrer ihm mehr anhiengen, diese Mönche aber demselben, weil er wider den Willen des Pabstes das Erzstift regierte, zuwider handelten. Es hat also viele Wahrscheinlichkeit, daß Erzbischof Heinrich *III* seine getreue Anhänger die Minoriten gleich im ersten Jahr, wo er zum Besitze des Erzstiftes gelangt ist, in ihr voriges Ansehen eingesetzt habe. Ich setze also die Jahrzahl dieser Urkunde auf das Jahr 1338.

5) Gegenwärtige Urkunde hat mich auch veranlasset, eine Untersuchung über den eigentlichen Namen des Lupolds von Behenburg anzustellen. Jöcher im Gelehrten Lexicon nennt ihn von Babenburg, und er habe

diesen Namen erhalten, weil er Bischof zu Bamberg gewesen, sonst aber von Egloffstein geheissen. Der gelehrte Herr Rezensent der Berliner allg. deutschen Bibliotheck (92ten B. 2tes St. S. 515.) hat bey Rezensirung des 1ten und 2ten Heftes IIten Bandes gegenwärtiger Beyträge die nämliche Meinung geäussert. Allein daß Bebenburg sein Geschlechts Name gewesen, beweiset 1) vorstehende Urkunde, wo er sich diesen Namen giebt, ehe er Bischof zu Bamberg gewesen, sonst würde dieses anstatt des Probsteitituls ausgedruckt haben. 2) Bey JOANNIS *Rer. Mogunt. II.* pag. 340. kommt er ebenfalls mit dieser Benennung vor, bevor er das Bißthum Bamberg erhalten hat. Und 3) nennet er daselbst seines Bruders Sohn Engelhard mit dem Beynamen von Bebenburg. Sieh oben B. II. S. 140.

LIII.

Erzbischof Heinrich III. von Mainz bescheinet, daß er den Gebrüdern von Hanstein auf die ihnen versetzte halbe Burg Stein noch 712 Mark Silber schuldig sey. 16. Jän. 1341.

(Aus dem Originale.)

Wir Henrich von Gotis Gnaden, des hiligen Stuls zu Mentz Ertzbischof, des hiligen

ligen Romischen Riches in dutschen landen Ertzcantzler, tun kunt und bekennen uffinlich an disem Brief, daß wir mit Willen der Erbern lüte Johans Dechans und des gemein Capitels unsirs Stiftes zu Mentze, gerechint han mit Johan und Heinrich von Hanstein Gebrüdern, und Heinrich und Burkhart von Hanstein Gebrüdern umb alle Schult, Köst und Schaden, die unsir Vorvaren, unsir Stift und wir in schuldig waren, biz uff disen hutigen Tag, dar für in daz halbeteil unsirer Burge Stein versatzit was, und wir beliben in schuldig sibenhundert und zwelf Marg lotiges Silbirs, Erfordisches Gewichtis und Wisse, die gelobin wir in zu geldin und zu bezalen, als hernach geschriben stet.

Des Ersten, so sollen wir in, des vorgenanten Geldes fünfzig Marg Silbers bezalen zu Mitlevasten a) die nehst kumpt, zwo und sechzig Marg Silbirs sollen wir in bezalen uff den nehsten sante Walpurg Tag darnach allir nechist, und die sal yme bezalen unsir Provisor zu Erforde. Für die übrigen sehshundert Marg Silbirs, so sal yme unsir Provisor zu Erforde, der zu Zyten da ist, in und iren Erben sechzig Marg Silbers geben zu Gülde, uff sante Martins Tag

a) Mitfasten, mitten in der Fastenzeit.

Tag alle Jar, als lange bis wir oder unsir Stift in die vorgenanten sehshundert Marg Silvers bezalen.

Auch ist geret, daß unsir Provisor zu Erforde, wer dann zu Zyten daselbis ist, den vorgenanten Johan und Heinrich von Hanstein Gebrüdern, Heinrich und Burckharten von Hanstein Gebrüdern und iren Erben geben sal alle Jar hundert Marg Silbers uff sante Martinstag. Und so sullen sy von den vorgenanten sechzig Margen Silbir Geldis abeslan zehen Marg Silbir Geldis, und als dicke in unsir Provisor hundert Marg bezalet, als dicke sollen sy zehen Marg Silbirs abeslan von der vorgenanten Summen der Gülde, die man in alle Jar reichet, und das als lange tun, bis wir, unsir Nachkommen oder unsir Stift in die vorgenante Summen Geldis alsus abezuslahen zu male bezalen gantz und gar: und sollent uns ir besigelt Quitbrieve allezyt geben, als man in Gelt gibit.

Were auch, daß den vorgenanten Johan und Heinrich Gebrüdern, Heinrich und Burckhart Gebrüdern von Hanstein das egenante Geld nicht bezalet werde, als davor geschriben stet, so mogen sy uff unsern und unsirs Stiftes Gude phenden ane allen unsirn Zorn; und was sy an Pandes Wys von unsirn und unsirs Stiftes Gude uffnemen,

das

das sy me nemen dann dy Schulde were, dy wir in danne zu Zyten versezzen hetten, als da vorgeschriben stet, was da übir were, das sollen sy uns widerkeren ane allerley Geverde und Argelist.

Auch sal unsir Provisor zu Erforde der itzunt ist, oder den wir zu Zyten da han, dem vorgenanten Johan und Heinrich Gebrüdern, Heinrich und Burkharten Gebrüdern sin uffen Brieve geben, und in auch das gelobin mit der Hant, daß er in oder iren Erben die egenante Summen Geldis uff die vorgenante Zyl und in aller der Wys gelden und bezalen, als da vor gescriben stet.

Auch ist geret, were daß die egenanten von Hanstein solche Noit drünge, daß sy ires Geldis bedorften, so mügen sy die vorgenante Gülde, ader wie vil wir in danne schuldig weren, versetzen oder verkoufen andern Luden umme also vil Geldis, als wir in dannoch schuldig weren; und denselbin sullen wir und unsir Capitel unsir besigelte Brieve dar ubir geben, für also vil Geldes, als wir in dannoch schuldig weren, und mit solchem Unterscheide, als dirre Brief heldit. Were ouch, daß iz der vorgenante Johan und Heinrich und Heinrich und Burkhart bedursten, so sullen wir sy mit dem Gelde eine Mile Wegis tun geleiden, ane Geverde.

Zu Urkunde der vorgeschriben Stucke han wir unsir Ingesigel an disen Brief gehangen. Und wir Johan Dechan und daz gemeine Capitel zu Menze zu merer Sicherheit der vorgeschriben Stucke bekennen, daß wir unsir Ingesigel an disen Brief gehangen haben. Der gebin ist zu Eltevil des Dinstagis vor sante Anthonien Tag, do man zalt nach Cristus Geburte druzehenhundert und einundvirzig Jare.

LIV.

GERLACUS Archiep. Mogunt. redimit partem Castri & Opidi STEIN Capitulo Ecclesiæ Moguntinæ pro 80 marcis argenti obligatam. 10ma Jan. 1355.

(Ex autographo.)

GERLACUS Dei gracia sancte Maguntine sedis Archiepiscopus, sacri Imperii per Germaniam Archicancellarius recognoscimus per presentes publice profitendo, quod cum honorabiles viri Decanus & Capitulum Ecclesie nostre Maguntine nobis amicitiam fecerint specialem in eo, quod partem Castri & Opidi STEIN ipsis per quondam Dominum HEINRICUM predecessorem nostrum pro octuaginta marcis puri argenti obligatam nobis tradiderint, & HEINRICO de *Worbes* ipsorum ibidem Officiato mandaverint, ut nobis par-

partem Castri & Opidi hujus, ipsis ut premittitur obligatam nobis tradat & assignet.

Hinc est, quod predictis Decano & Capitulo supradictas *octuaginta martas argenti* in festo Nativitatis Christi proxime adventuro dare & solvere promittimus in hiis scriptis, dantes eisdem has nostras litteras sigillo nostro munitas, in testimonium super eo. Datum *Eltevil* Sabbato post Epiphaniam Domini, anno ejusdem millesimo trecentesimo quinquagesimo quinto.

LV.

Das Domkapitul zu Mainz verbindet sich, die Stadt Mainz nie aus Handen des Erzbischofs und des Erzstiftes kommen zu lassen, sondern dieselbe wohl zu befestigen und zu verwahren. 25. Febr. 1475. a)

Wir Richart von Obersteyn Dechan, Ruprecht Graffe zu Solmße Costor, Volprecht von Ders Schulmeister, Conrad Ruwe von Holtzhusen, Marx Eychter, Seltin zu Isenberg

a) Aus der Originalhandschrift von Pergament, die zwar zum Abschicken bestimmt gewesen, aber nicht geendigt worden ist, indeme ein paar Worte und die Sigel daran fehlen, diese Urkunde hat übrigens gleiche Beschaffenheit mit jener No. XXV. S. 229.

berg Dumprobst zu Cöllen, Dam von Prumheim, Johan Monich von Rosenberg, Friderich von Lebensteyn, Stephan Hertzog zu Beyren, Philips von Gerultsteyn, Ort von Bach, Johan Specht von Buobenheym, Bernhart von Breidenbach, Godfridt Colling, Johan Graffe zu Nassauwe, Ludwig von Helmstat, Eberhart Griffencla von Volraots, Gerhart von Erenberg, Macharius von Buchseck, und Bertolt Graffe zu Hennenberg, Dumherrn des Dumstiffts zu Mentze, bekennen und thun Kunt in dissem offen Brieffe. So als in dissen nesthen vorgangen Kryeges leufften der wirdige Stifft Mentze grossen merklichen und unverwinlichen Schaden, Schult und Borden entphangen und genommen hait, und dorch Schickunge und Genade des almechtigen Gottes dem genanten Stifft zu Besserunge und widder uffkommen, uff daß er nicht gantz verdirplich gemacht und in Grunt gesenkt werde, die Stat Mentze zu des genanten Stifftes Handen widder kommen und gewant ist, und uff daß nach unsers gnedigen Herrn Ertzbeschoffs zu Mentze Dode und Abgange, das God mildiglich lange verhalten wolle, die genante Stat Mentze by dem vorgenanten Stifft, siner Gnaden Nachkommen und Cappittel zu Mentze bliben, und durch unser Sumenisse und Verlaßnutze halben in keyn ander fremde Hant dem genanten Stiffte zu verdirplichen Schaden gekert werden moge. So

So haben wir uns in allem Besten dem genannten Stiffte zu guede besprochen und in unserm Cappittel beschlossen, daß wir nach allem unserm Besten Vermegen, getruwen Flyß ankeren und thun sollen und wollen, daß unser Genediger Herr Ertzbischoff zu Mentze dem Vitztum im Rinckau oder eyme andern festen rittermeßigen Man, der under dem Stiffte zu Mentze geboren und begüdet wonhaftig und des Stiffts Man syn, den Gryntstorn zu Mentze a) mit

 siner

a Grintstorn wurde vormals der noch stehende untere Thurm der St. Martinsburg genannt. Den obern Thurm samt dem Zwischengebäude, worin die St. Martinskapelle ist, bauete Kurfürst Diether nachher daran. Zuvor hatte jedoch der Grintstorn einige Zugehörde oder Nebenbefestigungen, wozu wohl die fünf runde Thürme, welche vormals die St. Martinsburg umgaben, mögen gehört haben. Wovon der Thurm diesen Namen erhalten habe, weiß ich nicht. Vielleicht soll es soviel heissen als der grüne Thurm, weil er etwa mit Epheu bewachsen gewesen, oder was noch wahrscheinlicher ist, der Grenzthurm, weil er den untern Theil der Stadt am Rhein und gegen Norden begrenzte. Er stand nicht in der Linie der Stadtmauer wie die andern Thürme, sondern näher zum Rhein, wodurch er das Rheinufer sperrte, eben so wie der Zollthurm, am obern Ende der Stadt, der dieselbe von Filzbach trennte, und im Jahr 1688 von den Franzosen niedergerissen worden ist. Sieh oben B. II. S. 297. dieser Beyträge.

siner Zugehorde getrulichen zu verwaren dem Stiffte zu Guode bevele und ingebe, der genante Vitztum oder Edelman dan unserm gnedigen Herrn und dem Cappittel zu Mentze zu den Helligen globen und sweren sal und sin Brieffe dar obber geben, daß er unserem gnedigen Herrn siner Gnaden lebtage lang und nyemants anders, und nach unsers gnedigen Herrn Dode oder Abgange, das Got lange verbeyde, oder ob sin Gnade gefangen worde, da Got vor sye, oder den Stifft obergebe, dem Cappittel zu Mentz und nymants anders mit solichem Torne syner Zugehorde und Festenunge gewarten und gehorsam sin solle und wolle, und sich von solichem Bevele und Festenunge nicht lassen entsetzen, eß enwere dan, daß ein ander Vitztum oder Edelman als obgeschreben stet, an sin stat gesetzt werde, von dem das Cappittel zu Mentze solichen Eyt und Globde in obgeschrebener Maße und Forme uffgenommen hette und alsobalde, als unser gnediger Herre sines Gefenkenisse widder ledig worden, unserem genanten und nyemants anders mit dem Torne und siner Zugehorde als obgerüert stet, gewarten, daß auch sin Gnade denselben Torn mit siner Zugehorde bevestige und ein Schloß an demselben Torne anhebe zu Buwen und Jare lang alle Jare von den Subsidien lantstüren und andern Renten des genanten Stiffts Gulden daran verbuwe, darzu wir dan auch, nach unserm Vermogen, behulffen sin und Stüre thun wollen. Daß

Daß auch alle Portener und Tornhueder der genanten Stat Mentz uns Dechan und Cappittel zu den Helligen globen und sweren sollen, daß sye nach unsers gnedigen Herrn Dode und Abgang, das Got lange verbeyde, oder ob sin Gnade gefangen worde, da Got vòr sye, oder den Stifft obergebe, uns Dechan und Cappittel zu Mentze und nymants anders mit solichen Porten und Torne und erer Zugehorde und Festenunge gewarten und gehorsam sin sollen und wollen. Daß auch forter zu Zyden keyner Portener oder Tornhueder zu Mentz uffgenommen werde, he habe dan zuvor an uns Dechan und Cappittel solichen Eyt gethan. Und ob unser gnediger Herr zu solichem Bevele, Ingabe und Buwe nicht versten wolte, dessen wir doch in Hoffnunge sin, syn Gnade solle sich gnediglichen herzu bewisen, so sollen und wollen wir solich merkliche Sache des genanten Stifftes nit versumen, sunder unserem helligisten Vatter dem Babist in allem Besten gutlichen anbrengen und forter Fliß ankeren, daß sin Hellikeyt dem genanten Stiffte und unserem Cappittel herin gnediglichen versehen wolle, daß dye genante Stat Mentz bye dem Stifft unserem Patronen sent Martin und siner Kirchen bliben, und der Stifft in zukonfftigen Zyden nicht gantz verdirplich gemacht werden moge. a) Des

a) Das hier berührte Schreiben des Domkapituls an den Pabst Sixtus *IV.* habe ich schon oben (Zif-

Des zu Erkentenisse han wir nach unsers Capittels Segel unser eygen Ingesegel an dissen Brief gehanzen, der geben ist Anno Domini Millesimo quadringentesimo septuagesimo quinto, uff Samstag nesthy nach sant Mathias des heiligen Apostein Dag. a)

LVI.

(Ziffer XXXIX. Seite 270.) abdrucken lassen. Zugleich habe ich allda bemerkt, daß die Jahrzahl in meinem Exemplare so undeutlich geschrieben gewesen ist, daß ich nicht unterscheiden konnte, ob es das Jahr 1470 oder 1475 bedeuten solle. Allein aus der gegenwärtigen Urkunde hat sich dieser Zweifel völlig aufgelöset, indeme die nämlichen nicht wohl lesbare Ziffer, und zwar dem Ansehen nach von derselbigen Hand geschrieben, auf der Ruckseite stehen, von innen aber am Schlusse der Urkunde das Jahr 1475 mit deutlichen Worten ausgedruckt ist. Die oben S. 270 angegebene Jahrzahl 1470 muß also in 1475 abgeändert werden.

a) Diese zwo Urkunden, nämlich die gegenwärtine und die obige S. 270, verbreiten vieles Licht über die Geschichte der Stadt Mainz, wobey ich noch bemerke, daß der gegenwärtige Kapitulsschluß durch ein kaiserliches Mandat ist veranlasset worden, worin der Kaiser Friderich am 28sten Jänner 1475 allen Reichsstädten und unter diesen auch der Stadt Mainz als einer [illegible]lichen Reichsstadt befohlen hat, den vierten Mann zu dem Krieg wider den Herzog Karl von Burgund ihm zu überschicken. (*Lunig* p. spec. Cont. I. p. 85.) Hierauf erfolgte am 25sten Hornung obgedachter Kapitulsschluß, in der Hofnung von dem Kurfürsten Adolf unterstützt zu werden. Da aber dieser sich der Sache nicht viel annahm, sondern vielmehr

am

LVI.

Fehdebriefe aus dem XIVten Jahrhundert.

(Aus Originalien.)

1) Fehdebrief einiger von Adel an das Domkapitul zu Mainz vom 7ten Febr. 1347.

Den ersamen Herren dem Capitel gemeynlich zu dem Dume zu Mentze sye kunt, daß wir Dilman und Otte von Schonenberg und Heinrich von Bechiln Edilknechte ure Vient wollin sien, durch des Unrechtis willin, das ir dunt Johan von Schonenberg genannt Smedeberg unsem Nebin, und wollin uns des woii gen uch bewarint han, & hec vobis sub sigillo *Johannis Smedeberg* predicti cupimus fore notum. Datum anno Domini M.CCC.XLVI. secundum Stylum *Trever.* *a*) fer. IV. post Purificationem B. M. V.

2)

am 25ten März 1475 ein Bündniß mit dem Kaiser machte, (LUNIG ibid pag. 86.) so schien es dem Domkapitul ganz nothwendig zu seyn, sich durch ein Schreiben (Oben S. 270.) an den Pabst zu wenden. Inzwischen aber, ehe der Streit geendiget worden, starb Kurfürst Adolf *II*, und sein Nachfolger Diether bemühete sich, die Maßregeln des Domkapituls auf alle Weise zu unterstützen, bauete zu diesem Ende die St. Martinsburg und ließ die Wächter in derselben und von den übrigen Festungswerken der Stadt Mainz sich und dem Domkapitul verpflichten. Conf. JOANN. *Rer. Mogunt.* Tom. II. p. 788. n. 5. & 11. Item pag. 790 & 791. GUDEN. *Cod. Dipl.* Tom IV. pag. 437 &c.

a) Nach Trierischem Gebrauche fienge das Jahr mit dem 25ten März an. Dieser Brief ist also ins Jahr 1347 zu setzen.

2) Fehdebrief Gerlachs von Braunshorn wider den Erzb. Heinrich *III.* von Mainz. 29. April 1349.

Wissent Herre Herre Heinrich Ertzbischoff zu Mentze, daß ich Gerlach Herre zu Brunshorn umb Liebe, die ich han zu mime Herrn Hrn Karlen Romeschen Kunige und zu mime Hrn von Trire uch mine Burgsaß zu Lainstein ufgeben und wil uwer Fiend sin und wil mich dez geu uch wol bewaret han. Datum ipsa Dominica cantate.

Und wir Johan von Elentz, Johan von Flersheim, Johan von Mentze, Johan von Clotten, Herman von Belle, und Vobele von Erpen und Walther von Trys, Wyrich von Buch, Gyselbracht von Buch, und Johan Meir, und Philips von Leyen, Johan von Schonecke und Johan von Rottenheim wollen auch uwer Vient sin, und wollen uns dez gen uch wol bewaret han, durch unsers Herrn Willen von Triere. Sub Sigillo Symonis de Silva militis, quo omnes utimur in hac parte. a)

3) Fehdebrief Wilmars von Gymnich und Heinrichs Bayer wider den Erzb. Heinrich *III.* von Mainz. 8. May 1349.

Herre Her Heinrich von Firneburch erwirdiger Erzebischof zu Mentze wisset, daß wir Wilmar von Gymnich und Heinrich Hern Symons Bayers von Boparten Son durch Willen des durchluchtigen Fürsten Hern Karles Romischen und Bemischen Kunges unsers Herren, des Hofgesind wir sin, ewer Fiend wellen sin, und entsagen euch an diesem Brif, da mit wellen wir uns Kegen euch bewart han. Und wen

a) Bey dieser Urkunde und bey jener No 4, die ich aus den Originalbriefen abgeschrieben habe, ist zwar keine Jahrzahl angemerkt; allein ich zweifle nicht, daß sie in das Jahr 1349 gehören, weil die Umstände der Geschichte völlig damit übereinstimmen.

wen ich Wilmar nicht Ingesigels han, so gebrauch ich des egenandes Heinrichs Ingesigel mit samt im. Mit Urkund dißes Brifes, der geben ist nach Cristes Geburt drewzehn hundert Jar und darnach in dem neun und virzigsten Jar, am achten Tage Sant Walpurge der heyligen Juncfrowen. *a*)

4) Fehdebrief Richards Meynnelder wider den Erzb. Heinrich *III.* von Mainz. 18. May 1349.

Wissent Herre von Mentze, daz ich Richard Meynnelder umb das Unrecht, daz ir an mine Herrn den Romischen Kunnig und von Triere liget, ur Vient willen sin und willen daz auch gen uch wol bewart han an diesem Brieve, an den min Ingesigel zu rucke ist gedrucket. Datum *Wesalia* die XVIII. Maji.

5) Fehdebrief der Stadt Speier wider den Erzb, Heinrich *III.* von Mainz. 1349. 31. Octob.

Ir Erwirdiger Herre Herre Heinrich von Verenburg. . . Ertzebischof waz zu Mentze . . wissent von uns dem Rate und den Burgern zu Spire . . daß wir umbe solichen Gewalt und Unrecht, als ir legent an den allerdurluchtigisten Fürsten, unsern genedigen Herrn den Romischen Kunig Karlen, Jme demselben unserme Herrn, wider uch wellent beholffen sin, und wellent uns daran mit diesem Briefe gegen uch wol bewart han. Datum *Spire* Sabbato post festum beatorum Philippi & Jacobi Apostolorum. Anno Domini M.CCC.XLVIIII. Sub sigillo Civitatis nostre a tergo. 6)

a) Aus dieser Urkunde ersieht man, daß obgemeldte Herrn von Adel von dem Kaiser Karl dem vierten den Befehl erhalten haben, dem Erzbischof Heinrich *III* die Fehde anzukündigen, woraus dann bestätigt wird, daß die übrigen Fehdbriefe, die sich auf den Kaiser Karl und den Trierischen Erzbischof Baldewin beziehen, um die nämliche Zeit sind gegeben worden, obschon keine Jahrzahl dabey bemerkt ist.

6) Fehdebrief einiger Knechte des Vizedoms zu Alzei an den Erzbischof Heinrich *III.* 1350. 8. Octob.

Dem Ersam Wisen Herren Bischof Heinrich Erzigbischof zu Mentze widersagen ich Sengeschure von Partenheim und Henseln von Worm. und Henkin Bach .. und wollent uwer Fient sin, umme das Unrech, daz ir dunt unserm Herrn Hrn Heinrich Hornbach Vitzdum zu Alzey, wan wir in liber han dan uch, und wollen uns gen uch in disem Brife wol bewart han; und han gebedin unsern Herrn Hrn Heinrich Hornbach Vitzdum zu Alzey und unsern Houbitman, daz er sin Ingesigel vor uns of disen Brif gedrucken hat. Datum anno Domini M.CCC L. feria sexta post Remigii Confessoris.

7) Fehdebrief einiger von Adel wider das Domkapitul zu Mainz.

Wizzet .. Her Doymprobist und .. ir Doymhern gemeyne des Stifftis zu Mentze, umme daz Unrecht, daz ir leget an Junchern Emichen von Nassowe, daz wir Hildeger von Langenowe, Jahan von Appelbúrn, Friderich von Lindenberch, Richwin von Dydendal, Sywert von Schuren Wepenlinge, uwer Figent wollin sin, und wollin uns des wol gehen uch bewart han. Datum feria quarta ante Martini, sub sigillo Domicelli Emichonis de Nassowe. *a*)

a) Emicho von Nassau kommt vor in Urkunden von Jahr 1324, bis 1332, und im Jahr 1336 und 1338 als Domkustos. Desgleichen habe ich den Hildeger von Langenau in einer Urkunde vom Jahr 1332 angetroffen. Ich vermute daher, daß dieser Brief wärend der Zwischenregierung nach dem Todt des Erzbischofs Mathias um das Jahr 1328 oder 1329 geschrieben worden seye.

Beyträge zur Mainzer Geschichte.

III. Bandes IV. Heft.

LVII.

GREGORIUS PP. IX. *Sifrido* A. M. in mandatis dat, ut inceptam reformationem monasterii *Laurissensis* perficiat. 1229. 4. May.

(Ex autographo.)

GREGORIUS Episcopus servus servorum Dei, venerabili fratri .. Archiepiscopo Maguntin. salutem & apostolicam benedictionem.

Insinuantibus dilectis filiis ... Decano & conventu *Lauren.* monasterii nobis innotuit, quod cum Abbas de Wernewill. ac ejus college eidem monasterio de mandato apostolico visitationis officium impendentes .. Abbatem ipsius ab ejus regimine amovissent; procurationem, defensionem & reformationem ipsius, cum adeo in spiritualibus & temporalibus lapsum esset, quod vix posse resur-

 gere

gere nisi per tuum auxilium crederetur, tibi in cujus consistit Diocesi commiserunt. Tu vero eam circa reformationem ipsius sollicitudinem impendisti, quod prӕter alia grata commoda, que per tuam diligentiam jam suscepit, castrum ipsius alienatum omnino ad jus et proprietatem ejus, data propter hoc de tuo non modica summa pecuniae revocasti. *a*)

Nos ergo prudentiam tuam super hoc in Domino commendantes, fraternitati tue per apostolica scripta mandamus, quatenus circa commissam tibi procurationem, defensionem & reformationem ipsius, sicut laudabiliter incepisti invigilans, sic illud foveas, manuteneas & defendas, quod per tuum studium ad statum debitum reducatur, & exinde retributionem a Domino & a nobis debeas commendari. Datum *Perusii* IV. Non. Maji Pontif. an. III. *b*)

II.

---

a) Durch das Schloß wird Starkenberg bey Heppenheim an der Bergstrasse verstanden, welches dem Kloster Lorsch zugehört hat. Uibrigens sieht man hieraus, daß das Kloster Lorsch nachher nicht ganz unentgeldlich an das Erzstift Mainz gekommen ist, weil der Erzbischof Sifrid *II.* schon eine nicht geringe Summe zu Einlösung des Schlosses Starkenberg hergeschossen hat.

b) Bei all den Bemühungen Sifrids wollte doch

LVIII.

GREGORIUS PP. IX. administrationem Monasterii *Laurissensis* SIFRIDO III. *Archiep. Moguntino* committit. 6. Aug. 1231.

(Ex autographo.)

GREGORIUS Episcopus Servus servorum Dei. Venerabili fratri ... Archiepiscopo Maguntino salutem & apostolicam benedictionem.

Ex parte tua nobis fuit humiliter supplicatum, ut cum Monasterium *Laurissense* fere ad nihilum sit redactum, ita quod numquam speratur per se posse adicere ut resurgat, quare timetur, ne quoddam *castrum ejus valde munitum* a) ab aliquo de Magnatibus

 quasi

doch die Reformation des Klosters Lorsch nicht recht gedeihen, denn aus einer andern noch ungedruckten Bulle desselben Pabstes an den Erzbischoff Sifrid vom 19ten Jul. 1229. sieht man, daß gedachter Erzbischof sich bey dem Pabst beschweret hat, daß die Mönche seine Befehle verachten und eine Appellation dagegen vorgeschützet haben. Worauf der Pabst ihm befielt in der Reformation fortzufahren, die Appellation als ungültig nicht zu achten, und die Ungehorsamen durch Zensuren zu ihrer Pflicht zu zwingen.

a) Ohnzweifel Starkenberg bey Heppenheim an der Bergstraße.

quaſi certatim illud occupare contendentibus invadatur, per quod ipſi Monaſterio nec non Maguntinenſi ac aliis circumpoſitis eccleſiis enormia diſpendia inevitabiliter imminerent, tibi amminiſtrationem ipſius Monaſterii committere dignaremur, fideliter & utilites in Domino faciendam, donec illud in ſtatum debitum reformetur, quo per Abbatem proprium valeat gubernari, preſertim cum fuerat ob hanc cauſam tuo Predeceſſori commiſſa.

Nos itaque fraternitati tue, quantum cum Deo poſſumus, deferre volentes, tibi amminiſtracionem ipſius, quamdiu nobis placuerit, committimus, utiliter & fideliter auctore Domino faciendam, venerabili fratri noſtro ... *Hildeſemenſi Epiſcopo* nihilominus noſtris dantes litteris in mandatis, ut inquiſita ſuper his diligentius veritate, que invenerit, nobis per ſuas litteras ſtudeat fideliter intimare, ut procedamus exinde prout ſecundum Deum viderimus procedendum.

Datum *Reate VIII.* Idus Aug. Pontificatus noſtri anno quinto.

LIX.

LIX.

CONRADUS Episcopus *Spirensis* sententiam excommunicationis & depositionis, in FRIDERICUM quondam Custodem aliosque Canonicos Moguntinos a SIFRIDO A. M. latam, authoritate apostolica confirmat, eosdemque excommunicatos publice denuntiari mandat. 1244. 29. Dec.

(Ex autographo.)

CUNRADUS Dei gratia *Spirensis* Episcopus, Confirmator sententiarum latarum a venerabili Fatre Domino SIFRIDO Archiepiscopo *Maguntino* contra FRIDERICUM *a*) quondam *Custodem*, GERHARDUM *Cantorem*, *b*) Magistrum PHILIPPUM, *c*) FRIDE-

a) E Comitibus de EBERSTEIN. S. oben im II. B. dieser Beytr. S 252. Er war auch bis 1242 Probst zu St. Peter zu Mainz. Conf. JOANN. Rer. Mog. T. II. pag. 310 & 488.

b) Dieser Domsänger Gerhard ist in dem Verzeichniß des Joannis nicht enthalten, und muß T. II. pag. 327. zwischen Albert von Rugelberg und Wernher von Eppstein gesetzt werden.

c) Sive *Decretorum Doctorem*, uti appellatur in litteris SIFRIDI III. de an. 1239. signatis, apud *Joann.* T. II. p. 385. Vermuthlich ist er nicht von Adel gewesen, sondern durch das Doktorat zur Dompräbende befähiget worden.

DERICUM *Grifenclawe* Majoris & BERTOLDUM ſancti *Johannis* Canonicos Maguntinos ab apoſtolica ſede datus, dilectis in Chriſto Archidiaconis, Decanis, Cuſtodibus, Archipresbyteris, Plebanis, Capellariis, vel vicem ipſorum gerentibus, per Mognnt. Civitatem & Dioceſin conſtitutis, ſalutem in Domino.

Cum nos excommunicationis & depoſitionis ſententias, quas vener. Pater Dominus S. Moguntin. Archiepiſcopus in FRIDERICUM quondam *Cuſtodem*, GERHARDUM *Cantorem* Magiſtrum PHILIPPUM, FRIDERICUM *Grivenclawe* Majoris eccleſie & BERTOLDUM ſancti *Johannis* Canon. Moguntinos, & ſpecialiter contra FRIDERICUM predictum Cuſtodem, *inhabililatis ſententiam* ad aliquod beneficium obtinendum, culpis exigentibus eorundem, dinoscitur protuliſſe, auctoritate apoſtolica duxerimus confirmandas, eo quod nobis legitime conſtiterit, ipſas juſte & rationabiliter eſſe latas, ac nobis in litteris apoſtolicis detur firmiter in mandatis, ut per cenſuram eccleſiaſticam ſententias ipſas faciamus inviolabiliter obſervari, univerſitati veſtre in virtute ſancte obedientie diſtricte ſub pena excommunicationis ſententie, quam jam in vos tulimus precipiendo mandantes, quatenus vos Archidiaconi per loca veſtrorum Archichidiaconatuum, Decani vero & vos alii in vestris Capitulis & locis dictum FRIDERICUM quondem *Custodem* & ejus complices memoratos, compulsatis campanis & accensis candelis singulis diebus dominicis & festivis excommunicatos nominatim & publice nuntietis, & alias predictas sententias inviolabiliter observantes, faciatis predictos a vestris subditis sollempniter nunciari, alioquin vos excommunicatos faciemus publice nunciari, cum a predicto Domino Archiepiscopo fuerimus requisiti. Datum apud *Kesteneberg.* *) Anno Domini MCCXLIV. IV. Kal. Januarii.

Anmerkung. Vorstehende Urkunde verbreitet neues Licht über die Unruhen, welche der vormalige Domkustos Graf Friderich von Eberstein und seine Anhänger zu den Zeiten der Erzbischöfe Sifrid *III.* Christian *II.* Gerhard *I.* und Wernhers vom J. 1242. bis 1262 angefangen und unterhalten haben: besonders, wenn man die oben (im II. B. dieser Beyträge, S. 251.) gelieferte Urkunde vom J. 1261. damit vergleichet, worin sich der Erzbischof Wernher und die gesammte Mainzer Geistlichkeit (um das Jahr 1261.) über die Verfolgungen und Beschädigungen des gedachten von Eberstein bey dem Pabste Urban *IV* beschweren nnd um Hilfe anflehen.

*) Vel *Resteneberg.*

Die Geschichte dieser von Friderich von Eberstein erregten Unruhen, wovon weder bey JOANNIS noch bey einem andern Schriftsteller die geringste Spure zu finden ist, knüpfe ich nunmehr aus meinen beyden Urkunden von den Jahren 1244 und 1261 folgender Maßen zusammen:

In der bekannten Streitsache zwischen dem römischen Hofe und dem Kaiser Friderich *II.* waren die Gesinnungen deutscher Männer nach diesen beyden Partheien sehr getheilet. Mehrere aus der Mainzer Geistlichkeit hielten es mit gedachtem Kaiser Friderich, und wollten die wider denselben erlassene Bannstralen nicht als rechtmäßig anerkennen. Unter diesen zeichneten sich vorzüglich aus, der Domkustos und Probst zu St. Peter Friderich Graf von Eberstein, der Domsänger Gerhard, der Meister Philipp und Friderich von Greiffenklau, Domherren und der Kanonikus Bertold aus dem St. Johannsstifte zu Mainz. Diese fünfe, da sie auf ihrer Meinung fest bestanden und dem Kaiser Friderich beygethan blieben, belegte der Erzbischof Sifrid *III* als ein eifriger Anhänger des römischen Stuhls im Jahr 1242 a) mit dem

a) Schon seit dem J. 1242. war Friderich von Eberstein nicht mehr Probst zu St. Peter. Denn nach einem Schreiben des Erzbischofs

dem Kirchenbann, setzte sie von ihren Stellen und Pfründen ab, ließ sodann dieses Urtheil durch die bald hernach (im Junius 1243 *a*) zu Mainz gehaltene Provinzialsynode bestätigen, und vermöge der vorstehenden Urkunde,

schofs Sifrid *III.* vom J. 1242. (bey JOANNIS *Rer. Mogunt.* T. II. pag. 310 und 488.) hat das Kapitul zu St. Peter gedachtem Erzbischof die Vollmacht ertheilet, für diesesmal einen Probst zu ernennen, wofern das Kapitul bis zum künftigen St. Martinstag keinen erwählt haben würde. Daß aber *Joannis* aus dem angezogenen Schreiben folgert, daß Friderich von Eberstein im Jahr 1242 gestorben, widerleget sich von selbst aus meinen beiden Urkunden vom J. 1244 und 1261.

Die Ursache, warum das St. Petersstift Anstand genommen hat, für diesesmal seinen Probst selbst zu wählen, mag wohl darin bestanden seyn, daß die Kapitularn sich vor der Rache des von Eberstein und seines Anhanges gefürchtet haben; oder vielleicht auch, daß sie demselben heimlich zugethan gewesen sind.

a) JOANNIS T. I. pag. 600 & T. III. p. 295, beweiset, daß im J. 1243 eine Provinzial-Synode gehalten worden; und die Urkunde vom J. 1261. (oben B. II. S. 252.) sagt ausdrücklich, daß das erzbischöfliche Urtheil von der Provinzial-Synode sey bestätiget worden; welches von keiner andern als von jener vom J. 1243 kann verstanden werden.

kunde, durch den Bischof von Speier als päbstlichen Kommissar im J. 1241. in fernern Vollzug bringen. Friderich von Eberstein, der auch zu allen Pfründen unfähig erklärt worden, suchte nun mit seinem Anhange, nach dem Brauche damaliger Zeiten, sich mit Plündern zu rächen; wobey die Tafelgüter des Erzbischofs und die Einkünfte der Stifter und Klöster vorzüglich herhalten musten. Endlich wandte sich Friderich von Eberstein im Jahr 1261 an den neuerwählten Pabst Urban *IV.* um ein günstigeres Urtheil zu erhalten. *a*) Allein der Erzbischof Wernher ergrif sogleich Maßregeln dagegen und rief eine Synode zusammen. In derselben ward ein Schreiben in seinem und der gesammten Geistlichkeit Namen an den Pabst Urban *IV.* gefertigt, worin er gedachten von Eberstein und seine Anhänger vieler Gewaltthätigkeiten und Plünderungen beschuldiget und wider denselben um Hilfe flehet, gleichwie die Urkunde selbst (oben B. II. S. 251.) mit mehrerem enthält. Uibrigens sind mir die Wirkungen dieses Schreibens und das Ende des Streithandels nicht bekannt, weil meine zwo Urkunden nicht über das Jahr 1261 hinaus reichen.

LX.

a) Sieh die Urkunde, B. II. S. 255.

LX.

Jus lignandi, pascendi & aquarum in nemoribus *Rhingaviae* Abbati & Conventui in *Eberbach* authoritate WERNHERI Archiep. Mogunt. adjudicatur 1279.

(Ex Copia authentica.)

Nos SIMON Dei gracia *Decanus Moguntinus* notum facimus universis presens scriptum visuris, quod cum inter viros religiosos Abbatem & Conventum de *Eberbach* ex parte una, & Universitates villarum *Rinichowie* ex altera, super incisione lignorum nemoris & ceteris communibus juribus questio verteretur, Abbate & Conventu assentientibus, se merito debere gaudere eo jure in *nemoribus*, *pascuis & aquis*, tam propinquis quam remotis, quod videlicet jus *Marke* vocatur, quo dicte universitates gaudebant & gaudent, & super hoc exhibentibus quedam instrumenta pro se, precipue instrumenta felicis recordationis Domini SYFRIDI quondam Archiepiscopi Moguntini, & aliud instrumentum confirmationis Domini CONRADI *sedis Romane Legati*, & tercium inter cetera hoc continens, quod Monasterium in nemore communi deberet habere duos forestarios commissos.

Uni-

Universitatibus predictis contradicentibus & excludere volentibus dictos Abbatem & Conventum a juribus silvarum, & venerabilis Dominus noster Archiepiscopus pro eo, quod propter occupationes diversas huic cause personaliter intendere non valens, nobis & viro discreto GALLONI Vicedomino *Rinichowie* eam commisit audiendam, nos partibus convocatis in locum qui dicitur *Lucelnawe*, presentibus pluribus *Ministerialibus ecclesie Maguntine*, post multa hinc inde opposita de maturo consilio ipsos Ministeriales exparte Domini Archiepiscopi sub juramento fidelitatis ammonere curavimus, quatenus Dei amore pre oculis habito judicarent, quid sibi juris seu justicie videretur in hac parte, utrum videlicet dicti Abbas & Conventus dicto jure gaudere deberent, an essent ab eo penitus excludendi. Qui habita deliberatione & consilio unanimiter in hoc concordaverunt, proponentes, quod omnes in confinio quolibet residentes, equale jus in memoribus, pascuis & aquis secundum morem regionis habere deberent, nisi hujusmodi juris renuntiatio legitime probaretur, & sic per consequens prefati Abbas & Conventus, qui similiter sunt incole *Rinichowie*, a nemoribus, pascuis & aquis seu aliis communibus juribus, que *Marke* dicuntur, non essent excludendi.

Quam

Quam ſentenciam cum ad Dominum Archiepiſcopum detuliſſemus, iterato mandatum ab eo recepimus, ut partibus denuo convocatis Monaſterio de *Eberbach* jus ſuum redderemus, cujus mandatum exequi volentes ſecunda vice pluribus convocatis in loco predicto Miniſteriales & alios fide dignos in animas ſuas juramento fidelitatis ammonuimus, ut proponerent, quod ſibi juſtum & rectum ſuper premiſſis videretur, qui ſententiam ante prolatam innovantes aſſerebant, ſe non poſſe contrarium invenire, nec nos attendentes ſepedictos Abbatem & Conventum judicavimus & authoritate nobis commiſſa judicamus memoratis juribus, que *Marke* dicuntur, nullatenus eſſe privandos, & quicunque eos contra premiſſam ſententiam tam in ſectione lignorum, quam in paſcuis vel aliis juribus ſepedictis impedire aut moleſtare preſumpſerit, injuriatur eisdem, preſertim cum pars adverſa dicte videlicet Univerſitates probare non poſſint, Abbatem & Conventum de *Eberbach* unquam juri ſuo renuntiaſſe in hac parte.

In hujus rei Teſtimonium & perpetuam memoriam ſigillum noſtrum una cum ſigillo EMBRICHONIS fratris & Concanonici noſtri, qui prefate cauſe nobiscum interfuit, preſentibus duximus apponendum.

Da-

Datum anno Domini M. CC. LXX. nono, mense Novembris, anno Pontificatus Domini WERNHERI Archiepiscopi Mag. XX.

LXI.

Testimonium, quod litteræ PETRI A. M. super vocatione Prælatorum ad Concilium provinciale, item in causa Templariorum *Constantiae* publicatæ fuerint 1309. 21. Octob.

(Ex autographo.)

Officiatus Curie Constant. omnibus presentium inspectoribus salutem cum noticia subscriptorum. Noverint, quos nosse fuerit oportunum, quod hon. vir. . . Prepositus sancti *Stephani* Constant. litteras ex parte Reverendi in Christo Patris ac Domini . . . sancte *Maguntin.* sedis Archiepiscopi transmissas, super vocacione & citacione Prelatorum ad *Concilium* Domini Pape *generale*, item super vocacione Suffraganeorum ad *Concilium Provinciale* predicti Domini Maguntini, item super inquisitione facienda contra Templarios & arrestationem bonorum & rerum eorundem. . . Vicario vener. Patris ac Domini G. Dei gracia Constant. Episcopi presentavit, & quod honor. in Christo C. Prepositus sancti Johannis Constant. easdem litte-

litteras in cancellis, publice, Clero & populo, solempniter publicavit.

In cuius rei testimonium nostrum sigillum presentibus est appensum. Datum *Constantie* anno Domini MCCCIX. XII. Kal. Novembris Indictr. VIII.

LXII.

Der Erzbischof Heinrich III. giebt seinem Zollschreiber zu Erenfells Befehle, für die Befestigung der Heimburg Anstalten zu treffen 1340. 13. Jän.

(Ex autographo.)

HEINRICUS Archiep. Moguntinus. Mandamus tibi *Dithmaro* Thelonario nostro in *Erinfels*, quatenus duas sagittas, *Noitsteille* theutonice dictas, in *Pigwia* apud Magistrum JOHANNEM emas. Item facias expensas pro una machina, videlicet *ein Bliden*, de *Flersheim* usque *Heimbach* ducenda. Eciam in tantum de lignis emas, quantum JOHANNES de *Waldeckin* Marscalcus noster tibi dixerit pro fortificacione castri nostri *Heimburg* a) fore necessarium; & hec omnia,

a) Die Heimburg ist ein dermalen zerfallenes Schloß ohnweit Niderheimbach auf einer Anhöhe gelegen.

omnia, videlicet ſagittas, & ligna empta predicto noſtro Mareſcalco pro conſervacione ejusdem noſtri Caſtri *Heimburg* tribuas & preſentes. Datum *Aſchaffenb.* in die octava Epiphanie Domini, anno ejusdem MCCCXL.

LXIII.

Erzbiſchof Heinrich III. befielt ſeinem Geheimſchreiber dem Prior Euffrid aus dem Kloſter Eberbach, zu Bezalung des Schloſſes Elnhog und der Stadt Wetter 250 ℔ Haller von des Erzbiſchofs Geldern herzugeben 1342. 15 April.

(Aus der Originalurkunde.)

HEINRICUS Archiepiſcopus Moguntinus. EUFFRIDE Prior monaſterii *Eberbacenſis* ſecretarie noſter dilecte. Mittimus ad te HARTMANNUM de *Alsfeld*, Notarium JOHANNIS de *Beldirsheim* Officiati noſtri in *Ameneburg* & *Battenburg*, cui ex parte noſtri ducentas & quinquaginta libras, vel ducentos & quinquaginta florenos boni ponderis, de noſtra pecunia tribuas & preſentes. Debet enim eadem pecunia in ſolucionem Caſtri noſtri *Elnhog* & Opidi *Wetter* tribui & converti. Et ipſum HARTMANNUM in preſentanda ſibi hujusmodi pecunia non retardes, quia ſolucio debet finaliter fieri dominica proxime affutura. Da-

Datum *Aschaffinburg* feria secunda post dominicam *Misericordia Domini*, anno ejusdem MCCCXLII.

LXIV.

Eberhard von Rosenberg giebt eine Anweisung an den Keller zu Starkenberg, die bey der Zusammenkunft mit den baierischen Gesandten zu Bensheim aufgegangene Kosten zu bezahlen. 1342. 3. Sept.

(Ex autographo.)

Ego EBIRHARDUS de *Rosenberg* miles, Advocatus in *Durne*, recognosco publice in hiis scriptis, quod ego una cum HEINRICO *Bawar.* Notario Domini mei Moguntini & aliis amicis ejusdem mei Domini, feria tercia post diem decollacionis beati Johannis baptiste, cum diem placiti ex parte dicti Domini Moguntini cum amicis illustris Principis Domini RUPERTI Ducis *Bawarie* in *Bensheim* tenuimus, triginta solidos hall. expendimus, quam pecuniam JACOBUS Cellerarius in *Starkenberg* pro nobis solvere tenetur. Datum *Bensheim* feria tercia predicta. Anno Domini MCCCXLII.

LXV.

Johann Domdechant von Mainz bescheinet, was bey der Zusammenkunft mit den baierischen Gesandten zu Bensheim verzehrt worden und der Keller zu Starkenberg bezahlt hat. 1343. 4. Dez.

(Ex autographo.)

Nos JOHANNES Dei gracia Decanus Ecclesie *Moguntine* recognoſcimus per preſentes, quod nos una cum ſtrenuis militibus CONRADO Pincerna de *Erpach*, EBIRHARDO de *Roſenberg*, GOTFRIDO dicto *Stahel*, JOHANNE de *Waldecke* Marſchalco, CONRADO dicto *Rude* Burggravio in *Starkinberg* & aliis Domini noſtri Moguntini amicis ſub anno Domini MCCCXLIII. a feria ſecunda poſt diem beati Andree proxima de ſero, usque in feriam quintam immediate ſequentem facto prandio, in Opido *Bensheim* exparte dicti Domini noſtri, cum amicis Dominorum Ducum *Bauwarie* conſtituti, expendimus in pecunia viginti libras & decem & ſeptem hallenſes, in pane de proviſione dicti Domini noſtri novem maldra ſiliginis, in *vino franco* quatuor amas, in *hünico* viginti quinque quartalia, in pabulo viginti & unum maldra cum tribus ſummerinis avene, ſimiliter de proviſione Domini: que omnia & ſingula JACOBUS

ipſius

ipsius Domini nostri Cellerarius in Starkinberg, racione dicti sui officii, de nostro ac dictorum Domini nostri amicorum scitu & jussu distribuit & notorie erogavit, dantes eidem Jacobo presentem recessum secreto nostro sigillatum in testimonium super eo. Datum *Bensheim* anno Domini ac feria quinta prenotatis.

LXVI.

Hartmud von Kronberg giebt die ihm versetzte Burg Roneburg und Gülte zu Frankfurt gegen eine jährliche Gülte von hundert Pfund Haller an den Erzbischoff Heinrich von Mainz zurück. 1346. 28. Nov.

(Aus dem Originale.)

Ich Hartmud von Cronenberg Ritter, dun kunt allin luden, und bekennen uffelichen mit disem gegenwertigen Briefe. Wanne der Erwůrdige Herre, mein Herre, Her Heinrich Erzebischoff zu Mentze und sin Capitel daselbis, mich bewisent Hundirt punde Heller geldis, jårlicher Gulde, guder Werungen, vor dy Dusint punde Heller, dy sy mir schuldig sint, umme Korn, Wyn, Geschůtze und Bliden, dy ich yn virkoufste zu Stralenberg uff dem Hus, und fůr dy Scharen, dy von yren wegin genomen ist zu Stralenby und zu Schriesheim, je fůr zehen punde ein pund Geldis jerlicher Gulde, daz ich danne sol yn Roneburg das Hus, mit allen dem, daz darzu gehöret, ane allirleie Widerrede und Hinderniſſe ledig und los wider antworten. Ouch bekennen ich mich, ob keinerleie Briefe imme den Kouf Stralenberg, dy Vyrſatzunge Roneburg und die Gulde zu Frankenfurt, dy mir bewiſet was, von des vorgenanten Kaufes wegin, hernach hinder mir oder minen . . Erben vonden wurden, ůber die Briefe, dy ich dem Stifte wider gegeben han, daz dy dot ſin ſullen, und keinerleie Maht oder Kraft haben. Des zu Urkunde gebin ich dieſen Brief undir minem Ingeſigele beſiegelt. Der gegeben iſt, do man zalte nach Criſtus Geburte druzehinhundirt Jare dar nach in dem Sechſten und vierzigiſten Jare, des nehſten Dynsdages nach ſante Katharinentage.

LXVII.

LXVII.

Das Domkapitul ertheilet dem Kurfürsten Gerlach seine Einwilligung, daß er gegen erzstiftische Versatze 41000 Gulden zu Einlösung erzstiftischer Pfandstücke, und 30000 Gulden zu Bezahlung anderer Schulden aufnehmen könne. 1356. 2. Dezemb.

(Aus einer gleichzeitigen Archivalabschrift, auf Papier.)

Datum per Copiam.

Nos REINHARDUS Custos, GERHARDUS Scholasticus, JOHANNES de *Wartenberg*, OTTO de *Czigenhain*, HEINRICUS *Schetzeln*, ENGILBERTUS de *Puteo*, WILHELMUS de *Sauwlnheim*, ANDREAS, de *Brunecke*, FRIDERICUS dictus *Specht*, JOHANNES *Hepe*, LUTHERUS de *Buches*, Canonici Capitulares Ecclesie Moguntine & totum Capitulum pronunc representantes, tenore presencium recognoscimus publice in his scriptis, quod nos nostro & totius Capituli nostri nomine, prehabitis per nos diversis tractatibus tam per nos, quam eciam cum Domino nostro GERLACO Archiepiscopo Moguntino, considerato statu Ecclesie nostre, que multum in temporalibus propter discordias diversas tam super Archiepiscopatu ejusdem Ecclesie quam alias habi-

habitas, quam eciam propter malum ſtatum terre, penſataque evidenti & notoria utilitate ipſius noſtre Eccleſie, ymmo pocius neceſſitate, ut predictus Dominus noſter GERLACUS Archiepiſcopus, quedam Caſtra, Municiones, Terras & poſſeſſiones obligatas de manibus quorundam prepotentum magis utiliter ab eorum poteſtate extrahere & liberare valeat, pari, unanimi & concordi conſenſu in hoc concordavimus & concordamus, & plenum noſtrum conſenſum & aſſenſum ad hoc adhibemus, quod idem Dominus noſter GERLACUS Archiepiſcopus poſſit.

Primo obligare, inpignorare & ad reemendum vendere, ac eciam ad dies vite hominum vendere & diſtrahere fructus, redditus & proventus ſui Archiepiſcopatus & ad menſam ipſius pertinentes, usque ad *quadraginta unum Mille florenos*, ut redimet & liberet Caſtra, Municiones ac bona ipſius Archiepiſcopatus obligata, ſtrenuis Militibus ENGILHARDO von me *Hürtzhorne*, HARTMODO & FRANKONI de *Cronenberg*; cum quibus *quadraginta unum Mille* Dominus noſter GERLACUS Archiepiſcopus predictus prius redemit Caſtrum *Clopp*, Opidum *Pingwenſe*, dimidium Theolonium in *Erenfels*, necnon villam *Lorich*, cum eorum attinenciis & connexis, de manibus CUNONIS de *Valkinſtein* noſtri Concanonici, cui talia fuerant obligata. Item

Item *secundo*, quod similiter idem Dominus noster GERLACUS Archiepiscopus possit obligare, impignorare & ad reemendum vendere, ac eciam ad dies vite hominum vendere & distrahere fructus, redditus & proventus sui Archiepiscopatus & ad mensam ipsius pertinentes ut supra, usque ad *triginta Milia florenorum* ad satisfaciendum de diversis debitis & expensis utiliter factis & contractis, nunc in Parlamentis Principum, nunc in expedicionibus, nunc in reformacione plurima ipsius Archiepiscopatus, ut hec evidenter ad oculum poterunt apparere.

Predictum autem nostrum consensum & assensum ad supradicta omnia & singula plene & perfecte exnunc adhibemus ac voluntarie & scienter in ea consentimus; ipsaque sigillo nostri Capituli sine dilacione promittimus sigillare. Dum tamen persone, bona & res Ecclesie nostre ad prebendas nostras spectancia, per contractus hujusmodi non comprehendantur, seu in eis implicentur, vel ex eis aliquam sustineant maliciam vel jacturam.

Preterea si predictus Dominus noster, bona, fructus, redditus & proventus sui Archiepiscopatus obligare vel vendere non possit ut supra, infra hinc & festum sancte Walpurgis proxime affuturum, tunc ex nunc promittimus, quod sigillo Capituli nostri contractus initos cum ENGILHARDO

 von

von me *Hirtzhorne* & CONRADO *Ruden* quondam Burggravio in *Starkenberg* & litteras desuper conceptas sigillare volumus, ne propter defectum sigilli nostri predicti ex virtute contractuum predictorum, ut intelleximus, Ecclesia nostra Moguntina valeat aggravari.

In quorum omnium testimonium & majorem roboris firmitatem, Nos omnes & singuli supradicti nostro & totius Capituli nostri nomine, prelibato Domino nostro GERLACO Archiepiscopo hanc presentem litteram sigilli nostri munimine tradimus communitam. Datum anno Domini MCCCLsexto feria sexta proxima post festum beati Andree Apostoli.

LXVIII.

Kurfürst Johann II. von Mainz leihet von Hennichen von Reiffenberg 500 Gulden, und versetzt ihm dagegen das Schloß Höchst und die Dörfer Sossenheim und Breidelach Amtsweise, bis ihm dieses Geld samt 700 Gulden, die er dem Kurfürst Konrad II. geliehen, bezahlt ist 1398. 13. Dez.

(Aus der Original-Urkunde.)

Wir Johann von Gots Gnaden des heiligen Stuls zu Mentze Ertzbischoff, des heiligen

gen Romischen Riches in dütschen Landen Ertzkantzeler, bekennen uffentlichen mit diesem Brive und tun kunt, für uns und unsere Nachkommeu und Stift zu Mentze, daß wir schuldig sin und geben sullen deme vesten Knechte Hennichin von Riffenberg unserme lieben getruwen fünffhundert Guldin gut von Golde und swere von Gewichte, die uns derselbe Hennichin gutlichen geliehen und wol bezalt hat, und wir die auch in unsern unsers Stiffts kuntlichen Nutz und Fromen gewant und gekart han. Für dieselben fünffhundert Guldin han wir dem obgenannten Hennekin, sinen Erben oder wer diesen Brieff mit sinen guten Willen und unsirn inne hat, unser Schloß Höste (Höchst) mit den zwein Dorffern Sossenheim und Breidelach und iren Zugehorungen in Amtsweise verschreiben und ingeben; also daß derselbe Hennichin über das Schloß Hoeste und die vorgenannte zwey Dorffere unser Amptmann sin soll. Und wir, unsere Nachkommen oder Stifft sollen yn von deme Ampte mit abesetzen, wir haben yme oder sinen Erben oder Beheldir dieses Briefes mit seinen Wille und Wissen dann die fünffhundirt Guldin, und auch soliche sybenhundert Guldin, die derselbe Hennichin dem Erwürdigen in Got Erzbischoff Conrad unserme Forfaren seligen gelichen hat, als er des sine Brieff darüber hat, vor gegeben und bezalt.

Des zu merer Sicherheit, so han wir Hennichin vorgenannt, dafür zu Giseln gesatzt, die strengen und vesten unsere lieben Getruwen, Philipps von Gerharstein Richter unsern Amtmann zu Dromersheim, Henne von Hoveheim unsern Amptmann zu Seilgenstad und Richard von Drahe unsern Spyser, also bescheidelichin, wers Sache, daz wir Hennichin vorgenannt, sine Erben, oder wer diesen Brieff mit sinen Willen innehat, unsere vorgenannte Gisele manent mit Boden oder Briven zu Huse oder zu Hofe oder Mund wider Mund, so sollent dieselben unsere Gisele mit ir selbes liben ir iclicher mit einem Knechte und zwen Pferden gein Riffenberg oder gein Edichstein in eine uffene Herburge, darin sie von dem egenannten Hennichin, sinen Erben oder Behelder dieses Brieffs als vorgeschrieben stet, gewiset würden, kommen und darynne rechte Geselschafft halden und tun. und yn einen Knecht oder Pferd an der abegegangen stad, als dicke das noit tud, zu stellen und nit von dannen zu kommen, wir unsere Nachkommen oder Stifft haben dann Hennichin obgenannt, sine Erben oder wer diesen Brieff mit sinem Willen und unserm innehat, der vorgeschrieben zwelffhundert Guldin mit der Leistunge und Bodelon (Bottenlohn) die darauf gegangen weren, gentzlichen geben und bezalt, an alle Geverden. Auch

Auch ist geredt, wanne wir, unsere Nachkommen oder Stifft Hennichin vorgenannt von deme Ampte Hoeste entsetzen wollen, daz sollen wir yme zweene Mande vorkundigen und wissen lassen, und sollen demselben Hennichin, sinen Erben oder Behelders dieses Brieffs, als vorgeschrieben stet, zwelffhundert Gulden geben, und wann wir das gethan han, so sollen sie uns und unserme Stiffte unser Ampt Hoeste mit den zwen Dorffern mit yren Zugehörungen wieder geben und antworten, ane alle Widderrede und Hindernisse, und sollen uns und unserme Stiffte der egenannte Hennichin, sine Erben, oder wer diesen Brieff mit iren Willen innehat, diesen Brieff und auch den Brieff über die sibenhundert Gulden widdergeben und antworten ane Virzog; dieselben Brieffe dann auch toit sin sollen und keine Krafft oder Macht me haben.

Wann auch Hennichin vorg. sine Erben oder Behelder dieses Brieffs als vor stet geschriben, die zwelffhundert Gulden widder haben und der nit lenger entberen mögen oder wollen, das sollent sie uns unser Nachkommen und Stiffte auch zwen Mande verkundigen und wissen lassen, und wann sie das also gethan han, so sollen wir Hennichin, sinen Erben oder wer diesen Brieff mit sinen Willen innehat, die zwelffhundert Gulden

geben

geben und bezalen. Geschee des nit, wann sie dann unsere Giselen manen, so sollen sie nach derselben Manunge in Giselschaft kommen und rechte Giselschaft tun und halden in aller Maße als vorgeschriben stet, als lange bis wir unsere Nachkommen oder Stifft Hennichin sine Erben oder wer diesen Brief innehat, die zwelffhundert Gulden geben und bezalen. Giengen auch unsere Giseln einer oder me abe von todes wegen, e wir unser Nachkommen yne die zwelffhundert Gulden bezalt hetten, so sollen wir andere als gute Giseln an der abegegangen stat widder setzen binnen einen Mande, nachdem als wir gemant worden. Geschee des nit, so sollen die andere unsere Giseln, die noch weren, in Giselschafft kommen, und da ynne als lange Giselschafft halden, bis daß wir oder unser Stifft andere Gisele als vorgeschrieben stet, gesatzt hetten.

Auch redden wir vor uns unsere Nachkommen und Stifft zu Mentze, unsere Gisele, die wir ytzunt gesetzt han oder hernach setzen würden, so dieß Giselschaft gutlichen zu losen und zu entheben, ane Eide ane Noitrede und ane iren Schaden, ane Geverde.

Des zu Urkunde ist unser Ingesigel an diesen Brieff gehangen, und wir Philippus von Gerhartstein, Henne von Hoveheim und Richart von Drahe Gisele vorgenannt, beken-

bekennen mit diesem Brieve, daß wir des vorgenannten unsern gnedigan Herrn von Mentze Gisele worden sin, und redden und globen mit rechter Warheit gute Gisele zu sine, zu halden und zu tune in aller Maze als davor von uns an diesem Brieffe geschrieben stet, und han des zu Urkunde unser icliſcher sin eigen Ingesigel zu des obigen unseres Herrn Hrn Johanns Ertzbischoff zu Mentze Ingesigel an diesen Brieff gehangen.

Datum Erenfels ipſa die beate Lucie Virginis, anno Domini Milleſimo trecenteſimo nonageſimo octavo.

LXIX.

EMBRICHO de *Winkelo* dictus *Griffenclau* HEINRICO I. A. M. villam *Winckel* in Rhingavia vendit 1148. 21. Jun.

(Ex Apographo.)

Anno dominicæ Incarnationis Milleſimo centeſimo quadrageſimo octavo, die Lune post ſecundam dominicam Trinitatis, regnante glorioſiſſimo Rege CONRADO hujus nominis *tercio*, EMBRICHO de *Winkelo* dictus *Griffenclaw* Miles conſenſu fratris ſui RUTARDI majoris eccleſie Maguntinenſis Canonici vendidit dictum pagum Domino HENRICO Archiepiſcopo pro mille quingentis Marcis Colonienſis Monete, reſervatis ſibi &

& successoribus suis jure quibuscunque super omnibus bonis & mansis, cultis & incultis tam propriis quam alienis in districtu *Winkelon* inter terminos rivos *Jainsbach* & *Pfaffsbach* sitos [illegible]. Presentibus venerabili fratre ARNOLDO Priore Monasterii *sancti Johannis* in Ringavia, FRIDERICO de *Rudisheim* armigero, HARTMANNO de *Rinberg*, GERLACO de *Scharpfenstein* & MARQUARDO de *Giemmenthal* ejusdem Domini Archiepiscopi Ministerialibus pro testibus ad hunc actum vendicionis adhibitis & rogatis.

Anmerkung. Vorstehende Urkunde habe ich so abdrucken lassen, wie ich sie von einem gelehrten Freunde, auf dessen Ehrlichkeit und richtige Abschrift man sich völlig verlassen kann, erhalten habe. Allein da auch die erhaltene Abschrift von keiner eigentlichen, mit Sigillen versehenen Urkunde entnommen ist, und dieselbe alle Kennzeichen eines neuern Aufsatzes aus der Schreibart mit sich führet, so bemerke ich dieses dahier und lasse ihren Wert oder Unwert biszur nähern Untersuchung oder sonstigen Aufschlusse auf sich beruhen.

Daß es übrigens keine Abschrift von einer authentischen Urkunde aus dem XIIten Jahrhundert seye, beweiset 1) der Eingang Anno Dominicæ incarnationis. 2) Die Worte

die

die Lunæ statt fer. II. 3) Post dominicam *secundam Trinitatis* statt post dominicam *respice*. 4) *Pagum* Winkelo statt *villam* oder *vicum*. 5) Kein gewöhnliches Datum oder Actum, noch die übrigen damals gewöhnliche Formalitäten sind dabey beobachtet.

Diese Schrift ist also nichts als eine privat Bemerkung, die in neuern Zeiten aufgezeichnet und ins Archiv gelegt worden ist, und daher keinen weitern Beweiß enthält, als die Urkunde selbst, woraus sie vielleicht entnommen ist. Es wäre also der Mühe wert, zu untersuchen, ob die Originalurkunde nicht vorfindlich seye; indeme sie manche merkwürdige Nachrichten enthält, woraus die Rheingauer Geschichte Aufklärung erhalten könnte. Besonders ließ sich daraus die Frage entscheiden, ob der Ort Winkel vormals den Herrn von Greifenklau zuständig gewesen, die sich vor Zeiten von Winkel geschrieben und allda ihren Wohnsitz gehabt haben. Mir scheinet indessen dieses Angeben nicht gegründet zu seyn, weil ich glaube, daß das Land Rheingau mit allen seinen Orten seit alten Zeiten ein völliges Eigenthum der Erzbischöfe von Mainz gewesen, und daß die von den Orten hergenommene Benennungen im Rheingau einen blosen mit Güterbesitz vergesellschafteten Wohnort, aber kein Eigenthum des Ortes angedeutet haben.

LXX.

LXX.

Zweiter Nachtrag zum gelehrten Mainz.

1) Wilhelm Erzbischof von Mainz.

(Gest. 968.)

Ein natürlicher Sohn des Kaisers *Otto I.* Ward zuerst Abt zu St. Alban und im Jahr 954. Erzbischof von Mainz. Der berühmte Tritheim bezeugt von ihm, daß er mehrere Werke geschrieben habe, und unter anderen auch eine Chronick seiner Zeit, worin er von sich selbst melde, daß er zu Arnstadt am 17ten Dezemb. 954 zum Erzbischofe von Mainz gewählt, und am 24ten desselben Monats dazu geweihet worden. TRITHEM *Chron. Hirsaug.* ad A. 955.

2) Johann Blenckener.

(Gest. 1484.)

Ein zu Babenhausen gebürtiger Benediktiner des Klosters Amorbach, der zuerst Kellner allda, und im Jahr 1466 Abt geworden ist. Er hat geschrieben ein Werk unter dem Titul: Liber authoritatum, sive variorum apophtegmatum, sententiarum & similium ex sacris & profanis authoribus. Conf. GROPP *Histor. Amorbac.* pag. 102.

3)

3) Georg Hell, genannt Pfeffer.

(Gest. 1498.)

Ein berühmter Kanzler zu Mainz, der diese Stelle unter vier Kurfürsten, Adolf *II.* Diether, Albrecht *I.* und Bertold mit vielem Ruhm bekleidet hat. Er war zu Frankfurt gebürtig und Kanonikus im St. Bartholomäus Stifte allda, auch beider Rechte Doktor. Bevor er Kanzler geworden, war er geistlicher Rath und Sigler zu Mainz. Er starb allda am 5ten Aug. 1498 und ward im Chor der Dominikanerkirche beerdigt, mit folgender Grabschrift:

Quatuor olim Pontificum Maguntiacorum Cancellarius hoc clauditur in tumulo, ille Georgius ex Hell, dictus Pfeffer, in oris Germanis Doctor & Italicis. Obiit V. Augusti anno 1498. Dic requiem Lector.

Er hat eine Chronick der Mainzer Erzbischöfe hinterlassen, die er im Jahr 1497 geendigt hat, wie bei LATOMUS *in Catalogo Episcoporum Mogunt.* und bey MENCKEN *in scriptor. rer. German.* Tom. III. zu lesen ist. Conf. de GUDENUS *in sylloge* pag. 533 & 535.

4) Andreas Rucker.

(Gest. nach 1531.)

War zu Seligenstadt gebürtig, und des Kurfürsten und Kardinals Albrechts Staatssekretär. In einer Urkunde vom

Jahr 1530 a) nennet er sich selbst: Beweibter Klerick Meintzer Bischtums, von kaiserl. Gewalt uffenbarer Notari Meintzischer und in Reichssachen Sekretari. Im Kurfürstlichen Archive zu Mainz, liegen noch zwey von ihm geschriebene Werke, wovon das eine die Aufschrift hat: *Sacratiss. & invictiss. Imperatorum MAXIMILIANI & CAROLI V. Archiducum Austriæ electiones & coronationes in Rom, Reges.* Und das andere: *Coronatio CAROLI V. in Imperatorem anno* 1530 *Bononiæ. Item Electio & Coronatio FERDINANDI in Roman. Regem.* Er hatte sich vorgenommen, diese Werke durch den Druck bekannt zu machen, wie aus dem Vorbericht derselben erhellet; allein der Todt scheinet ihn daran gehindert zu haben. Conf. GUDEN. *Cod. dipl.* IV. p. 624. & *in Sylloge* pag. 543.

5) Johann Gamans.
(Gest. um 1670.)

Ein zu Arweiler im Kurköllnischen im J. 1606 gebürtiger Jesuit, der die Geschichte der Heiligen Diener Gottes besonders jener aus dem Mainzer Bißthum mit vielem Fleisse bearbeitet hat. Er sammelte zu diesem Ende allenthalben, und hatte seine Arbeit zur Herausgabe einer *Metropolis Moguntina*, nach Art

a) GUDEN. *Cod. dipl.* IV. p. 642.

Art des *HUNDII Metropolis Salisburgensis* bestimmt, worin er auch bey dem Kurfürsten Johann Philipp und dessen Staatsminister von Boineburg viele Unterstützung fand. Allein ehe das Werk zu stande kam, ist er zu Wirzburg gestorben. Dem Johann Bolandus hat er nicht allein eine Menge einzelner Nachrichten, sondern auch ganze Lebensbeschreibungen, z.B. des heiligen Godfrids von Kappenberg, Stifters des Klosters Ilbenstadt und anderer überschickt, welche derselbe in dem berühmten Werke *Acta Sanctorum* betittelt, benuzet hat, wie er selbst Tomo I. Act. Sanct. Antwerpiæ 1643. pag. 43. in præfat. gestehet. Seine übrige vielen Handschriften sind zum Theile auf dem Main zu Grunde gegangen, zum Theile aber noch zu Wirzburg aufbewahret, wo sie der Pfarrer SEVERUS zu seinen historischen Arbeiten stark benuzt hat.

6) Andreas Birnbeck.

(Gest. 1679.)

Gebürtig zu Tittmoning im Salzburgischen, studirte zu Ingolstadt und ward im Jahr 1654 in das nach dem Institut des Bartholomäus Holzhauser damals errichtete Seminarium zu Wirzburg aufgenommen. Bei Errichtung des Seminarium zu Mainz ward er der erste Unterregent desselben und begleitete diese Selle vom Jahr 1662 bis 1666, wo er zum Präses desselben gemacht worden. Von Jahr 1667 an war er zugleich dem Wirzburger Seminarium vorgesetzt. Er war auch B. R. Docter, und der Theologie Lizentiat, öffentlicher Lehrer des geistlichen Rechtes und Kanzler bei der Universität, Erzbischöflicher Geistlicher Rath, Offizial und General-Provikar, Probst des Stiftes zu Morstadt und Kapitular zu Amöneburg. Er starb in der Blüthe seiner Jahre, am 18ten Nov. 1679. und hat geschrieben:

1) Seminarium virtutum.

2) Irriguum virtutum.

3) Tractatus de dignitate sacerdotii.

4) Dissertatio de Pallio.

5) Disceptatio de fidei veritate adversus VII. Disputationes *Joannis Claubergii* Doct. Theol. & Professoris in Academia Duisburgensi.

6) Defensio methodi Augustinianæ Reverendissimorum de *Walenburch* contra *Balthas. Boebelium* Doct. & Professorem Theol. Argentinensem.

Conf. SEVERUS Parochiæ Mog. intra urbem pag. 239.

7) Quirin Kunkel.

(Gest. 1701.)

Gebürtig zu Hechtsheim ohnweit Mainz im Jahr 1651 studirte zu Mainz, ward allda Doktor der Theologie und beider Rechte, öffenfentlicher Lehrer des Kirchenrechts und Erzb. geistl. Rath. Vom Jahr 1679 bis 1682 war er Präses im Erzbischöfl. Priester Seminar, ward alsdann Pfarrer zu St. Ignaz, ordentlicher Professor des Kirchenrechts mit der dazugehörigen Präbende im St. Victorsstifte und hernach Erzbischöfl. Offizial. Im Jahr 1688 verließ er Mainz und kam nach Heidelberg als Pfarrer und Dechant der heil. Geistkirche, wurde aber bey den dortigen Unruhen bald vertrieben. Inzwischen erhielte er 1690 die Pfarrei zu St. Quintin in Mainz, die er im Jahr 1691 wiederum verließ als er auf seine Pfarrei nach Heidelberg zurückkehrte und kurpfälzischer geistlicher Rath wurde. Bei dem französischen Uiberfall der Stadt Heidelberg im J. 1693 wurde er während dem Sturm von einem französischen Soldaten verwundet, entflohe mit Lebensgefahr aus der Stadt, und kam durch einen weiten Umweg zu Mainz an. Hierauf reiset er in Geschäften des Wirzburger Domstiftes nach Rom, erhielt auch allda im Jahr 1694 die Probstei im St. Moritzstift zu Augsburg und trat im Jahr 1695 seine Pfarrei zu Heidelberg zum drittenmal an, ward auch Bischöfl. Wormsischer geistlicher Rath und General-Provikar. Allein auch dieses dauerte nicht lang: denn im J. 1696 kehrte er nach Mainz zurück, ward allda zum zweitenmal Präses

 im

im Erzb. Seminarium, auch kurfürstl. geheimer Rath und starb allda am 14ten Dezemb. 1701.

Folgende Schriften hat er herausgegeben:

1) Bewährung, Erklärung und Vertheidigung des allerheil. Meßopfers, gegen etliche im J. 1687 in der Churpfalz durch den Druck ausgestreute Büchlein und Schriften, 2c. Heidelberg 1688.

2) Lilium inter spinas. Contra Carpzovium 1695.

3) Tractatus de communione sub utraque specie.

4) Zwanzig Betrachtungen vom jezigen Glaubenswesen.

5) Zwanzig fernere Betrachtungen.

6) Kurzer Unterricht von Mirakulosen Orten und Bildern.

7) Unum necessarium, pro Concionatoribus.

Conf. SEVERUS *Parochiæ intra urbem Mogunt.* pag. 40. 67 & 240.

8) Joh. Martin Engelhard.

(Gest. 1709.)

Gebürtig zu Geisenheim im Rheingau, ward zu Mainz Doktor der Theologie und der Rechte, und sodann im J. 1690 Kaplan zu Heidelberg. Im J. 1694. gienge er mit seinem Pfarrer Quirin Kunkel nach Rom, er-

erhielte nach seiner Rückkehre im J. 1696 die Pfarrei zu St. Quintin in Mainz, ward allda geistlicher Rath und Offizial, auch im J. 1698 Professor des Kirchenrechts bis zum Jahr 1703, wo er wegen eines kleinen Vergehens aller seiner Stellen entsetzt, und seiner Freiheit beraubt worden ist. Er starb in diesem Zustande im Erzbischöfl. Seminarium am 24ten Dezemb. 1709. Von Schriften hat er zum Druck befördert:

1) Compendium juris Canonici, welches hernach lange Zeit als ein Vorlesebuch ist gebraucht worden.

2) Eine Umschreibung des fünfzigsten Psalmen, worin er Anleitung zur Bußfertigkeit giebt.

Conf. SEVERUS *Parochiæ Moguntinæ* pag. 41.

9) Niklas Person.

(Gest. 1711.)

Ein berühmter Kupferstecher und geschworner Feldmesser zu Mainz, der viele Felder und Gegenden gemessen, gezeichnet und gestochen hat. Am berühmtesten darunter sind a) die 17 Landkarten vom Mainzer Lande, nebst einer grossen allgemeinen Karte davon, welche er zu Anfang dieses Jahrhunderts herausgegeben hat. b) Die Abbildungen der Erzbischöfe und Kurfürsten von Mainz, welche Heiwich von Konrad *III.* bis auf Jo-

hann Swikard im Jahr 1624 herausgegeben, (S. oben S. 182) legte Person von Neuem auf, setzte sie bis auf den Kurfürsten Lothar Franz fort, und gab sie zu Mainz im J. 1696 heraus. c) Die Wappenkalender der Dom- und Ritterstifter haben von ihm ihr Entstehen. Im J. 1701 verfertigte er den ersten für das Ritterstift St. Alban, und bekam in der Folge für die jährliche Abdrücke desselben einen Jahrsgehalt.

Er war ein sehr arbeitsamer und geschickter Mann, konnte aber bey alldeme sich nicht viel erwerben; denn nach seinem Todt im J. 1711 kam die Wittib bey dem Kapitul zu St. Alban um einen Witwengehalt ein, weil ihr Mann wenig hinterlassen und sie mit ihren Kindern nicht zu leben habe. Dieses Stift gab ihr sodann einen lebenslänglichen Gehalt, dergleichen sie auch von dem hiesigen Domstifte, und vielleicht auch von andern Stiftern erhalten hat.

10) Leonard Nimis.

(Gest. 1716.)

Gebürtig zu Walthürn, ward zu Mainz der Theologie und beider Rechte Doktor, im Jahr 1674 Pfarrer zu Walthürn, 1682 Präses im Erzbischöfl. Priester Seminarium bis 1686. In der Zwischenzeit erhielte er ein Kanonikat zu St. Viktor, ward 1691 Pfarrer zu St. Quintin, und 1696 zum zwei-

tens

tenmal Pfarrer zu Walchürn. Im Jahr 1701 kam er nach Mainz zurück, ward zum zweytenmal Präses des Seminariums, erhielte ein Kanonikat im St. Bartholomäusstifte zu Frankfurt, und ward zum Erzbischöfl. geistlichen Rath und endlich zum Generalprovikar befördert. Im Jahr 1706 war er auch Rektor der Universität zu Mainz, starb allda am 23ten Jänn. 1716 und ward in der St. Emmeranskirche beerdigt.

Von seinen herausgegebenen Schriften ist mir nur eine bekannt, die den Titul führet: das Brod des Lebens und des Verstandes rc. und im Jahr 1700, wo er noch zu Walthürn wohnte, als eine Schutzschrift für das heil. Meßopfer wider einen lutherischen Professor Namens Florin, hat drucken lassen. Conf. SEVERUS *de parochiis intra urbem Mogunt.* pag. 49. 241 & 243 & KNODT *in Catal. Rect. Univ. Mogunt.* pag. 119.

11) Ivo Salzinger.
(Gest. 1728.)

Ein zu Günzburg im Jahr 1669 gebürtiger regulirter Chorherr zu Reichersberg in Baiern, ward zuerst Hofmeister bey dem zu Wien studirenden Grafen Anton von Würzhen, und bekam allda zufälliger Weise einige Schriften des Raymund Lullus in die Hände, in die er sich so sehr vertiefte, daß er eine Reise nach England unternahm, um dieser

Schriften noch mehr ausfindig zu machen und in die Geheimnisse der Natur, wovon Lullus so viel geschrieben hat, einzudringen. Auf dieser Reise kam er nach Düsseldorf zum Kurfürsten Johann Wilhelm von Pfalz, bey dem er mit den lullistischen Geheimnissen so viel Beifall fand, daß er von demselben zum Hofkaplan ernannt worden. Nach seiner Rückkunft aus London, fieng der Kurfürst und er an, so geheim als möglich, die chimische und andere Untersuchungen der Natur nach lullistischer Methode anzustellen. Da aber die vorrätigen Schriften des Lullus seine ganze Methode noch nicht zu enthalten schienen, so schickte gedachter Kurfürst seinen Bibliothekär Johann Büchels nach Frankreich, Deutschland und Italien, um mehrere Schriften des Lullus ausfindig zu machen. In dieser Absicht kam er auch im J. 1711 nach Venedig, wo er in der Bibliotheke des Grafen Trevisano, desgleichen zu Florenz in der Grosherzoglichen und sonstigen Büchersammlungen eine Menge lullistischer Handschriften antraf, wovon er Abschriften mitbrachte. Lukas Wadding hatte in seinem Verzeichniß der Schriftsteller des Minoritenordens (gedruckt zu Rom 1650) auch die Schriften des Lullus verzeichnet und dabey gemeldet, daß sie meistens in der Minoriten Bibliotheck zum heil. Isidor zu Rom aufbewahrt würden. Der Kurfürst von Pfalz schickte also den Erzpriester aus Achen, Johann Peter Aldenhof dahin, der auch das Glück hatte, die Abschriften zu erhalten und mitzubringen. a) Auch traf Johann Büchels auf seiner Ruckreise aus Italien im Jahre 1712 einige dergleichen Handschriften in der Karthäuser Bibliothecke zu Mainz an, durch welche sämtliche Sammlungen der Kurfürst endlich eine grosse Menge lullistischer Schriften zu Düsseldorf zusammenbrachte, und dieselben hernach mit dem Doktor Salzinger durchstudirte und durch angestellte Praxis die Wirkungen davon mit dem Tiegel am Feuer zu erforschen trachtete. Salzinger wohnte auf einem alten Schloß im Herzogthum Bergen, in einem Thurm, dessen Eingang durch eine Fallbrücke verwahrt gewesen, damit er in seinen chimischen Prozessen und Geheimnissen nicht gestört würde. Inzwischen ehe der Stein der Weisen und die daher zu erhaltende Lebenstinktur erfunden worden, starb Johann Wilhelm Kurfürst von Pfalz am 8ten Jun. 1716, und Salzinger muste sich um einen andern Mezenaten umsehen, der ihm Geld zum verschmelzen her-

geben

a) Von diesen Nachforschungen nach den Schriften des Lullus, geben die gelehrte Zeitungen von Venedig und Paris vom Jahr 1712 mehr Nachrichten.

geben wollte. Statt eines fand er deren zween, nämlich den Kurfürsten Karl Philipp von Pfalz und den Kurfürsten Lothar Franz von Mainz, die von dem weitausgebreiten Ruf des geheimnißvollen Salzinger schon zum voraus eingenommen waren. Lothar Franz Kurfürst von Mainz ernannte den Salzinger zu seinem geistlichen Rath, unterhielt einen starken Briefwechsel mit demselben, bearbeitete dessen chimische Prozesse, a) ließ noch mehr lullistische Werke aufsuchen, besonders in Spanien und zu Majorka, und beide Kurfürsten verschaften, daß die Werke des Lullus gedruckt werden sollten. Salzinger ließ auch auf Kosten der hei=

a) Der Kurfürst Lothar Franz bediente sich hierbey seines Kammerdieners Namens Bayer, deme die chimische Manipulationen bekannt waren, und der selbst dergleichen Arzneien verfertigte. Dieser Bayer, der viel Zutrauen auf des Salzingers Medicinam Universalem hatte, hofte dieselbe zu erhaschen, wenn er zu demselben auf sein Schloß persönlich kommen könnte. Unter dem Vorwande einer zu empfangenden Erbschaft in Spanien, bekam er vom Kurfürsten die Erlaubniß zu verreisen; gienge aber geradewegs zum Salzinger, der anstatt ihm seine Geheimnisse zu entdecken, den Kurfürsten davon benachrichtigte. Bayer muste nun die Kurpfälzische sowohl als die

beiden Kurfürsten die ersten drei Bände in den Jahren 1721 und 1722 zu Mainz in der Mayerischen Druckerei in groß Folio sehr prächtig auflegen, und verfertigte schöne Vorreden, wie auch einige den Lullus und seine Werke betreffende Abhandlungen dazu. Noch sieben Bände kamen erst nach Salzingers Tod heraus, a) der am 30ten April 1728 zu Mainz erfolgt ist. In der St. Valentins-Kapelle der St. Christophels Pfarrkirche zu Mainz hat er seine Beerdigung erhalten.

Sal-

die Kurmainzische Lande meiden, wenn er nicht in einen Kerker eingesperrt seyn wollte. Er irrete sein übriges Leben hernach in der Welt herum und suchte sich mit chimischen Arzneien und andern Geheimnissen zu ernähren. Seine damals junge Frau die er mit einem Kinde zu Mainz verlassen hatte, ist vor etwan 12 Jahren erst allda gestorben.

a) Salzinger hatte das meiste zu den folgenden Bänden, die über die Zahle von sechszig steigen sollte, schon vorgearbeitet. Vom Jahr 1728 bis 1736 kam der 4te 5te und 6te Band heraus. Hernach machte die Kurfürstliche Kommission über das Lullistische Institut im Jahr 1736 mit dem Buchdrucker Mayer einen Vertrag, wonach bis zum J. 1742 noch vier Bände erschienen sind. Bey diesen zehn Bänden ist es bisher geblieben, und obschon sie sehr prächtig gedruckt sind, so

Salzinger ist ein zu merkwürdiger Mann gewesen, als daß ich ihn im Verzeichniß der Mainzer Schriftsteller völlig übergehen sollte; denn aus seiner Geschichte läßt sich nicht allein manche Nachricht vom Kurfürsten Lothar Franz aufklären, sondern man trift auch darin die erste Quelle über die Auftritte und Bewegungen an, die nachher bis über die Hälfte dieses Jahrhunderts in Betref des lullistischen Instituts und Lehrmethode zu Mainz Aufsehen erregt haben.

Die Auflage der lullistischen Werke hat in Spanien und besonders bei der Universität zu Palma auf der Insul Majorka eine solche Freude verursachet, daß sie dem Salzinger das Diplom eines Professoris primarii durch zween Franziskaner Mönche überschickt haben; und da hierzu die Ablegung des

so fanden sie doch so wenig Abgang, daß der gröste Theil der Auflage, die aus 500 Abdrücken bestand, noch vorrätig ist. Diese Exemplare uebst den übrigen Handschriften und anderen zum Theil anderstwo gedruckten Lullistischen Werken, die Salzinger zur Auflage seines grosen Werkes bestimmt und meistens in Ordnung gebracht hatte, werden dermalen zu Mainz im Erzbischöflichen Seminarium aufbewahrt; könnten aber zum Theile einen bessern Platz erhalten, wenn sie einer Bibliotheke einverleibt würden.

des Glaubensbekänntnisses und die Ablegung eines Eides für die Meinung in Betref der unbefleckten Empfängniß Mariä bey gedachter Universität erforderlich sind, um den Titul eines ersten Professors annehmen zu können, so ließ der Kurfürst Franz Lothar dieses in seiner Gegenwart den 13ten Sept. 1726 verrichten, und derselbe samt den beiden Franziskanern und dem ersten Hofkaplan Joh. Adam Kurhummel stellten darüber ein Zeugniß aus.

Im Jahr 1723 kam in der Mayerischen Buchdruckerei zu Mainz ebenfalls ein Buch in 8vo heraus mit dem Titul: *Praecursor Introductoriae in Algebram speciosam universalem vel artem magnam universalem sciendi & demonstrandi* B. Raymundi Lulli &c. der Verfasser nennet sich blos einen Discipulum Doctoris Illuminati, und ist vermuthlich der Doktor Salzinger selbst. Die Absicht desselben ist, denjenigen, die das grosse Werk nicht lesen können oder nicht wollen, einen kurzen Begrif von dem lullistischen Systeme zu geben.

12) Angelin von Heppenheim.

(Gest 1729.)

Ein zu Heppenheim an der Bergstrasse gebürtiger Kapuziner, der folgende Werke durch den Druck herausgegeben hat: 1) Christlicher Unterricht im Glauben und in den

den Werken des Glaubens. Heidelb. 1706. 2) Auslegung der Ordensregel des heil. Franziszus, aus dem lateinischen des Peter Manero General der Franziskaner übersetzt. Worms 1722. 3) Uiber die zwölf Hauptartikul der Ketzer. Worms 1723. 4) Betrachtungen für die zehntagige geistliche Uibungen. Frankfurt 1726. 5) Unterricht für die christliche Jugend. Frankfurt 1726. 6) Vorbereitung zum Tod. Mainz 1727. Conf. *Hierotheus* Prov. Rhen.

13) Edmund Baumann.

(Gest. um 1730.)

Ein Franziskaner der thüringischen Provinz, der lange Zeit zu Stadtworbis im Eichsfelde gewohnet, und viele theologische und polemische Schriften hat drucken lassen. Darunter gehören:

1) Katholische Unschuld im Brauch des heil. Abendmals in einer Gestalt, wider Adolf Frohnius Superintendent zu Mühlhausen; gegen den seine meisten polemischen Schriften gerichtet sind. Duderstadt 1699. 8. 2) Demonstration der lutherischen Uneinigkeit in Glaubenssachen ꝛc. Duderstadt 1701. 8. 3) Des Reichs Christi Art. Wetzlar 1713. 8. 4) Katechetisches A. B. C. Frankfurt 1723. 8. 5) Immerwahr Katholisch unfehlbar. 6) Libertas Christiana. 7) Alter Bestand katholischer Wahrheiten vom heil. Sakrament

des

des Altars. 8) Achiotophelische Scheinbeweise widerlegt. 9) Kontroversbuch. 10) Bewährter Augenschein der lutherischen Uneinigkeit und Fehlbarkeit. 11) Nothwendigste Mittel zum Himmel. Wirzburg 1711. in 4to. 12) Apostolischer Beruf der römisch katholischen Priester. Dudersiadt 1700 in 4to.

14) Vitus Seidel.
(Um das Jahr 1730.)

Ein Benediktiner auf dem Jakobsberge zu Mainz, hat viele Predigten und einige andere Sachen herausgegeben.

Auser diesen Mainzer Schriftstellern, habe ich noch einige gefunden, von denen mir aber nur unvollständige Nachrichten bekannt sind. Darunter gehören:

1) Christoph Hegendorfer, der geschrieben hat: *Institutio epistolarum scribendarum cum* ERASMO, *VIVE & CELTE. Mogunt.* 1556 in 8vo.

2) Wolfgang Fabricius Capito. Er war dreier Fakultäten Doktor, kurmainzischer Regierungskanzler, geheimer Rath und Hofprediger, lebte im XVIten Jahrhundert, und hat einige Schriften herausgegeben, die ich aber nicht zu nennen weiß. Conf. ADAMUS *in vitis Theologorum.*

3) . . . Biening, ein Vikarius im U. L. Fraustift zu Mainz, der ein Buch herausgegeben hat, unter dem Titul: Summarischer Bericht und kurze Erklärung von der göttlichen

chen prædestination und reprobation. Mainz 1595 in 4to.

4) *Arnoldus Corvinus*, ein Professor der Rechte zu Mainz, der eine Abhandlung de personis ecclesiasticis herausgegeben hat.

5) Heinrich Broich, gebürtig zu Achen, ward 1608 Vikarius im U. L. Fraustift zu Mainz, und hat ein Buch unter dem Titul: *Hyperaspistes theologiæ scholasticæ assertæ* geschrieben.

6) Polykarp Lyser, hat eine Abhandlung von den Mainzer Synoden geschrieben.

7) Johann Pfaff, des Mainzer Stadtgerichts und der philosophischen Fakultät Beisitzer, gab im Jahr 1618 als damaliger Dechant der Fakultät einen Catalogum promotorum ab artium facultate ab anno 1565 usque 1618. im Druck heraus.

8) . . Weber, gebürtig zu Aschaffenburg, ward Probst des Klosters der regulirten Chorherrn zu Högelwart, und hat discursus curiosos geschrieben.

9) Niklas Hertling, ein Jesuit und Verfasser des Buches: *scientia latinitatis*, Moguntiæ 1708 in 8vo.

10) Konrad Hensel, 1495 und

11) Heinrich Pfleger, 1597 wie auch

12) Valentin Leuchtius, gest. 1619, drei Pfarrer zu Frankfurt. Conf. SEVERUS *paroch. intra urbem Mog. in præfat.*

13) Johann Brigel, Pfarrer zu Eltvill. 1647.

14)

14) Hermann Piscator, sonst Angeler oder Engeler genannt, war gebürtig zu Mainz und Benedictiner auf dem St. Jakobsberge allda. Er hat einen langen Brief über den Ursprung der Stadt Mainz an den Sorbillo geschrieben. Conf. *Joecher* in Lexico, & *Joannis* T. I. p. 126.

15) Peter Sorbillo, genannt Slarp ein Benediktiner auf den St. Johannsberge im Rheingau, der über den Ursprung der Stadt Mainz geschrieben hat. Conf. *Joecher* & *Joannis* loc. cit.

16) Dieterich Ebbracht, ein Paderborner Clericus, war zuerst Schreiber bey dem Erzbischofe von Mailand, und hernach bey dem Kurfürsten von Mainz, erhielte eine Präbende, und nachher die Scholasterie zu Aschaffenburg. Von Mainz kam er nach Wien zur Reichskanzlei als Protonotarius, und sodann als lateinischer Referendarius. Im J. 1435 ward er Kanzler zu Mainz, verfertigte das Wahlinstrument des Königs Albrechts II. und kam 1439 auf Bitte des Reichsvizekanzlers Kaspar Schlick wieder als Reichsreferendäre nach Wien. Anstatt der Präbende zu Aschaffenburg erhielte er nachher eine andere zu U. l. Frau zu Mainz, brachte allda seine letzte Lebensjahre zu, und starb 1462. Im Kreuzgange dieser Stiftskirche hat er ein Grabmal, das man nebst mehrern Nachrichten von diesem merkwürdigen Mann lesen kann bey GUDEN,

 Syl-

Sylloge pag. 519. und in *cod. diplom.* T. II. p. 383. auch in dem prächtigen Werke des Hrn von KOCH *sanctio pragmatica germanorum illustrata*. Tab. II.

17) Johann Friderich Faust, ein zu Aschaffenburg gebürtiger Gelehrter, der sich zu Frankfurt nidergelassen hat. Von ihm hat man das für die Frankfurter Geschichte sehr wichtige Werk *Collectanea Francofurtensia*, das aus drey Foliobänden bestehet. Die Frankfurtergeschichte, Geschlechtstafeln, Grabmäler ꝛc. werden darin sehr erläutert. Von demselben scheinet auch das Corpus diplomaticum Francofurtense herzurühren, welches zu Frankfurt in quarto erschienen ist. Conf. SENCKENBERG, *selecta* T. I. præf. pag. 10.

Noch eine grosse Anzahl Mainzer Gelehrten könnte ich beifügen, wenn ich mich nicht auf solche beschränkt hätte, die als Schriftsteller bekannt sind, gleichwie ich gleich Anfangs (B. I. S. 334.) bemerkt habe. Aus dieser Ursache habe ich z. B. folgende hinweggelassen.

1) Philipp Acker oder Agricola. Gest. 1572. Conf. JOANN. *Rer. Mogunt.* I. 872. GUDEN. *Cod. dipl.* II. 727. SEVERUS *de parochiis intra Mogunt.* p. 8. KNODT *in Catalogo Rectorum Univ. Mog.* pag. 31 & 35.

2) Adam Adami, gest. 1663. Blos weil er einige Jahre Prior auf dem Jakobsberge zu Mainz gewesen, scheinet mir nicht hinlänglich zu seyn, ihn unter die Mainzer Schriftsteller

zu

zu setzen: denn zu Mainz hat er auch nichts geschrieben. Conf. *Joecher & Harzheim.*

3) Konrad Mahs, Dompfarrer zu Mainz. Gest. 1631. Ist mir als Schriftsteller nicht bekannt. Conf. *Severus de paroch. Mog.* p. 9.

4) Johann Schneid, Pfarrer zu St. Quintin. Gest. 1602. Die Abhandlung de jejunio & delectu ciborum hat nicht ihn, sondern den Jesuit Johann Busæus zum Verfasser. Confer. *Sotvel* in Biblioth. und Heims Wolfgang. S. 94. SEVERUS *de paroch. Mog.* p. 58.

Hiermit wäre nun das Verzeichniß der Mainzer Schriftsteller (die Erfurtischen ausgenommen), so viel ich deren habe entdecken können, bis zum Jahr 1734 fertig. Ich habe mich dabey in gedrängter Kürze zu fassen gesucht, und meistens die Quellen angegeben, woraus ich geschöpft habe, und wo man Manches weitläufiger finden kann. Die übrigen Mainzer Schriftsteller, vom J. 1734 bis hieher, daran ich schon vieles gesammelt habe, gedenke ich mit der Zeit ebenfalls herauszugeben, und dadurch das Verzeichniß so vollständig zu machen, als es nur möglich ist.

Wie beschwerlich es übrigens seye, ein solches Verzeichniß vollständig zu liefern, sehen Kenner solcher Arbeiten leichtlich ein, und ich finde mich dadurch bewogen, die noch lebenden Herren Schriftsteller, welche entweder im Kurfürstenthum Mainz gebürtig sind, oder darin wohnen oder gewohnt haben, zu bitten, mir

 eine

eine kurze Nachricht von ihrem Geburtsort und Jahr, angetrettenen Stellen, gemachten Standesveränderungen, ihren herausgegeben Schriften 2c. in Zeit von einem Jahr gefälligst zuzuschicken. Ich denke, daß die Herrn Schriftsteller um soweniger hierüber Anstand nehmen werden, als die Absicht nicht ist, Lobschriften zu verfertigen, sondern blos Thatsachen mit wenigen Worten vorzulegen, und man mir widrigenfalls nicht verdenken wird, wenn ich wider meinen Willen von Ihnen unvollständige oder gar unrichtige Nachrichten mittheilen sollte.

LXXI.

RAYMUNDUS *Cardinalis* sententiam excommunicationis, quam PETRUS *Archiep. Mogunt.* ob non solutum Papæ servitium incurrit, ad tempus suspendit 1307. 30. Jul.

(Ex autographo.)

Nos THEODERICUS Scholasticus ecclesie *S. Symeonis Treveren.* notum facimus universis presentes litteras inspecturis, quod anno ab incarnatione Domini Millesimo trecentesimo septimo in vigilia Assumptionis beate Virginis vidimus ac de verbo ad verbum perlegimus litteras vero sigillo ipsius, cujus esse dicebatur, prout prima facie apparebat, sigillatas, non cancellatas, non abolitas nec in aliqua

qua ſui parte viciatas, quarum litterarum tenor, ſequitur in hec verba:

„Univerſis preſentes litteras inſpecturis, RAYMUNDUS miſeracione divina ſancte Marie nove Dyaconus Cardinalis ſalutem in Domino. Cum venerabilis Pater Dominus PETRUS Dei gracia Maguntinenſis Archiepiſcopus propter ſervicium, in quo tenetur ſanctiſſimo in Chriſto Patri & Domino noſtro, Domino CLEMENTI divina providencia Pape *quinto*, in ſtatuto ſibi ad hoc termino non ſolutum, ſentencia foret excommunicationis aſtrictus, Idem Dominus Papa ex certis cauſis & racionibus. que ad hoc induxerunt eundem, volens ipſi Archiepiſcopo ad tempus in hac parte gratioſe deferre, prefatam excommunicacionis ſentenciam & omnem ejus effectum usque ad feſtum omnium ſanctorum proximo futurum, authoritate apoſtolica eidem Archiepiſcopo de ſpeciali ſuſpendit gracia & eciam relaxavit oraculo vive vocis, ita tamen, quod ſtatim ipſo elapſo feſto prelibatus Archiepiſcopus eo ipſo in eandem ſentenciam in ſtatum priſtinum revertatur. Hec autem de mandato ejusdem Domini noſtri facto nobis viva voce per ipſum, ad cautelam Archiepiſcopi memorati tenore vobis preſentium nunciamus. Datum *Pictavis III.* kal. Aug, anno Dom. Mill. trecenteſimo ſeptimo, Pontificatus ejusdem Pape anno ſecundo.

 In

In cujus visionis testimonium sigillum nostrum presentibus litteris duximus apponendum. Actum & Datum anno & die predictis.

LXXII.

Notitia de litteris Archiepiscopatus Moguntini in armario ecclesiæ *Aschaffenburgensis* asservatis, anno 1307.

(Ex autographo.)

Ego LUDEWICUS Notarius Domini Archiepiscopi *Maguntini* recognosco in hiis scriptis, quod ego missus a dicto Domino meo & jussus, recepi in Armario ecclesie *Aschaffenb.* litteras Domini ALBERTI Rom. Regis & consensus Principum super theloneo in *Loynstein*, super Opido *Selegansiat*, super innovacione & confirmacione Privilegiorum ecclesie Maguntine, & litteras Domini Ducis *Bawarie* & Domini *Coloniensis* super confederacione sua ad Dominum Archiepiscopum Maguntinum. Actum & Datum *Aschaffenb.* in Dominica qua cantatur *Misericordia Domini.* (9. April.)

Ego HILDEBRANDUS Prothonotarius Domini PETRI Archiepiscopi *Magunt.* missus *Aschaffenburgum* ad querendum litteras Domini ADOLFI & Domini ALBERTI Roman. Regum super *Judeis* & *Ungelto* in *Frankenford* nihil inveni de his, nisi litteram Domini ALBERTI Regis super CCC mill. & quingentis libris Hallens. quam deportavi Maguntiam ad ad Dominum meum predictum. Anno Domini M.CCCVII. III. Kal. Maji. (29. April.) a)

LXXIII.

Eine merkwürdige Steinschrift, die im Jahr 1790 zwischen Weissenau und Laubenheim an der Landstrasse ist gefunden worden. b)

L Y C N I S
Q. E P I D
A N C I L L
A XXV V C L A
E T. M E N. IIII
H. S. E.
F E L I X S
P O S I T

Lycnis Q. Epidi Ancilla Annorum nonaginta quinque & mensium quatuor hic sita est Felix posuit.

a) Diese beide Schreiben sind auf demselbigen Pergament beysammen geschrieben, aber nicht von der nämlichen Hand, so daß es Reversales zu seyn scheinen, über die aus dem Archive erhaltene Urkunden. Man sieht auch hieraus, daß die Erzbischöfe von Mainz damals ihr Archiv bey der Stiftskirche zu Aschaffenburg gehabt haben.

b) Sowohl die Erhaltung dieser Inschrift und des Steins selbst, dem gleich mehrern andern in hiesiger Gegend entdeckten Alterthümern der Untergang bevorstand, als auch die hier beygefügten erläuternden Anmerkungen haben

Diese Steinschrift ist in diesem Jahr oberhalb Weisenau in einem Weinberge ohnweit der von Jungenfeldischen Aue gefunden worden. Der Stein ist ein gemeiner Kalkstein, hoch 2 Schuhe 2 Zoll außer der Erde, breit 1. Schuh. — Oben mit einer kleinen Verzierung. Er ist um so merkwürdiger, als die in unseren Gegenden gefundenen Steinschriften gemeinlich nur Soldaten betreffen, dieser aber eine Leibeigne; dergleichen selten vorkommen.

LYCNIS. Die Leibeignen hatten nur einen Namen: und pflegten bey ihrer allenfalsigen Freylassung den Namen ihrer Patronen dazu anzunehmen: dahingegen die freyen Römer gewöhnlich drey hatten, davon der Vornahmen der Person, der Namen dem Geschlecht, und der Beynahmen der Linie desselben eigen war.

ANCILLA. Das Wort Ancilla solle von Ancus Martius 4ten Römischen Könige herrühren, welcher in seinen Kriegen sehr viele Weibspersonen zu Gefangenen gemacht hat; daher das alte Wort: *Anculare*, welches soviel als Servire, dienen, bedeutete. Von den Aemtern der Römischen Leibeignen Dienerschaft hat nach Pignorius, Panvinius und Muratori, *Morcelli* de Stylo Inscript. Latinar. p. 529. ein langes Verzeichnis gesammelt: von Leibeignen weiblichen Geschlechts aber ebendaselbst p. 336. allwo besonders verschiedenes von einer Ancilla Ornatrice, und p. 337. von einer Vestifica, und von einer Ancilla Medica, welches derselbe durch Obstetrix eine Hebamme ausleget, vorkömmt. Uiber eine Steinschrift von einer Gnome Ancilla

ben wir dem hiesigen Hrn Hof- und Regierungsrath Reuter zu verdanken. Ein neuer Beweis von dessen grossen Kenntnissen der Alterthümer, die er schon in seinem gelehrten Werke von Albansgulden, Mainz 1790 an Tag gelegt hat. Sk.

Ancilla Ornatrix kann eine eigne Abhandlung von *Lupi* in desselben Dissertationi 4. Faenza 1785 To. II p. 79. nachgesehen werden. S. auch *Hachenbuchius* Epist. Epigr. p. 30. In den römischen Gesetzen kommen verschiedentlich vor: Ancillæ Ornatrices, Pedissequæ, Lanificæ, Focariæ, Sarcinatrices, Textrices, Villicæ v *Brisson* de V. S und von dieser letzteren Gattung scheinet unsere Lycnis gewesen zu seyn; welches der Ort, wo der Stein gefunden worden, nebst derselben hohen Alter von 95. J. anzuzeigen scheint. Vermuthlich ist in der Gegend von Weisenau ein Landhauß ihres Herrn des Q. Epidi gestanden, wovon unsere Lycnis nebst ihrem Manne dem Felix, die Oeconomie besorget hat.

Es ist demnächst die Leseart dieses Wortes besonders merkwürdig, da die letzte Sylbe LA, anstatt daß dieselbe in der folgenden Zeile vorn an, wie gewöhnlich, gesetzt werden sollen, vom Steinhauer grade unter das abgebrochene Wort, und zwar mit Wiederholung des Buchstaben L gesetzt worden. Dergleichen Versetzungen jedoch in Steinschriften nichts ungewöhnliches sind, deren mehrere Beyspiele von dem Abbate Gaëtano *Marini* Iscrizioni Albane pag 24 25. 26. 27. 29. 190. 232. angeführet worden sind.

Annorum VC. Von der Art der Römer, die Zahlen mit Voraussetzung der geringeren Zahl vor der grösseren, als ein Abzug derselben, zu schreiben, S. *Zaccaria* Istituzione Lapidaria 8. Roma 1770. p. 330. *Hagenbuchius* c. l. p. 564. Die Art aber, die Buchstaben aneinander zu henken, ist in römischen Steinschriften nichts ungewöhnliches. Ich will nur hier bemerken, daß auf gleiche Weiße, wie hier in dem Worte ANN. die beyden NN ineinander gehenket sind, eben also bey *Lupi* c. l. To. I. p. 186. ein Beyspiel zu finden, von zween ineinander gesetzten VV, welches die vollkommene Gestalt eines deutschen W. vorstellet.

Fe-

Felixs. Mehrere Beyspiele, wo dem Buchstaben X. ein S. entweder nach- oder vorgesetzt worden, sind nicht selten. So findet sich bey *Marini* c. l. p. 90. VXSORI anstatt VXORI und bey *Passionei* Iscrizioni p. 42 n. 16. SENEXS und VIXSI anstatt Senex. und Vixi. Und ebendaselbst p. 179. n. 1. ist umgewandt das S. vor dem X hinzugesetzt in dem Wort VSXORI. anstatt Vxori. Manche male ist das X. auch mit dem S. verwechselt worden als wie bey Lupi c l. To. I. p. 134. in dem Wort REQVIEXCIT, für requiescit. Auch findet man sogar das Vorwort ex mit einer Zugabe des Buchstaben s. geschrieben bey *Maffei* Galliæ Antiq. Sel. p 80. wo es heißt: EXS Decuria. anstatt ex Decuria. Andere mehrere Beyspiele S. bey *Zaccaria* c. l. p. 326.

Daß übrigens unser Felix entweder der Mann oder Sohn, oder Mit-Leibeigner unserer Lycnis gewesen, welcher den Stein ihr zum Andenken gesetzt hat, ergibt sich aus desselben einfachen Namen, wie bereits oben gedacht worden. *a*)

Dieser Stein wird seiner Zeit das Museum der Kurfürstl. Universität dahier zieren.

LXXIV.

Zusätze und Verbesserungen.

I. Zum ersten Bande dieser Beyträge S. 32. u. f. Bey Untersuchung der Frage über die Erfindung der

Feuers

a) Der Hof (Villa) worauf diese LYCNIS Magd gewesen, mag wohl auf der von Jungenfeldischen Aue gestanden haben; der Stein aber nach der Römer Gewohnheit nicht weit davon an die Strasse gesetzt worden seyn. Denn daß auf gedachter Aue schon zu Zeiten der Römer Anlagen und Gebäude vorhanden gewesen, beweisen die zween allda befindlichen Steine, die Fuchs in seiner Geschichte von Mainz Th. I. S. 10. und 106. beschreibt, und nebst mehr andern vormals daselbst sind ausgegraben worden. Sk.

Feuergewehre, will ich einige Bemerkungen aus Hrn. Murr's Journal zur Kunstgeschichte Th. V. S. 55. u f. hinzusetzen, woraus meine darüber geäusserte Meinung bestätigt wird.

Das angezogene Liber ignium, oder wie es andere nennen, MARCI GRAECI Liber *de compositione ignium*, das der Doktor Mead handschriftlich besaß, beschreibt schon zwo Gattungen von Feuerwerken, eine fliegende, und eine andere, welche einen Knall von sich giebt. Hiervon werden in der Kernhistorie aller freien Künste Th. VII. Leipzig 1751. S. 570. viele Data angegeben.

Daß die Mauren im Jahr 1343, als sie zu Algezîras belagert worden, steinerne Kugeln aus eisernen Mörsern geschossen, und damals den Gebrauch des Schießpulvers und der Kanonen in Spanien bekannt gemacht haben — und daß die Araber diese Kunst in noch ältern Zeiten von den Indianern erlernt haben; davon kann man weitere Nachricht finden bey Cardonne Geschichte der Araber in Afrika und Spanien Th. III. S. 76. 139. rc. AVENTIN. *Annal. Bavar.* L. VII. c. 21. GRAMM. *in scriptis societatis Hassiensis* P. I. p. 211. und HULDERICUS MUTIUS *in Chron. German.* L. 19. p. 195.

Die Araber, Perser und Türken nennen das Schießpulver Barut, und den Salpeter Thety Sini (Schnee aus Sina) und die Perser nennen ihn Nemeck Tschini (Sinesisches Salz) woraus zu folgen scheinet, daß der Salpeter aus Sina zu den Arabern und Persern gekommen seye. Wenn aber Hr. von Murr hieraus schliesset, daß die Chineser das Schießpulver erfunden haben, so kann ich ihm keinen Beyfall geben, indeme seine Beweise, auch jene, die er aus Grupens Abhandlung von der Benennung Kraut und Loth in den Hannöver. Beyträgen 1759. S. 1601. u. f. anbringet, blos auf den Salpeter, nicht aber auf das Schießpulpulver gehen. Von diesem glaube ich vielmehr, daß es die Araber erfunden und zuerst in Spanien eingeführt haben.

Eine Stelle aus des berühmten Franz Petrarcha lib. *de remediis utriusque fortunæ*, welches er im J. 1344. geschrieben, ist zu merkwürdig bey Untersuchung dieser Frage, als daß ich sie hinweglassen sollte. Lib. I. de Machinis & Basilistis, Dial. 90. sagt er von den Schießgewehren: *erat hæc pestis nuper rara, ut cum ingenti miraculo cerneretur; nunc ut rerum pessimarum dociles sunt animi, ita communis est, ut unumquodlibet genus armorum.* Wenn also die Schießgewehre im Jahr 1344 schon gemein gewesen, so muß ihre Bekanntmachung in Europa, als eine seltene Erscheinung, wenigstens einige Jahre weiter vorausgesetzt werden.

II. Band I. S. 73. Zeile 29. statt Soldat lies Ritter, welches nach dem Begriffe des Mittelalters die wahre Uibersetzung des Wortes *Miles* ist. Conf. de Guden. *Cod. diplom.* T. III, pag. 388. & 390. wo in der Urkunde CCLXXI. die Worte Miles HELFRICUS *de Lapide* & HERMANNUS *de Lapide* Armiger vorkommen, und in der Urkunde CCLXXII. durch Helfferich von dem Steyne Ritter und Hermann von dem Steyne Knecht verdeutscht werden. Eben also wird auch in dem vom Kaiser Friderich *I.* erlassenen Landfrieden, der in der vollständigen Sammlung der Reichsabschiede (Frankfurt 1747. Th. I. S. 5. u. f.) deutsch und lateinisch zu lesen ist, das Wort *Miles* immer durch Ritter verdeutscht.

III. B. I. S. 132. In der Aufschrift des Artikuls XIX. ist das Wort wiederkäuflich oder auf Wiederkauf vergessen worden. Einer meiner Herren Rezensenten hat diese Aufschrift durch das Wort ver-

versetzen verbessern wollen. Allein sehr unrichtig; denn Versetzen und wiederkäuflich verkaufen sind weder im juristischen noch im historischen Verstande für gleichbedeutende Worte zu halten. Conf. B. II S. 322. 378. 383 488. u. B. III. S. 285, 354 ꝛc.

IV. B. I. S. 414. Die dahier angeführte Worte: *subjectum volumen Psalterii Breviariique Maguntiæ impressorie artis &c.* habe ich aus Hrn. Gerkens Reisen, Th. IV. S. 186 genommen, und bin durch das Wort *Maguntiæ* verleitet worden zu glauben, daß dieses Buch nicht zu Marienthal im Rheingau sondern in dem Marienthaler Hause zu Mainz gedruckt worden seye. Der Hr. Kanonikus und Bibliothekarius Batton zu Frankfurt aber bemerkte mir, daß nicht *Maguntie* sondern *Magunt.* abgekürzt allda stünde, welches auf Psalterii Breviariique seinen Bezug habe, und deswegen *Maguntini* oder, wie es Hr. Weihbischof Würdwein in Bibliotheca Moguntina pag. 109. ausgedruckt hat, *Maguntinensis* heissen müsse. Bey selbst genommener genauen Einsicht habe ich auch dieses richtig befunden, und finde also keinen Anstand dafür zu halten, daß das Kloster Marienthal wirklich eine Buchdruckerei im Rheingau gehabt habe.

V. B. II. S. 69 Zeile 23. müssen die Worte: an der 17ten Säule, wo auch jenes des Kurfürsten Jakob von Liebenstein ist ꝛc. folgender Maßen geändert werden: an der ersten Säule vor dem Pfarrchor auf der Seite nach dem Markt, wo auch jenes des Erzbischofs Peter von Aßpelt ist ꝛc.

VI. B. II. S. 140 und B III. S. 353. Bei Lupold von Bebenburg setze hinzu: der Bischof Wolfram von Wirzburg empfielt denselben dem Pabst Johann XXII, in einem um das Jahr 1324 erlassenen Schreiben, mit folgenden Worten: *Cæterum honorabilem* LUPOLDUM de BEBENBURG Canonicum Herbipolensem Decretorum Doctorem

de

de nobili prosapia procreatum, cujus amici ecclesiæ meæ Vasalli, mihi & ipsi ecclesiæ grata ac fructuosa impenderunt auxilia & impendunt ad præsens, Sanctitati vestræ humiliter recommendo. a)

X. B. II. S. 264. Bey JOANNES de *Lutrea* setze hinzu: der berühmte Hr. von Gudenus sagt zwar *Cod. diplom.* T. II. pag. 754. daß derselbe auch Pfarrer zu St Ignaz in Mainz gewesen; allein die Grabschrift, aus der er dieses beweisen will, spricht nicht von dem Johann von Lautern sondern von einem Johann von Lauterecken, und die von ihm berührte Lobsprüche des Tritheims und anderer Schriftsteller sind nicht auf diesen, sondern auf den JOANNES de *Lutrea* gerichtet.

XI. B. III. S. 181. Bei dem Georg Hellwich ist zu bemerken, daß er auch Kanonikus im St. Morizstifte gewesen ist.

XII. B. III. S. 262. In der Note zum Artikul XXXIII. habe ich bemerkt, daß es mir nicht scheine, daß durch das Wort *promoti*, die auf Universitäten Promovirten verstanden werden. Allein wenn man betrachtet, daß die Universitäten zu Bononien, Pavia 2c. damals schon im größten Flor gewesen, und denen allda Graduirten ganz besondere Vorzüge sind eingeräumt worden, so daß dieselben dadurch zu allen Dompräbenden und sogar zu den Bisthümern sind befähigt gewesen, so glaube ich, daß die Fähigkeit mehrere Pfründe zu besitzen und die Einkünfte davon auch in Abwesenheit zu beziehen, ebenfalls unter die Vorzüge der auf Universitäten Promovirten gehört habe. Conf. B. I. S. 412.

a) SCHANNAT *Histor. Fuld. Cod. probat.* pag. 240.

Register über die drei Bände.

Bey Endigung des dritten Bandes gegenwärtiger Beyträge liefere ich nunmehr das dazu versprochene Register, und zwar zu mehrerer Deutlichkeit und Erleichterung im Nachschlagen, ein fünffaches, nämlich:

I. Chronologisches Sachenverzeichniß.

II. Alphabetisches Sachenverzeichniß.

III. Verzeichniß der Personen.

IV. Verzeichniß der Städte, Dörfer rc.

V. Verzeichniß merkwürdiger Wörter.

Der dabey vorkommende lateinische Ziffer I. II. III. bedeutet den Band, und der deutsche 1.2.3. rc. die Seitenzahle.

Durch dieses Register habe ich nun zwar diese Beyträge als ein für sich bestehendes Werk geschlossen; nichtsdestoweniger werde ich dieselben mit der Zeit unter einer andern Aufschrift fortsetzen; indeme ich noch einen ziemlichen Vorrat an Materialien habe und mir auch deren noch mehrere von Freunden zugesagt sind. Ich werde mit der Herausgabe derselben um so lieber fortfahren, als der Beifall, den ihnen gelehrte Geschichtsfreunde geschenkt haben, mich überzeugt hat, daß meine Arbeit nicht unnütze gewesen, und daß durch dieselben manch merkwürdige Nachricht zum Behufe, nicht allein der Mainzer—sondern auch der damit so sehr verbundenen deutschen Reichsgeschichte ans Taglicht gebracht worden ist, die sonst vielleicht noch lange dem Geschichtsforscher verborgen geblieben wäre.

Uibrigens bemerke ich hier noch, daß ich bey Herausgabe der Urkunden die Maßregeln des berühmten Hrn. von GUDENUS (*Cod dipl.* Tom. I. in præfat. §. XXV.) befolget habe, besonders daß ich die Urkunden, bey denen aus dem Originale oder *ex autographo* angemerkt ist, mit eigener Hand abgeschrieben und denselben alle Zuverlässigkeit zu geben gesucht, die man nicht selten bey Abschreibern vermisset.

I. Re

I. Register.

Chronologisches Sachenverzeichniß.

1209. Erzbischof Sifrid *II.* nimmt von Kaufleuten aus Rom und Bononien 150 Mark Silber Lehenweis auf. III. 102.

1220. Derselbe bezahlt 334. Mark Silber abschläglich, an römische Kaufleute. III. 04.

1229. GREGORIUS PP. IX. SIFRIDO II. *Archiep. Mog* reformationem Monasterii Laurissensis recommendat III. 369.

1231. Idem Pontifex administrationem prædicti Monasterii SIFRIDO III. A. M. committit. III. 371.

1233. Schreiben des Erzbischofs Sifrids an den Pabst, wider den Ketzerverfolger Konrad von Marburg. *I.* 459.

1233. Erzbischof Sifrid *III* findet sich mit römischen Kaufleuten wegen geliehener Kapitalien, für tausend Mark Silbers ab III. 106.

1235. Derselbe Erzbischof bezahlt den Senenser Kaufleuten abschläglich 1150 Mark Sterling III. 110.

— Kaisers Friderichs *II.* Landfrieden, verordnet auf dem Reichstage zu Mainz I. 353.

1236. Römische Bürger fodern vom Erzbischof Sifrid das ihnen schuldige Geld III. 114.

1244. CONRADUS Episcopus *Spirensis* sententias SIFRIDI III. A. M. contra quosdam Canonicos Mogunt. latas authoritate apostolica confirmat. III. 373.

1249. Grabmal des Erzb. Sifrids *III.* in der Domkirche; das älteste unter allen. II. 56.

1251. Päbstliche Vergebungen der Benefizien im Erzstift Mainz sollen ungültig seyn, wenn der Erzb. von Mainz darin nicht als Executor ernannt ist. I. 276.

1253. Die vom Pabste Innozens *IV.* dem Markgrafen

grafen von Meissen verliehene Privilegien sollen auf das Erzstift Mainz keine Anwendung haben. II 329.

1261. Erzbischof Wernher und die Geistlichkeit von Mainz beschweren sich bey dem Pabste wider ihren ehemaligen Domkustos von Eberstein II. 251.

1273. Die Kurfürsten des Reichs leisten Bürgschaft wegen der Schulden, welche Kaiser Rudolf bey seiner Wahl und Krönung machen wird. II 325.

1276. Die Güter des St. Albans Klosters zu Bodenheim werden von allen Abgaben freygesprochen. III. 116.

1277 Die Vogteilichkeit über Bodenheim kommt an das Kloster St. Alban zurück III 119.

1279. Jus lignandi, pascendi & aquandi in nemoribus *Rhingaviæ* Monasterio *Eberbacensi* authoritate WERNHERI *Archiep. Mogunt.* adjudicatur. III. 379.

1289. Der vom Pabst gesetzte Domprobst Johann JUDICIS von Mainz bevollmächtiget einen Boten um seine Einkünfte einzutreiben. I. 103.

1294. Kaiser Adolf schiebt die Reichsachterklärung wider den Herzog Heinrich von Braunschweig mit Bewilligung des Erzbischofs Gerhard, eine Zeitlang auf. III. 256.

1295. Erzbischof Gerhard führt Klage bey dem Kaiser wider den Herzog Albrecht von Braunschweig und wider Lupold von Nortemberg. III. 258.

1296. Erzbischof Gerhard giebt dem Friderich von Roßdorf und Dieterich von Hartenberg die Schlösser im Eichsfelde zu verwahren. III. 259.

1297. Heinrich Abt von Fulda vergiebt die Pfarre zu Nuheim an Heinrich von Westerburg. III. 278.

1306. Das Domkapitul zu Mainz verkauft an Heinrich Probst zu Roßdorf und gewesenen Domherrn zu Mainz, vier Mark Köllnische Denare jährliche Einkünfte, gegen 40 solcher Marke. I. 108.

1307. RAYMUNDUS Cardinalis sententiam excommunicationis, quam PETRUS A. M. ob non solutum Papæ servitium incurrit, ad tempus suspendit. III. 420.

— Notitia de litteris Archiepiscopatus Moguntini in Armario ecclesiæ *Aschaffenburgensis* asservatis III. 422.

1309. Litteræ PETRI *Archiep. Mog.* super vocatione Prælatorum ad Concilium & in causa *Templariorum* Constantiæ publicantur III. 382.

1309. Juramentum FRIDERICI Episcopi Augustani PETRO Archiep. Moguut. præstitum II. 108.

1310. HEINRICUS Rom. Rex PETRO A. M. in Bohemia absenti de terris Moguntinis cavet. III. 263.

1311. PETRUS Archiep. Mog. a frequentatione *Concilii Viennensis* dispensatur III. 207.

— Herzog Otto von Braunschweig vergiebt die Probstei Einbeck an Hermann von Steinberg II 107.

— Litteræ Capituli *Fritzlariensis* ad Capitulum Moguntinum, de mittendis nuntiis ad Curiam Romanam III. 264.

— HEINRICUS Rom. Rex PETRO A. M. absolutionem civis Pragensis committit. III. 265.

1312. HEINRICUS VII. Rom. Rex PETRO A M. ægre concedit, ut ex *Bohemia* ad ecclesiam suam redire possit III. 234.

1314. PETRUS A M. sententias in synodo Mogunt. contra *non promotos* plura beneficia possidentes prolatas relaxat. III. 261. 432.

1316. Verzeichniß, was die Stifter zu Mainz nach gehabter Visitation an Prokurationen bezahlt haben I. 411.

1318. Wilhelm von Frankenstein leistet dem Erzbischof Peter Bürgschaft für den Kaiser Ludwig. *III*. 260.

1319. Erzbischof Peter verkauft das Dorf Wattenheim auf Wiederkauf an Georg Solgin von Starkenberg I. 132. III. 428.

1320. Verzeichniß, was der Erzbischof Peter dem Erzstifte Mainz erworben hat. III. 266.

1322. MATHIAS A M. *subsidium majus* per præposituram *Aschaffenburgensem* exigi atque fratri suo *Bertholdo* assignari mandat. III. 268.

1327. Konrad von Hechenriet gestattet dem Konrad von Winsberg, die Stadt Neudenau wiederkaufen zu können. III. 237.

— Arzneimittel, welche Meister Rembold dem Erzbischof Matthias gegen die böse Einflüsse der Sonnenfinsterniß verordnet hat. I. 346.

1329. Fehdebriefe einiger von Adel wider das Domkapitul von Mainz. III. 568.

1330. Die Bürgen des Erzbischofs Heinrichs III werden nach Rom beschieden, um die von Florentinischen Kaufleuten geliehene 2000 Gulden zu bezahlen. III. 126

1331. Der Erzbischof Heinrich und seine Bürgen werden in den Kirchenbann gethan, weil

 sie

sie die den Florentinischen Kaufleuten schuldige 4000 Gulden nicht bezahlt haben. III. 200.

1333. Gerhard von Virnenburg erkläret sich wegen der für den Erzbischof Heinrich geleisteten Bürgschaft. III. 125.

1334. Herzog Heinrich von Braunschweig versetzt an das Erzstift Mainz die Hälfte der Burg Gebeldehausen, der Stadt Duderstadt und des Gerichts zu Bershausen. II. 322.

1338. Die Stadt Kölln machet einen Waffenstillstand mit dem Grafen Ruprecht von Virnenburg. III. 279.

— Erzbischof Heinrich schützet die Minoriten bey ihren Privilegien in Thüringen und Hessen. III. 351.

1339. Der Streit zwischen dem Domkapitul und der Stadt Mainz in Betref der zerstörten Domherrnhöfe wird durch Schiedsrichter beigelegt. III. 209.

— Heinrich von Hanstein verspricht aus dem ihm zur Hälfte versetzten Hause Stein niemand zu beschädigen. II. 488.

— *Ludovicus* Imp. *Conradum* de *Bunna* in Clericum & Notarium assumit III. 280.

1340. HEINRICUS III. *Archiep. Mog.* Castrum suum *Heimburg* muniri mandat. III. 383.

1341. König Philipp von Frankreich machet ein Bündniß mit dem Erzbischof Heinrich von Mainz. II. 104.

— Erzbischof Heinrich fodert den Ritter von Löwensteln auf einen Tag nach Aschaffenburg, um sich über den in vier Dörfern in Hessen verübten Raub und Brand zu verantworten. II. 381.

— Die

— Die von Wackermule überlassen einige Mainzische Lehen an die von Dalewig mit Bewilligung des Erzbischofs Heinrichs. III. 282.

— Erzbischof Heinrich bleibt den Gebrüdern von Hanstinn auf die ihnen versetzte halbe Burg Stein noch 712 Mark Silbers schuldig. III. 354.

1342. HEINRICUS III. *Archiep. Mogunt.* solutionem 250 libr. pro redimendo castro *Elnhog* & oppido *Wetter* EUFFRIDO secretario suo injungit. III. 384.

1342. Heinrich von Steinberg verbindet sich, dem Erzb. Heinrich im Kriege beyzustehen. II. 376.

— Erzbischof Heinrich versetzet an einige Edelleute eine Gülte von 16½ Malter Korn und 29 Malter Haber, auf dem Kammerforst haftend. II. 378.

— EBERHARDUS de *Rosenberg* expensas cum deputatis *Ducis Bavariæ* in *Bensheim* factas, Cellerario in *Starkenberg* ut persolvantur, assignat. III. 385.

1343. Erzbischof Heinrich setzet dem Ude Knecht von Lorch zehn Pfund Haller auf den Weinmarkt zu Geisenheim. II. 466.

— Rede des Pabstes Klemens *VI.* als sich der Kaiser Ludwig dem römischen Hofe durch Gesandten unterworfen hat. II. 469.

— JOANNES *Decanus Mog.* testatur, quantum in oppido *Bensheim* cum deputatis *Ducis Bavariæ* pro expensis solutum sit. III. 386.

1344. Erzbischof Heinrich nimmt einen Feuerschützen in seine Dienste; vielleicht den ersten, der nach Deutschland gekommen ist, I. 32.

— Erzbischof Heinrich machet den Hans Hohelin zum Burggrafen zu Rieneck und versetzt an denselben das Dorf Nappenbach. II. 383.

— Kaiser Ludwig hält einen Tag zu Frankfurt, um die Streitsachen zwischen Kurmainz und Kurpfalz zu entscheiden. I. 328.

— Rede des Pabstes Klemens *VI.* als er Prag zum Erzbißthum und Leutomischel zum Bißthum errichtet hat. I. 405.

— Rede des Pabstes Klemens *VI.* als er den Erzbischof Heinrich von seinem Erzbißthum suspendirt hat. II. 332.

1345. Wernher von Schwalbach und Riper von Hohenstein versöhnen sich mit dem Erzbischof Heinrich II. 255.

1346. Erzbischof Heinrich verspricht, die Parthie des Kaisers Ludwigs nicht zu verlassen. III. 283. (19. März.)

— Rede des Pabstes Klemens *VI.* als er den Erzbischof Heinrich abgesetzt hat. II. 352. (7. Apr.)

— Rede des Pabstes Klemens *VI.* wider den Kaiser Ludwig von Bajern. II. 341. (13. April.)

— Befehl des Pabstes Klemens *VI.* an den Erzbischof von Trier, die Absetzung des Kaisers Ludwigs in allen Kirchen bekannt zu machen. II. 474. (13. Apr.)

— Erzbischof Heinrich bescheinet, daß er seinem Thürkammerer 150 Pf. Hall. schuldig sey. II. 487. (10. Jul.)

— Hartmud von Kronberg giebt die ihm versetzte Burg Roneburg und die Gülte

zu

zu Frankfurt an den Erzb. Heinrich. III. zurück. III. 387.

1347. Einige von den Rheingauern gefangen genommene Edelleute verschreiben sich dem Erzbischof Heinrich. II. 109.

— Fehdebrief einiger von Adel an das Domkapitul von Mainz. III. 365.

1349. Päbstlicher Ablaßbrief zur Zeit der Peste, für das Erzstift Mainz I. 349.

— Decanus sedis in *Arnfelde* cum septem plebanis GERLACO A. M. obedientiam spondet. II 327.

— Die Burg Wenegeburg bey Amöneburg wird an Ludwig Schenke von Schweinsburg versetzt. III. 285.

— Fehdebrief Gerlachs von Braunshorn wider den Erzbischof Heinrich. III. 366.

— Fehdebrief Wilmars von Gymnich und Heinrichs Bayer wider denselben. III. 365.

— Fehdebrief Richards Meynnelder wider denselben, III. 367.

— Fehdebrief der Stadt Speier wider denselben III. 367.

1350. Fehdebrief einiger Knechte des Vizedoms zu Alzei wider denselben. III. 368.

1351. Philipp von Isenburg verlangt sein Dienstgeld vom Erzbischof Heinrich, widrigenfalls er sich mit Pfänden erholen will, II. 491.

— Die Gebrüder von Hanstein versprechen die in dem Kriege wider den Landgrafen von Hessen und den Markgrafen von Meissen gemachte Gefangenen dem Erzbischof Heinrich zu überlassen II. 490.

1352. Graf Johann von Nassau verordnet, daß sein Bruder der Erzbischof Gerlach

nach

nach seinem Todt Merenberg und Glipperg besitzen soll. I. 325.

1353. Nachricht von zweyen ansehnlichen Italianischen Handelshäusern zu Bingen am Rhein. I. 73.

1355. Godfrid Abt zu Amorbach beklagt sich bey dem Erzbischof Gerlach, über die seinem Kloster zugefügte Betrangnisse. II. 110.

— Erzbischof Gerlach löset einen Theil der Burg und Stadt Neudenau vom Domkapitul ein. III. 358.

1356. Das Stadtgericht zu Mainz fodert jederman zu den ungeboden Dingen, dreimal des Jahrs. III 290

— Consensus *Capituli Moguntini* GERLACO A. M. præstitus, de mutuo sumendis pecuniis & oppignorandis bonis mensæ Archiepiscopalis III. 389

1360. Erzbischof Gerlach befielt den Pfarrern in der Stadt Mainz, die Beginen bey ihrer Weise zu leben nicht zu beunruhigen. III. 211.

1363. Ein Italianisches Handelshaus läßt sich zu Bingen nieder. I. 74.

— Erzbischof Gerlach befielt dem Stadtgericht zu Mainz gewisse Prozesse zu endigen und nichts wider die Freiheiten seiner Hausgenossen zu verfügen. II. 249.

1371. Erzbischof Johann I. bestätiget die Freiheiten zweier Italianischen Handelshäuser zu Bingen. I. 74.

1374. Erzbischof Adolf verspricht dem Ulrich von Kronberg, sich ohne dessen Willen mit Ludwig von Meissen nicht zu versöhnen. III. 293.

1375. Geleitsbrief für einem Binger Handelsmann durch die Kurköllnische Lande. I. 97.

— Kon-

— Konrad von Rungestein verspricht das ihm vom Erzbischof Adolf versetzte halbe Haus Frauenstein nicht weiter zu versetzen. III. 213.

— Lateinische Korrespondenz zweier Handelsleute von Bingen. I. 98.

1379. Erzbischof Adolf verspricht einem Binger Handelsmann die ihm schuldige 300 Gulden in Zeit von 14 Tagen zu bezalen. I. 89.

1380. Derselbe setzet gedachtem Handelsmann zween Turnose auf den Zoll zu Gernsheim, zu Bezahlung der Schulden. I. 90.

— Drei Briefe eines pariser Studenten an seinen Vater, einen Handelsmann zu Bingen. I. 91.

1391. Erzbischof Konrad vergleichet sich mit den von Montfort wegen Dromersheim. III. 215.

— Derselbe vertauscht das Dorf Bibelnheim an die beiden Pfalzgrafen Ruprecht, gegen derselben und der von Montfort Antheil an Dromersheim. III. 216.

1395. Lehenrevers über das von Mainz nach Oppenheim gehende Marktschiff. III. 294.

1398. Kurfürst Johann II. versetzt an Hennichin von Reiffenberg das Schloß zu Höchst und die Dörfer Sossenheim und Breidelach amtsweise, um 500 Gulden. III. 392.

1459. Der Namen des Erzbischofs Diether von Isenburg wird unrichtig Dieterich geschrieben. I. 41.

1460. Kurpfalz bekommt das Mainzische Bergschloß Schauenburg um 20 tausend Gulden widerlöslich. I. 134.

1462. Die Stadt Mainz protestiret wider die vom Pabste Pius II. vorgenommene Absetzung des Erzbischofs Diether. II. 119.

1474.

1474. Ob vormals eine Buchdruckerei zu Marienthal im Rheingau gewesen. I. 414. III. 429.

1475. Die Mainzer Bürgerschaft huldiget dem Domkapitul zu Mainz. I. 57.

— Das Domkapitul zu Maintz machet einen Kapitularschluß, die Stadt Mainz nie aus Handen des Erzstiftes kommen zu lassen, sondern dieselbe wohl zu befestigen und zu verwahren. III. 359.

— Schreiben des Domkapituls an den Pabst, worin die Gerechtsame des Erzstiftes auf die Stadt Mainz vorgelegt werden. III. 278.

1476. Schreiben des Erzbischofs Diether an seine Gesandten, die auf der Ruckreise von Rom sich in der Schweiz aufhielten, um gewisse Geschäfte zu besorgen. I. 43.

1479. Lehrsätze des Johanns von Wesel nebst Untersuchung derselben. I. 288.

1480. Das Domkapitul zu Mainz bittet den Pabst Sixtus *IV.* die Koadjutorwahle des Albrechts von Sachsen zu genehmigen. III. 229.

1511. Die zur Universität zu Mainz gehörige vierzehn Präbenden werden unter die Fakultäten vertheilt. III. 220.

1520. Reise des Albrechts Dürer von Frankfurt nach Mainz. I. 416.

1525. Kurze Beschreibung des Bauernkrieges in Schwaben, Franken, Hessen, Thüringen, Elsas, Rheingau und am Oberrhein. II. 1--55.

— Bündniß der Bauerschaft in Schwaben vom 7ten März, in Druck herausgegeben. II. 268.

— XII. Artikul gemeiner Bauerschaft des ganzen Reichs. II. 275.

— Schrei-

— Schreiben der Bürger von Ballenberg und von Krautheim an jene zu Bischofsheim, im Kloster Schönthal zu erscheinen. III. 53. (4. April.)

— Berichtschreiben des Obersten Truchses von Waldenburg an die Räthe des schwäbischen Bundes, die Niederlage der Bauern in Schwaben betreffend. II. 282. (4. April.)

— Befehl des Kurmainzischen Statthalters an Friderich von Greiffenklau, sogleich wohlgerüstet zu Miltenberg zu erscheinen. III. 55. (10. April.)

— Wiederholter Befehl an denselben. III. 57. (18. April.)

— Berichtschreiben an den Kurfürsten von Mainz, daß Georg Truchses am 14ten April und folgenden Tagen die Bauern wiederholter geschlagen habe. II. 285. (circ. 18. April.)

— Bedingnisse, unter welchen die Aufrührer in Schwaben Gnade erlangt haben II 286.

— Schreiben eines Bauern in Schwaben an einen andern Bauern über die damalige Lage des Kriegs. II. 287. (20. April.)

— Die Bürger im Rheingau halten Versammlungen zu Eltvill. I. 174. (23. April.)

— XXXI Artickel der Stadt Mainz werden vom Domkapitul und vom Statthalter unterzeichnet. III. 62. (25. April.)

— Adam von Allendorf fragt bei Friderich von Greiffenklau an, was es für ein Bewandniß mit dem Aufruhr der Bauern habe? I. 421. (27. April.)

— XXIX. Artikul gemeiner Landschaft im Rheingau, auf dem Landgebote zu Bartelme bey Winkel Verfasset. I. 175. (circ. 28. April.)

—Diese

— Diese Artikul werden dem Domkapitul überreicht, welches einige Tage Bedenkzeit verlanget, um den Kurfürsten davon zu benachrichtigen. I. 188.

— Die vom Mittelamt wollen keinen Aufschub gestatten, und ziehen am 2ten May auf das Wachholder. I. 189.

— Kurfürst Richard von Trier bescheidet seinen Bruder Friderich von Greiffenklau nach Wesel. I. 423. (2. May.)

— Einladung der Rheingauer an Friderich von Greiffenklau, a) auf dem Wachholder zu erscheinen. I. 424. (5. May.)

— VIII. Artikul der Versammlung auf dem Odenwald, wie sie der Mainzische Statthalter und das Domkapitul angenommen haben. III. 75. (7ten May.)

— Die versammelten Rheingauer entbieten allen Gemeinden des Landes auf dem Wachholder am folgenden Tage zu erscheinen. I. 190. (7. May.)

— Die Rheingauer Edelleute erscheinen am 9ten May mit einigen Domkapitularen auf dem Wachholder. I. 426.

— Die Rheingauer machen neue Artikul auf dem Wachholder, und fodern vom Statthalter und Domkapitul dieselben gutzuheissen. I. 189. III. 60. (10. May.)

— Kapitulsschluß des Domkapituls in Betref des Rheingauer Aufruhrs. III. 60. (12. May.)

— Das Kloster Gotteothal flehet um Hilfe bey Friderich von Greiffenklau, wider den Mutwillen der Rheingauer. I. 431. (16. May.)

— Ent-

a) Auch an die übrigen von Adel ward dieser Befehl gesandt. I. 426.

— Entschuldigung des Ausschusses zu Hallgarten bey Friderich von Greiffenklau, auf die Klagen des Erbacher Bruders zu Steinheim. I. 432.

— Die Deputirten des Domkapituls erscheinen am 18ten May auf dem Wachholder und werden genöthigt, am folgenden Tage die XXXI. neue Artikul anzunehmen. I. 191. 207. (19ten May.)

— Verschreibung des Klosters Eberbach, worinn dasselbe in Beysein einiger vom Domkapitul und des Vizedoms Heinrich Brömsers allen Rechten entsagen muste. I. 208. (20. May.)

— Verordnung der Rheingauer, daß alle Schäffereien im Lande abgeschaft seyn sollen. I. 213. (22. May.)

— Verschreibung des Klosters Gottesthal. I. 215. (23. May.)

— Verschreibung des Klosters Johannsberg. I. 221. (23. May.)

— Besichtigung aller Aemter im Rheingau angeordnet, um sie gleich zu machen. I. 219. (23. May.)

— Verschreibung des Klosters Aulhausen. I. 225. (24. May.)

— Befehl der Rheingauer an die Klöster ihre Ordensgeistlichen, welche austretten wollen, zu entlassen und denselben eine Mitgift zu reichen. I. 226. (25. May.)

— Weitere Verschreibung des Klosters Eberbach, alle Briefe und Sigel zu überliefern. I. 229. (30. May.)

— Desgleichen des Klosters Eibingen. I. 230. (31. May.)

— Vorhaben der Rheingauer, das Kloster Tiefenthal abzubrechen, wird nicht ausgeführt. I. 233.

— Weitere Verschreibung des Klosters Johannesberg, alle Briefe und Sigel herauszugeben. I. 232. (6. Jun.)

— Die Aschaffenburger müssen sich dem mainzischen Statthalter verpflichten und wegen des Aufruhrs Strafe bezahlen. III. 81. und II. 47

— Befehl des obersten Bundeshauptmanns an die Rheingauer, sich auf Gnade und Ungnade, an den Bundeshauptmann Froben von Hutten zu ergeben. I. 238. (12. Jun.)

— Ermahnung des Statthalters an die Rheingauer, sich zu ergeben und Deputirten gen Steinheim abzuschicken, um den Zug des Bundesheeres abzuwenden. I. 241. (16. Jun.)

— Die Rheingauer lesen beide Schreiben in ihren Versammlungen ab, und schicken Abgeordneten nach Steinheim. I. 243. (20, Jun.)

— Einige Rheingauer ziehen bewafnet auf den Landgraben bey Walluf. I. 244.

— Die Stadt Mainz schicket Deputirten an das Bundesheer, und ergiebt sich auf Gnade und Ungnade. I. 434.

— Die Rheingauer Deputirten schreiben aus Frankfurt an die Versammlung, daß man sich vordersamst völlig ergeben müsse. I. 434. (21. Jun.)

— Schreiben der Rheingauer Abgesandten aus dem Lager vor Pfedersheim, um weitere Vollmacht, sich zu ergeben. I. 244. (um den 23. Jun.)

— Pe=

— Pedersheim wird von dem Kurfürsten von Pfalz und von dem mainzischen Statthalter eingenommen. II. 50. (24. Jun.)

— Die Rheingauer Räthe befehlen denen auf dem Landgraben gelagerten abzuziehen, und schicken den Stadtschreiber von Eltvill mit Vollmacht gen Pfedersheim. I. 245.

— Artikul, welche der Landschaft des Rheingaues zu beschwören vorgelegt worden. I. 247.

— Weitere Auslegung dieser Artikul. I. 251.

— Verschreibung des Landes Rheingau und Ergebung auf Gnade und Ungnade. III. 85. (27. Jun.)

— Die Stadt Mainz verpflichtet sich von neuem, gehorsam zu seyn ꝛc. III. 74. a) (1. Jul.)

— Die Rheingauer müssen alles Gewehr nach Eltvill bringen, am 4ten und 7ten Jul. I. 252.

— Der Kurmainzische Statthalter versichert die Rheingauer, daß nach abgelegtem Gewehr man nicht gesinnt seye, sie auf freiem Felde zu erschlagen, sondern nur die Schuldigen zu bestrafen. I. 255. (9. Jul.)

— Die Rheingauer erscheinen am 12. Jul. zwischen Eltvill und Steinheim wo die vom Domkapitul, Adel und Klöstern erlangte Verschribungen zernichtet werden und die neue Huldigung vor sich gehet. I. 255. (12. Jul)

— Neun Rädelsführer werden enthauptet. I. 256. (14. Jul.)

— Bescheid des Statthalters auf einige Anfragen der Rheingauer. I. 258. (16. Jul.)

— Vertheilung der 15000 Gulden Brand-

1646. Kaisers Ferdinand III. Bestätigung des Prädikats: Edle Herrn von Elz. I. 419.

1665. Nachricht von dem Kurmainzischen Staatsminister von Boineburg. I. 64.

1643. Rheingauer Landesbräuche werden zusammen geschrieben. Artikul, derselben in Betref des Weinverkaufs. II. 391.

1655. Anfang des Bartholomiter Instituts zu Mainz. III. 300.

1683. Schreiben des Erzbischofs Anselm Franz an den Kapuziner Martin von Kochem, in Betref der in den Pfarreien des Obererzstiftes eingeschlichenen Gebrechen. III. 295.

1697. Ziegels Beschreibung einiger bey Mainz ausgegrabenen Alterthümer. II. 289.

1699. Weinmarks-Ordnung im Rheingau. II. 404. 405.

1700. Abänderung der Weinmarkts-Ordnung in einigen Punkten. II 409.

1707. Kurfürstliche Verordnung wider die betrüglichen Weinhändel zu Rüdesheim. II. 426.

1709. Uiberfall des Schlangenbades durch einen französischen Partheigänger. III. 190.

1740. Anfang des Hof- und Staats-Kalenders zu Mainz. I. 111.

1766. Geburts- und Sterblisten der Stadt Mainz. I. 51.

1781. Errichtung der Kurmainzischen Brandversicherungs-Gesellschaft I. 65.

1782. Anfang der gelehrten Lesegesellschaft zu Mainz. I. 1. Statuten derselben. I. 13. darin werden Versammlungen zu Bearbeitung der Mainzer Geschichte gehalten. I. 113.

1783. Preiß einiger alten Mainzer Druckschriften zu Paris. I. 100.

1784.

1784. Versammlungen in der Lesegesellschaft zu Bearbeitung wissenschaftlicher Gegenstände kommen nicht zu Stande. I. 131.

1785. 1786. Geburts und Sterblisten in der Stadt Mainz. I. 52. 53. 54. 55.

1788. Kurfürstliches Bestätigungs Privilegium für die Lesegesellschaft zu Mainz. I. 102.

1790. Eine merkwürdige Steinschrift, welche im Jahr 1790 zwischen Weissenau und Laubenheim ist gefunden worden. III. 425.

II. Register.

Alphabetisches Sachenverzeichniß.

Alumnat.

Stiftung dazu vom Kurfürst Georg Friderich. III. 222.

Annaten.

Die Rheingauer wollen dieselben abgestellt wissen. I. 183. 202.

Archidiaconi.

Eorum jurisdictioni in causis ecclesiasticis nemo obsistat. (1235.) I. 356.

Archive.

Die Kurfürsten von Mainz hatten ihr Archive vormals zu Aschaffenburg. (1307.) III. 424.

Armenien.

König Leo wird vom Erzb. Konrad *I.* gekrönt. (1198.) II. 87. König Rupin ob vom Erzb. Sifrid *II*, gekrönt worden. *ibid.*

Aschaffenburg.

Die Bürger ergreiffen die Parthie der Bauern im Odenwalde, und nöthigen den Mainzischen Statthalter in alles zu willigen. (1525.) II. 7. Schwören die mit dem Höllenhaufen eingegangene Artikul ab. III. 81. verpflichten sich von Neuem dem Kurfürsten, überantworten alle Gewehre, und entsagen ihren Privilegien. 82. wollen die Hauptpersonen des Aufruhrs ausliefern, allen Schaden ersetzen, Zehende, Gülte rc. bezahlen. 83.

Bauernkrieg. (1525.)

Nachrichten davon kommen vor. I. 169. 372. 421. II. 1. 268. III. 53.

Nimmt seinen Anfang in Schwaben. II. 1. den Fortgang desselben sieh oben im chronologischen Verzeichniß. Die allgemeine Uibersicht aber. II. 1. bis 56. Aufruhr der Rheingauer. I. 169. 421.

II. 52. III. 60. 35. Aufruhr im Obererzstift. II. 2. 37. 47. 268. III. 53. u. f. Zu Mainz. I. 434. III. 62. In Schwaben. II. 1. 268. u. f. In Franken. II. 1. 41. 268 ꝛc. In Hessen, Thüringen ꝛc. II. 29. In der Rheinpfalz. II. 4, ꝛc. 47.

Bede.

Wie im Rheingau zu geben? I. 178. 195. 205. 208. 216. 250. 383. 430.

Beginæ.

In civitate Mogunt. non sunt inquietandæ. (1360.) III, 211.

Beneficia.

Wollen die Rheingauer persönlich versehen haben. I. 201. Päbstliche Vergebungen müssen vom Erzbischof bestätigt seyn. I. 276.

Bettelmönche

Und Stationarien wollen die Rheingauer nicht haben. I. 186. 204.

Bier

Zu Brauen, wollen die Mainzer frei haben. 1525. III. 71.

Bilehilt.

Derselben Geburtsort ist Hochheim bey Mainz. I. 137.

Bingen.

Zwei Italianische Handelshäuser allda, im XIVten Jahrhundert. I. 73.

Brandversicherungs Gesellschaft.

Wird zu Mainz errichtet. 1781. I. 65. Kapitalanschlag versicherter Gebäude. I. 71.

Brandschatzung.

Sieh Kriegskosten.

Feuer=

Ge-

Zu

Häus

Häuser zu Mainz.

Zum Flooß. III. 159. 224. Kronbergerhof. I. 285. Zum Hammerstein. Zum Herbst, und zum Birnbaum. ibid.

Hoßpitäler.

Zum Floß in Mainz, und das zu Aschaffenburg bekommen Vermächtnisse von Kurfürst Georg Friderich. (1629.) III. 224.

Huren.

Die Bürger von Mainz verlangen, daß sie durch die Kleidung von ehrbaren Frauen unterschieden werden. III. 71. Kein Bürger soll mit ihnen hausen. ibid.

Jahrmärkte.

Sollen im Rheingau auf gebannte Feiertäge nicht vor dem Amte der heil. Messe anfangen. I. 397.

Jesuiten.

Wollen keinen Gehalt für die Dompredigt annehmen. I. 280. auch keine Austheilung des Allmosens für Studenten. I. 281. Suchen ihre Abtrünnige Gesellen zu verfolgen. I. 281. Zu Mainz ist ihr grösstes Kollegium in der Provinz. I. 282. Wollen das Kosthaus zu Mainz abschaffen. I. 283. Sollen sich besser auf Sprachen verlegen. I. 284. Werden durch häufige Generalsbefehle beschweret. I. 286.

Jubelfest.

Des Domsängers, Georg Göler von Ravensburg I. 59.

Juden.

Die Rheingauer wollen keine im Lande haben. I. 181. Die Mainzer wollen dieselben eingeschränkt wissen. III. 69. Der Ritter von Eberstein machet

einen

Kriegs-

Kriegskosten.
Die Rheingauer müssen 15000 Fl. bezahlen. I. 246. 249. 258. 260. Werden auf die Herdstätte vertheilt. I. 262. Die Geistlichkeit soll den Bauern im Odenwald 15000 Fl. bezahlen. III. 79.

Landfrieden.
Wird auf dem Reichstag zu Mainz 1235 verordnet. I. 353.

Landgraben.
Wird bey Wallaf von den Rheingauern besetzt. I. 244. 245.

Landschreiber.
Im Rheingau, hat die herrschaftliche Renten zu besorgen rc. I. 376.

Landsknechtliche Kleidung.
Wird den Rheingauern zu tragen untersagt. I. 399.

Leibeigene.
Wollen die Bauern nicht mehr seyn. II. 277.

Lesegesellschaft.
Wird zu Mainz errichtet. (1782.) I. 9. derselben Regeln und Statuten. I. 13. darin gehaltene Versammlungen, zu Bearbeitung der Mainzer Geschichte. I. 113. Entwurf dazu. I. 118. Dieselbe wird bestätigt. (1788.) II. 102.

Lutherische Priester.
Werden im Rheingau nicht geduldet. I. 394. Die Rheingauer wollen sie aus der Gefangenschaft befreiet wissen. I. 193.

Mainz.

Erzbischöfe und Kurfürsten.
Verzeichniß derselben vom heil. Kreszens an bis auf unsere Zeiten. II. 217.
Kreszens. Zu welcher Zeit er nach Mainz gekommen? II. 174. u. f.

bestätigt. 38 Kommt in Gefangenschaft. (1179.) 40. und bleibt beinahe 2. Jahre darin 41. Stirbt bey Rom. 44. Schreibt an die Hildegard zu Bingen. 50. Schriftsteller. I. 455.

Sifrid *II.* Ob er das Rad im Wappen gebraucht habe? I. 159. Ob er den König Rupin von Armenien gekrönt habe II. 87. nimmt 1209. Geld auf von römischen Kaufleuten. III. 102. legt einen Theil davon ab 1220. III. 104. Reformirt das Kloster Lorsch. (1229.) III. 369.

Sifrid *III.* Hält eine Kirchenversammlung wider den Konrad von Marburg. (1233.) I. 459 legt einige Domherrn in den Kirchenbann. III. 373. Dessen Grabmal in der Domkirche II. 56. Suchet sich der römischen Schulden zu entledigen. III, 106. 110 114. Ihm wird die Verwaltung des Klosters Lorsch vom Pabst aufgetragen. (1231.) III. 371.

Christian *II.* Als Schriftsteller. I. 458.

Wernher. Schreiben an den Pabst wider den ehemaligen Kustos von Eberstein. (1261.) II. 251. Desselben Urteil wider diesen Domkustos wird von päbstlicher Vollmacht bestätigt. (1244.) III. 373. Spricht dem Kloster Eberbach das Marktrecht in den Rheingauer Waldungen zu. (1279.) III. 379. Dessen Sigel. I. 157. Verpfändet das Umgeld. 1265. II. 390. Verbürget sich wegen der Schulden des Kaisers Rudolf. 1273. II. 325.

Gerhard *II.* Belehnet die Stadt Mainz mit Filzbach. (1294.) II. 387. Verschiebet die wider den Herzog Heinrich von Braunschweig zu verhängende Reichsacht. (1291.) III. 256. Führt Klage wider den Herzog Albrecht von Braunschweig. (1295.) III. 258. Giebt seine Schlösser im Eichsfelde einigen Rittern zu verwahren. (1296.) III. 259.

Peter

Peter. Die über ihn verhängte Exkommunikation wegen nicht bezahlter Römischer Gelder wird auf einige Zeit verschoben. (1307. III 422. Desselben Archive zu Aschaffenburg. III. 424. Eid, den ihm der Bischof von Augsburg (1309.) geleistet hat. II. 108. Sein Schreiben auf der Provinzial-Synode zu erscheinen, wird zu Konstanz bekannt gemacht. (1309.) III. 382. Der Kaiser haftet ihm, wärend er in Böhmen ist, für seine Lande. (1310.) III, 263. Spricht einen Prager Bürger frei. (1311.) III. 265. Wird ihm erlaubt, bei der Synode zu Vienne nicht zu erscheinen. (1311.) III. 207. Kaiser Heinrich *VII.* ist endlich zufrieden, daß Erzb. Peter Böhmen verlassen könne. 27. Jänn. (1312.) III. 234. Sententias contra *non promotos* plura beneficia possidentes relaxat. (1314.) III. 261. Bürgschaften, welche ihm für den Kaiser Ludwig geleistet worden. (1318.) III. 260. verkauft Wattenheim auf Wiederkauf. (1319.) I. 132. als Schriftsteller. III. 138. Dessen für das Erzstift gemachte Erwerbungen. (1320.) III. 266.

Mathias. Vorschrift seines Arztes, wie er sich bey der Sonnenfinsterniß zu verhalten habe. (1327.) I. 346.

Baldewin. Ihm wird Duderstadt rc. zur Hälfte versetzt. (1334.) II. 322. Machet ein Bündniß mit dem König von Frankreich. (1341.) II. 106.

Heinrich *III.* Wird vom Pabste Exkommunizirt, weil er den Florenzer Kaufleuten 4000 Fl. schuldig geblieben ist. (1331.) III. 200. Sein Bruder erkläret sich, wegen der Burgschaft. (1333.) III. 125. Setzt die Minoriten in ihre alte Privilegien ein. (1338.) III. 251. Versetzet Stein zur Hälfte an die von Hanstein. (1339.) II. 488. III. 354. Verleihet seinen Weinmarkt zu Algesheim.

heim. (1339.) II. 467. *d.*) Läßt das Schloß Heimburg mehr befestigen. (1340.) III. 383. Machet ein Bündniß mit dem König von Frankreich. (1341.) II. 104. verbindet sich mit Heinrich von Steinberg. (1342.) II. 376. Versetzt eine Korngülte auf dem Kammerforst haftend. (1342.) II. 378. Läßt das Schloß Elnhog und die Stadt Wetter bezahlen. (1342.) III. 384. Versetzt den Weinmarkt zu Geisenheim. (1343.) II. 466. Nimmt einen Feuerschützen in Dienste. (1344.) I. 32. läßt seine Differenzen mit Kurpfalz vom Kaiser entscheiden. (1344.) I. 328. Nimmt den Hans Hohelin zum Burgmann zu Rieneck an, und versetzt demselben Nappenbach. (1344.) II. 383. Wird vom Pabste Klemens *VI.* suspendirt. (1344.) II. 332. Versönet sich mit Wernher von Schwalbach und Kiper von Hohenstein. (1345.) II, 255. Nimmt Geld auf von Kopin seinem Thürkämmerer. (1346.) II. 487. Verbindet sich und das Domkapitul von neuem mit dem Kaiser Ludwig. (1346.) III. 283. Wird vom Pabste Klemens VI. abgesetzt. (1346.) II. 352. Löset die versetzte Burg Roneburg und die Gülte zu Frankfurt ein. (1346.) III. 387. Drei im Rheingau gefangene Edelleute verschreiben sich demselben. (1347.) II. 109. Mehrere von Adel schicken ihm Fedebriefe, weil er nicht von der Parthie des Kaisers Karls des IVten ist. (1349.) III. 366. 367. (1350.) III. 368. Die Gebrüder von Hanstein überlassen ihm die Gefangenen. (1351.) II. 490. Philipp von Isenburg verlangt von ihm das schuldige Diensigeld. (1351.) II. 491.

Gerlach. Klemens VI. ernennet ihn zum Erzbischof von Mainz. (1346.) II. 375. Einige Pfarrer bey Siegen unterwerfen sich demselben. (1349.) II. 327. Sein Bruder Johann verspricht ihm den

 Besitz

Besitz von [illegible] und [illegible]. (1352.) I. 325. Der Abt zu Amorbach suchet bey ihm Hilfe. (1355.) II. 111. Er leiht einen Theil des Schlosses und Stadt Stein [illegible]. (1355.) III. 358. Bekommt vom Domkapitel Erlaubniß Geld aufzunehmen und [illegible] zu versetzen. (1356.) III. 389. Beschützet die Beginen zu Mainz. (1360.) III. 211. bestätigt eine Handelsgesellschaft zu Bingen. (1362.) I. 74. Giebt Befehle den Richtern der Stadt Mainz. (1362.) II. 249.

Johann I. Bestätigt die Handelsgesellschaft der Dutinen zu Bingen. (1371.) I. 74.

Adolf I. Verspricht dem Ulrich von Kronberg, sich ohne dessen Willen mit Ludwig von Meissen nicht zu versönen (1374.) III. 293 Ohne seinen Willen darf das versetzte halbe Haus Frauenstein nicht weiter versetzt werden. (1375.) III. 213. Bestätigt die Handelsgesellschaften zu Bingen. (1377.) I. 75. Verlangt einen Ausstand wegen zu zalender 300 Gulden. (1378.) I. 89. Versetzt zwey Turnose auf dem Zoll zu Gernsheim. (1380.) I. 90.

Konrad II. Versönet sich mit den von Montfort wegen Dromersheim (1391.) III. 215. Tauscht das Dorf Dromersheim gegen Sibelnheim ein. (1391.) III. 216. Verleihet das nach Oppenheim gehende Marktschiff. (1395.) III. 294.

Johann II. Versetzt das Amt Höchst. (1398.) III. 392.

Diether. Die Stadt Mainz protestirt gegen seine Absetzung. (1462.) II. 119.

Adolf II. Das Domkapitul hoffet von ihm Unterstützung wider die Anmassungen des Kaisers in Betref der Stadt Mainz. (1475.) III. 275. 364.

Diether. Zum zweitenmale. Schreiben an seine

Ge-

Gesandten in der Schweiz. (1476.) I. 43. Läßt zu, daß die Lehrsätze des Johann von Wesel untersucht werden. (1479.) I. 294.

Albrecht *I.* Das Domkapitul suchet bey dem Pabste an, dessen Wahle zum Koadjutor zu bestätigen. (1480.) III. 229.

Albrecht *II.* Ist zur Zeit des Bauernkriegs abwesend (1525.) I. 191. 194. II. 285. III. 63. 75. 86. Giebt dem Rheingau eine neue Ordnung. (1527.) I. 372.

Sebastian. Giebt dem Rheingau neue Artikul (1545.) III. 95.

Daniel. Errichtet ein Konvickt, durch die Jesuiten. (1562.) I. 283. Bekommt Zornheim von dem St. Klaren Kloster zu Mainz. (1578.) II. 243.

Georg Friderich. Auszug aus dessen Testament, besonders in Betref eines zu errichtenden Alumnats. (1629.) III 223.

Johann Philipp. Errichtet das Seminarium. (1661.) I. 284. Dessen Grabmal in der Domkirche. II. 57.

Anselm Franz. Hebt die Weinmärkte auf. (1682.) II. 401. Befielt dem P. Martin von Kochem die Mißbräuche auf dem Lande abzustellen. (1683.) III. 295.

Lothar Franz. Dessen Grabmal in der Domkirche zu Mainz. II 61. Verbietet die wucherischen Kontrakte auf dem Markt zu Rüdesheim. 1707. II. 425.

Franz Ludwig Wird 1709 zu Schlangenbad gefänglich hinweggeführt und wiederum gerettet. III 190.

Domkapitul zu Mainz. S. Domkapitul.

Gelehrtes Mainz. I. 332. 437. II. 129. 257. III. 129. 299. 346. 400. S. Mainzer Schriftsteller im IIIten Register.

Metzrer

Rhein=

Rheingau.

Der Kurfürst von Mainz ist dessen rechter Herr. I. 373. 401. Eintheilung in Aemter. I. 189. 219. 392. Desselben altes Herkommen. II. 391. Neue Landesordnung von Kurfürst Albrecht II. vom J. 1527. I. 372. u. f. darin werden die Beamten angesetzt, nämlich Vizedom, Untervizedom, Landschreiber, Gewaltsbote; ferner Schultheise, Rath, Gerichte, Bürgermeister, Heugeräth ꝛc. Neue Artikul vom Kurfürst Sebastian gegeben im Jahr 1545. III. 95.

Rheingauer.

Nehmen einige Edelleute zu Kiderich gefangen. (1347.) II. 109. Aufruhr auf dem Wachholder im J. 1525. I. 170. Sie machen daselbst Artikul. I. 175. Machen neue, die sie sich unterschreiben lassen. I. 191. Die Klöster müssen sich ihnen verschreiben. I. 208. u. f. und ihre Briefschaften überliefern I. 228. Lassen die Mönche aus den Klöstern. I. 226. Ergeben sich dem Schwäbischen Bunde auf Gnade und Ungnade. I. 238. 247. Müssen alles Gewehr ablegen. I 252. neue Huldigung leisten. I. 255. den Klöstern ihre Briefe zurückgeben. I. 257. 15000 Gulden Kriegskosten bezahlen. I. 246 258. Ausgetrettener Rheingauer Vermögen wird eingezogen. III. 92. Bekommen sicheres Geleit sich zu verantworten. I. 260. 265. 267. 269 271 Neue Landesordnung vom Kurfürst Albrecht II. 1527. erlassen: I. 372. u. f. bestreiten das Recht des Klosters Eberbach über die Markwaldungen. III 379.

Rheinzölle.

Der Kurfürst von Brandenburg erhöhet dieselben und fodert neue Lizenten auf die Rheinweine. III. 255.

Rich=

Stein=

200. Verordnung darüber. II. 399. Die Rheingauer wollen, daß über den Wucher der Juden kein Richter sprechen soll. II. 181. 201.

Zehnden.

Die Rheingauer wollen ihn auf den 30ten setzen, und durch die Gemeinde einziehen lassen. (1525.) I. 176. 195. den kleinen Zehnden aber ganz abschaffen. ibid. dieselben müssen den Zehnden ordentlich entrichten. I. 391. Die Bauern in Schwaben wollen ihn zum gemeinen Besten einziehen. II. 276. Die Stadt Mainz will ihn auf den 30ten gesetzt haben. III. 68. Die Aschaffenburger versprechen ihn zu geben. III. 84.

Zölle.

Briefe über den Zoll zu Constein. (1307.) III. 424. Auf den Zöllen zu Mainz und Erenfels wollen die Rheingauer frei seyn. (1525.) I. 177. 179. 195. Verlangen der Mainzer, wie der Marktzoll zu entrichten. III. 65. Wie der Viehezoll? III. 66. Neue Zölle werden auf dem Reichstag 1235. verboten. I. 359.

Zünfte.

Die zu Mainz huldigen dem Domkapitul. (1475.) I. 57. Die keine Zunfthäuser haben, wollen dieselben ankaufen. (1525.) III. 70. Faßbender müssen dem Stadtkämmerer acht Fässer liefern. III. 68. Beckerzunft zieht auf drei Plätzen ihre Schweine. III. 70. Metzcher müssen dem Thorknecht des Stadtkämmerer 22. ß. Heller, und dem Erzpriester 2 Schinken liefern. III. 72.

III. Register.

Verzeichniß der Personen.

a) Päbste.

Alexander III. (1166.) III. 10. 13. 37.
Gregor IX. (1229.) III. 369. (1231.) III. 371.
Innozenz III. (1199.) II. 91. (1209.) III. 104.
Innozenz IV. (1253. II. 329.
Kalixt III. (1177.) III. 38.
Klemens III. (1099.) II. 113.
Klemens VI. (1343.) II. 469. (1344.) II. 332. (1346.) II. 341. 352. 474.
Klemens VII. (1379.) I 90.
Luzius III. (1183. III 44. Pius II. (1462.) II. 119.
Sixtus IV. (1479.) III. 270. (1480.) III. 229.
Urban II. (1090. II. 115. Urban III. (1185.) III. 39.
Urban IV. (1261.) II. 251.

b) Erzbischöfe.

von Mainz. S. Mainz im IIten Register.
von Trier. Richard (1525.) I. 240. 242. 423. II. 28. 54. III. 59.

c) Bischöfe.

Albanensis. Joannes. (1209.) III. 102.
Augsburg. Friderich. (1300.) II. 108.
Speier. Konrad. (1244.) III. 373. Georg Pfalzgraf bey Rhein. (1525. II. 11.
Straßburg. Wilhelm von Hohenstein. (1525.) I. 171. 191. 239. 241. 254. II. 45. III. 55. 57. 73. 75. 86.
Trecensis, Nicolaus. (1235.) III. 110.
Wirzburg. Albrecht von Hohenlohe. (1345.) II. 371.
— Albrecht von Hohenburg. ibid.
— Walram. (1324.) III. 431.
Worms. Johann von Dalberg. (1503.) II. 492.

d) *Præpositi.*

Cavallicensis. Stephanus de Pinu. (1330.) III. 126.

Pinguensis. Joannes. (1233.) III. 106.
Fritzlar Gerardus de Virnemburg. (1331.) III. 202.
Hungend. Gerardus. (1331.) III. 202.
Werdens. & *Monast. Eifliæ.* Eberhardus de Tonemburg (1331.) III. 202.
Mucstadiensis. Raymundus de Westerburg. (1331.) III. 201.
Mogunt. ad gradus B. V. Rupertus de Virnemburg. (1331.) III. 201.
Xantens. Johannes (1331.) III. 201.

e) *Abbates.*

S. Albani Mog. Rudolfus. (1251.) I. 276. (1277.) III. 119.
Amorbacensis. Gotfrid. (1355.) II. 110.
Fuldenses. Henricus. (1297.) III. 278.
S. Genovefæ Paris. H. (1236.) III 114.
S. Lupi Trecens. Ph. (1220.) III. 104.
S. Martini Trecens. P. (1220.) III. 104.

f) Kaiser und Römische Könige.

Heinrich *IV.* (1099.) II 113.
Konrad *III.* (1148.) III 397.
Friderich *I.* (1160 ꝛc.) III. 5. ꝛc. III. 376.
Heinrich *VI.* (1197.) II. 87.
Philipp. (1200.) II. 87.
Otto *IV.* (1206.) II. 87.
Friderich *II.* (1235.) I. 353. (1242.) II. 252.
Rudolf *I.* (1273.) II. 326.
Adolf. (1294.) III. 256. (1295.) III. 258. 424.
Albrecht. (1307.) III. 424.
Heinrich *VII.* (1310.) III. 263. (1311.) III. 265. (1312.) III. 234.
Ludwig *IV.* (1318.) III. 260 (1324.) II. 139. (1327.) I. 348. (1339.) III. 280. (1341.) II. 106. (1343.) II. 469. (1346.) II. 341. 357. III. 283.
Karl *IV.* (1344.) I 410. (1349.) III. 366. 367.
Friderich *III.* (1462.) II. 125. (1475. III. 270. 275.

g)

g) Könige, Kurfürsten, Herzoge ꝛc.

Armenien. Leo. (1198.) II. 87. u. f. Rupin. (1206.) Ebendaselbst.
Böhmen. Johann. (1310.) III. 263. (1311.) III. 265. (1312.) III. 234. Karl. (1344.) I. 410.
Braunschweig. Heinrich. (1294.) III. 257. Albrecht. (1294.) III. 257. (1295.) III. 258. Otto. (1311.) II. 107. Heinrich. (1334.) II. 322. Wilhelm. (1334.) II. 323. Heinrich. (1525.) II. 32.
Frankreich. Ludwig VII. (1175.) III. 49. Philipp (1341.) II 104. Karl VI. (1380.) I. 93.
Hessen. Philipp. (1525.) I. 245. II. 29.
Kärnten. Heinrich. (1312.) III. 237.
Lothringen. Anton. (1525.) II 18. u. f.
Meissen. Heinrich. (1253.) II. 329.
Pfalzbaiern. Ruprecht. (1344.) I. 328. III. 385. 388. Ruprecht der ältere und der jüngere. (1391) III. 216. Otto Heinrich. (1525.) I. 240. 242. II. 39. Ludwig, Kurfürst. (1525.) I. 240. 242. II. 20. 26. 55.
Sachsen. Ernst. (1480.) III. 231.
Schweden. Gustav Adolf. (1632.) I. 61.
Thüringen. Friderich. (1312.) III. 236.

h) Grafen und Dynasten.

v. Albich. . . . (1476.) I. 43.
v. Bickenbach, . . . (1306—20.) III. 266. 267.
v. Bruberg, . . . (1306—20.) III. 266.
v. Brunshorn, Gerlach. (1349.) III. 366.
Czacky, Stephan. (1734.) II. 78.
v. Erbach, Konrad Schenck. (1343.) III, 386. Valentin. (1525.) II. 39.
v. Falkenstein, . . . (1306—20.) III. 267.
v. Fürstenberg, Wilhelm. (1525.) II. 40.
v. Hanau, Ulrich. (1344.) II. 384.
v. Helffenstein, . . (1525.) II. 288.
v. Hirschhorn, Engelhard. (1356.) III. 390,

v. Hohenfels, Philipp und Johann Brüder. (1276.) III. 117.
Philipp, (1276.) III. 116. 119. (1294.) II. 388.
v. Hohenlohe, . . . (1525.) II. 3. 288.
v. Hohenstein, vor dem Walde. (1342.) II. 376.
v. Isenburg, Luther. (1097.) III. 278.
Philipp. (1351.) II. 491.
v. Kronberg, Hartmud. (1346.) III. 387. Ulrich. (1374.) III. 293. (1356.) III. 390.
Franko. (1356.) III. 390.
v. Leiningen, Emich. (1525.) II. 19.
v. Löwenstein, Ludwig und Friderich. (1525.) II. 5.
v. Manderscheid, Dieterich. (1525.) II. 54.
v. Nassau. Emich. (1329.) III. 368.
Johann. (1352.) I. 325.
Philipp. (1525.) II. 27.
v. Nuenar, Wilhelm. (1331.) III. 201. Dieterich. ibid.
Rheingraf . . . (1306–20.) III. 267.
v. Rieneck, Reinhard. (1525.) I. 192.
v. Solms, Philipp. (1525.) II. 32.
v. Stadian, Joh. Philipp. (1742.) II. 69.
v. Tierstein, . . . (1476.) I. 43.
v. Virnenburg, Ruprecht Probst zu U. L. F. (1331.) III. 201.
Johann. (1331.) III. 201.
Gerhard. (1333.) III. 125. 202.
Ruprecht. (1330.) III. 126. (1331.) III. 201. (1338.) III. 279. (1347.) II. 110.
v. Waldecke . . . (1306–20.) III. 267.
v. Weinsberg. . . (1525.) II. 4.
v. Wertheim, Georg. (1525.) II. 7.
v. Westerburg, Heinrich. (1297.) III. 278.
v. Zigenhain . . . (1306–20.) III. 267.

I) Mainzer Domherrn.

v. Ansinbruch, Konrad (1339.) III. 209.
v. Bach, Ort. (1475.) III. 360.
v. Battenburg, Gerhard. (1306.) I. 108.
Bertolin, Domprobst. (1334.) II. 325.
v. Breidenbach, Bernhard. (1475.) III. 360. (1497.) II. 267. . . zu Büresheim, Karl Emmerich. (1743.) II. 72.
v. Brunecke, Andreas. (1356.) III. 389.
v. Buchseck, Macharius. (1475.) I. 57. III. 360. (1476.) I. 45. (1480.) III. 232.
v. Buches, Lutherus. (1356.) III. 389.

Colling, Gottfrid. (1475.) III. 360.
v. Ders, Volpert. (1475.) III. 359. (1480.) III. 232.
v. Drivorte, (Trefurt) Jakob de Normannis. (12. .) I. 107.
v. Eberstein, Friderich. (1244.) III. 373. (1261.) II. 252.
Eberwinus. (1267.) III. 116.
v. Elz, Hugo Friderich. (1646.) I. 419.
v. Erenberg, Gerhard. (1475.) III. 360.
Enchter, Marx. (1475.) III. 360.
v. Falkenstein, Cune. (1349.) III. 285. (1351.) II. 490. (1356.) III. 390.
Faulhaber v. Wächtersbach, Ewald. (1480.) III. 229.
v. Fechenbach, Georg Adam. (1772.) II. 74.
Fock v. Wallstadt, Johann. (1557.) I. 60.
v. Franckenstein, Franz Philipp. (1774.) II. 76.
v. Fridberg, Harmud. (1306.) I. 108.
Gänsefleisch, Vedirman zum (1356.) III. 291.
Gerhardus, Cantor. (1244.) III. 373.
v. Gerolstein, Philipp. (1475.) III. 360.
Godeboldus, Præpositus. (1099.) II. 115.
Göler v. Ravensburg, Georg. (1557.) I. 60.
v. Greiffenklau, Ruthard. (1148.) III. 397. Friderich Eberhard. (1475.) III. 360.
v. Hanau, Reinhard, Herr. (1356.) III. 389.
Heinrich, Probst zu Rostorf. (1306.) I. 108.
v. Helmstadt, Ludwig. (1475.) III. 360.
v. Henneberg, Bertold. (1475.) III. 360.
Hepe v. Glimenthal, Johann. (1356.) III. 389.
von Hettersdorf, Philipp Adolf. (1768.) II. 77.
von Hoheneck, Anselm Franz. (1704.) II. 75.
Marsilius. (1735.) II. 75.
Johannes Magister & Scholasticus. (1233.) III. 106. 111.
v. Isenburg, Seltin. (1475.) III. 359.
Judicis Johannes, Domprobst. (1289.) I. 103.
v. Kesselstadt, Hugo Wolfg. (1738.) II. 71.
v. Liebenstein, Friderich. (1475.) III. 360.
Mönch v. Rosenberg, Johann. (1475.) III. 360.
v. Nassau, Johann. (1475.) III. 360.
v. Oberstein, Richard. (1475.) III. 359.
v. Paffendorf, Friderich. (1347.) II. 109.
Pfalzgraf v. Baiern, Stephan. (1475.) III. 360.
PHILIPPUS Magister sive Decretorum Doctor. (1244.) III. 373.
v. Prumheim, Dammo. (1475.) III. 360. (1480.) III. 229.
de Puteo, Engelbertus. (1356.) III. 389.

Rau v. Holzhausen, Konrad. (1475.) III. 359.
v. Reiffenberg, Philipp Ludwig. (1668.) I. 64.
v. Saulheim, Wilhelm. (1356.) III. 291. 389.
v. Schetzeln, Heinrich. (1356.) III. 389.
v. Schönberg, Georg. (1557.) I. 60.
v. Schönborn, Friderich Georg. (1629.) III. 227.
v. Schöneck, Simon. (1279.) III. 379. Embrichs. (1279.) III. 381.
v. Sickingen, Friderich. (1629.) III. 227.
v. Solms, Gottfrid. (1251.) I. 278.
Ruprecht. (1475.) III. 359. (1480.) III. 229.
Specht v. Bubenheim, Frideeich. (1356.) III. 389. Johann (1475.) III. 360.
v. Stadian, Christof Rudolf (1700.) II. 69.
Truchses v. Pommersfelden, Lorenz (1525.) I. 187. 198. III. 76.
de Vinario Gerhardus (1356) III. 389.
v. Unterschopf, Johann (1343) III. 386.
v. Wallbrunn, Johann Heinrich (1557.) I. 60.
v. Waltpode, Ludwig und Gottfrid (1347.) II. 109.
v. Wartenberg, Johann (1356.) III. 389.
v. Zigenhain, Otto (1356.) III. 389.

k) Andere von Adel.

v. Allendorf, Adam (1525.) I. 421.
v. Alsfeld, Hartmann (1342) III. 384.
v. Appel genannt Preise. . . (1342) II. 379.
v. Appelburn, Johann (1329) III. 368.
v. Appenheim, Niklas (1327) I. 347.
v. Aßpelt, Paulin (1311) III. 208.
Bayer von Boppart, Heinrich (1349) III. 366.
v. Becheln, Heinrich (1347) III. 365.
v. Beldersheim, Johann (1342) III. 384.
v. Belle, Hermann (1349) III. 366.
v. Berlingen, Götz. (1525) III. 75.
v. Boineburg, Joh. Christian. (1665) I. 64. III. 313.
v. Borgesheim, Hermann (1330) III. 126.
Brendel von Homburg, Philipp (1557) I. 60.
Brömser von Rüdesheim, Heinrich (1525) I. 174. 187. 256. 269. II. 53.
v. Buch, Wyrich (1349) III. 366.
v. Buchseck, Berrold (1322) III. 268.
v. Cunarte, Eberhard (1346) II. 477.

v. Dal-

v. Ho-

v. Rüdt,

1) Mainzer Schriftsteller (bis zum Jahr 1734.)

Bu-

Inda-

THEODORICUS Santalbanensis (985) I. 448.
Trefler, Wolfgang (1521) III. 129.
Tyräus, Hermann (1591) III. 165.
Ubach, Peter (1712) III. 335.
Vehe, Michael (1535) III. 138.
Venlo, Eberhard von 1475 II. 263.
Volusius, Godfrid Adolf (1679) III. 322.
Vorburg, Wolfgang Sigmund von (1645 III. 188.
Vorburg, Joh Philipp von (1660) III 305.
Walenburg, Peter von (1675) III. 318.
Walz, Leonard (1666) III. 308.
Weber . . . . (. . . .) III. 418.
Weinkens, Johann (1734) III. 343.
WESALIA, Johann Ruchart (1479) II. 263.
S. Ruchart.
WICELIUS, Georg (1573) III. 159.
Wild, Johann *Ferus* (1554 III. 150.
Wilhelm, Erzb. von Mainz (969) III. 400.
Wimpfen, Konrad, oder
WIMPINA a Fagis (1531) III. 131.
Windeck, Eberhard (1442) II. 259. III.
Winter, Peter (1517) II. 503.
Zanger, Melchior (1606) III. 170.
Ziegler, Joh. Reinhard (1630) III. 187.
Zittard, Jakob (1602) III. 169.

IV. Register.

Verzeichniß der Städte, Dörfer ꝛc.

Algau, Land II. 2. 36.
Algesheim I. 219. 261. 264. 392. II. 467. III. 85. 95.
Altleiningen. II. 48.
Alzei II. 23.
Amöneburg III. 267. 286. 384.
Amorbach II. 6. 110.
Anweiler II. 19. 22.
Arnfelde II. 327.
Arnstädt III. 400.
Aschaffenburg II. 7. 45. 47. 381. 382. III. 56. 81. 261. 424.
Aßmanshausen I. 263. 378. 390.
Aulhausen I. 225. 263.

Bab-

Pe[illegible]

V. Register.

Verzeichniß merkwürdiger Wörter.

Be-

Verbesserung der Druckfehler.

Band I. Seite 191. Zeile 11. statt Montag, lies Sonntag.

S. 243. in der Note, st. 13ten Jun. l. 20ten Jun.

II. S. 238. Z. 5. st. am 9ten Oktob. l. am 19ten Oktober.

— — S. 239. Z. 23. st. 16 Jahren, l. 17 Jahren.

— — S. 401. Z. 7. st. genehm, l. gewesen.

— — S. 453. Z. 11. st. wenig, l. gering.

B. III. S. 13. Z. 18. st. gesund, l. ungesund.

— — S. 143. Z. 23. st. Grau, l. Grauel.

— — S. 172. Z. 9. st. zu Bingen, l. zu Mainz.

— — S. 234. Z. 4. st. 6. Jan. l. 27. Jan.

— — S. 237. Z. 23. st. wegen ihm, l. seinetwegen.

— — S. 270. Z. 5. st. 1470. l. 1475. (Conf. III. 363. a))

— — S. 322. Z. 22. st. 17ten März, l. 15ten März.

— — S. 367. Z. 17. st. 31. Oktob. l. 1ten May.

— — S. 399. Z. 1. st. dic l. die.

Die übrigen Druckfehler sind B. I. S. 236. und 464. wie auch B. II. S. 504. angemerkt.

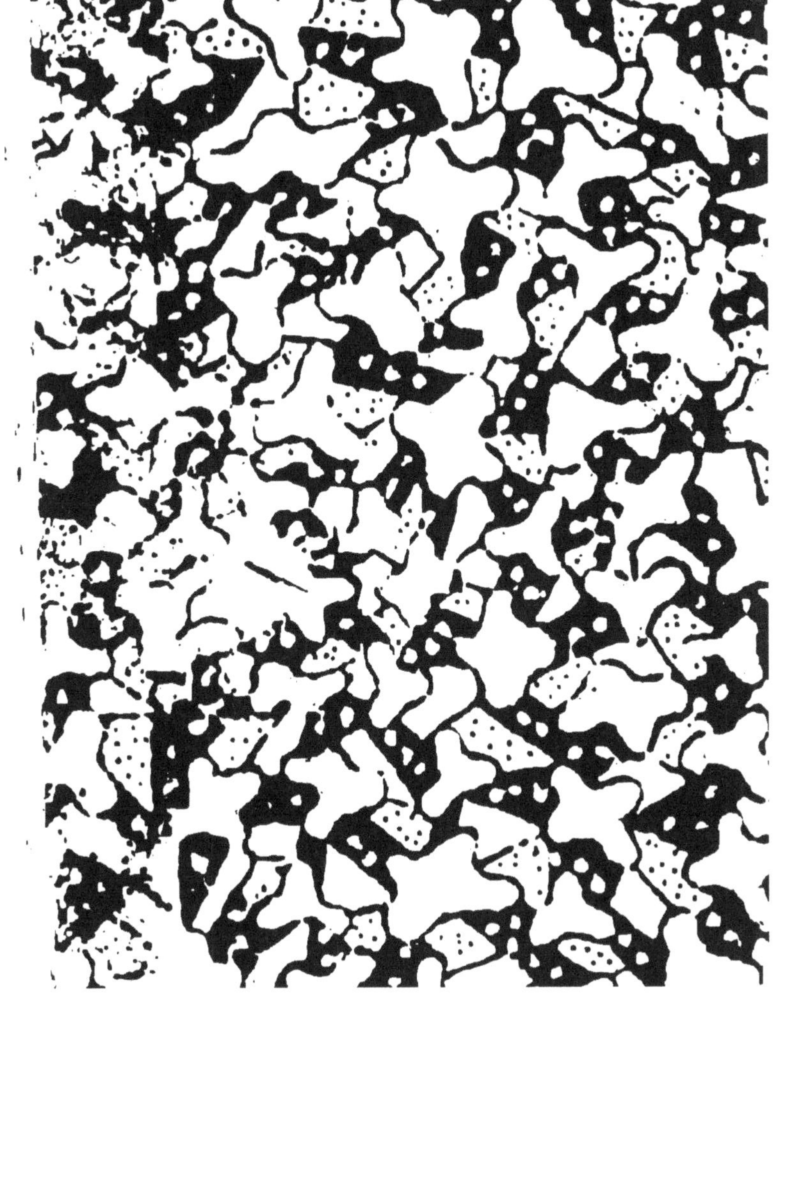